새로운 교회운동: 교회 패러다임의 혁명

정원범

새로운 교회운동: 교회 패러다임의 혁명

지은이   정원범
초판발행   2016년 10월 3일

펴낸이   배용하
본문디자인   이상희
등록   제364-2008-000013호
펴낸곳   **도서출판 대장간**
       www.daejanggan.org
등록한곳   대전광역시 동구 우암로 75-21
편집부   전화 (042) 673-7424
영업부   전화 (042) 673-7424   전송 (042) 623-1424

분류   교회 | 목회
ISBN   978-89-7071-391-5 (03230)

 값 11,000원

차례

CONTENTS

머리말

　세계적인 기독교 미래학자인 레너드 스윗은 서구교회의 쇠퇴현상을 보면서 "기독교가 멸종 위기에 처해 있다"고 말한 적이 있다. 너무 과장된 이야기가 아닌가 하는 생각이 들기도 하지만 서구교회의 위기 상황이 얼마나 심각한가를 잘 표현하고 있다고 본다. 영국교회와 미국교회가 동일한 상황은 아니지만 두 나라 교회의 현실을 보면 크게 잘못된 표현도 아닌 것 같다.

　많이 알려져 있기는 하지만 영국교회에 대한 보고를 보면, "영국 교회가 비어가고 있다. 미국과 캐나다, 한국 장로교회의 모태가 된 영국 장로교회가 술집과 유령 체험관, 티켓 판매점, 이벤트 장소 등으로 바뀌고 있다. 장로교회뿐만이 아니다. 감리교회도 마찬가지다. 교회에는 젊은이는 찾아보기 힘들고 노인들만 10여 명씩 모여 주일 예배당을 지키고 있다."이승한기자 "영국은 지난 30년 동안 5천 곳의 교회가 문을 닫았다. 지금도 매주 4개씩 문을 닫는다. 영국교회의 53%가 주일학교를 잘 운영하지 못하고, 86%의 교회에는 중고등부가 없다. 영국일간지 「더인디펜던트」에는 '영국교회가 40년 이내에 사라진다'라는 기사가 실렸고, 성공회의 케리 주교는 '영국은 이제 선교지가 되었다'고 탄식했다."강정훈 목사고 한다.

　미국교회도 영국교회만큼은 아니지만 쇠락의 길을 걷고 있기는 마찬가지다. "현재 미국의 주류 교회들은 기독교가 시작된 이래 가장 큰 위기에 직면해 있다. 미국의 종교적 삶의 표준이었던 교회들은 지난 40년간 꾸준히 교인의 감소를 경험하였고, 많은 주류 교단에서는 심각한 수준에까지 이르렀다. 많은 교회가 생존을 위해 몸부림치고 있다. 어떤 전문가들은 오늘날 존재하는 주류 교회의 반 이상이 향후 20년 안에 문을 닫게 될 것이라고 예언하고 있다."필립 클래이튼교수

그러면 한국교회는 어떨까? 매우 안타깝게도 미국교회가 영국교회의 뒤를 이어 쇠락의 길을 걸었듯이 이제는 한국교회가 미국교회를 따라 쇠퇴의 길을 걷고 있다. "한국교회, 잔치는 끝났다! 한국교회는 성장이 잠시 주춤한 것이 아니라 이미 쇠퇴기에 접어들었다. 뼈를 깎는 노력으로 갱신하지 않고 그냥 이대로 가면 2050~2060년경에는 400만, 아니 300만 명대로 교인수가 줄어들 수도 있다."고 최윤식 박사는 말한다.

서구교회이든 한국교회이든 교회가 직면해 있는 오늘의 상황은 너무도 안타까운 상황이 아닐 수 없다. 많은 사람들이 교회를 조롱하기도 하고, 교회를 다니던 무수한 청소년들과 성인들이 교회를 떠나가고 있는데 무엇이 이런 비극적인 상황을 초래한 것일까? 과연 오늘날의 교회에 희망은 있는 것인가? 교회를 다시 살려낼 수 있는 방법은 무엇일까? 그동안 필자는 이런 고민을 담아 몇 편의 논문을 써왔다. 이 논문들은 필자의 최근 저서인 『교회다운 교회: 참된 기독교 영성의 회복』이라는 책에 실려 있지만 이렇게 교회의 위기에 대한 신학적 분석과 위기를 극복하기 위한 대안을 모색해오고 있을 때 마침 아틀란타에 있는 「크리스천 타임스」로부터 글을 연재해달라는 부탁을 받게 되었다. 매주 글을 쓴다는 것이 큰 부담이 될 것 같아 며칠 고민을 하다가 뭔가 하나님의 뜻이 있다고 생각해서 '교회의 위기와 건강한 교회'라는 주제를 가지고 글을 쓰기로 했고, 1년 반 넘도록 써왔던 글을 모아 이제 한 권의 책으로 출판하게 되었다.

이 책의 제목을 『교회패러다임의 혁명: 새로운 교회운동』이라고 하였는데 제목을 이렇게 붙인 이유는 이 책에 교회 쇠퇴의 원인을 분석한 내용들과

새로운 교회의 방향을 제시하는 내용들이 담겨져 있기는 하지만, 무엇보다도 쇠퇴하는 전통적인 주류교회들과는 달리 생명력 넘치게 부상하고 있는 새로운 패러다임 교회, 즉 새로운 교회운동을 소개하면서 미국의 한인교회와 한국교회도 그 새로운 교회운동에 동참해야 한다는 메시지를 담고 싶었기 때문이다. 말하자면 이 책의 제목에는 외국의 한인교회와 한국교회가 다시 살아나기 위해서 거대한 혁명적 변화의 시대에 걸맞게 교회 패러다임의 혁명을 이루지 않으면 안 된다는 메시지를 전하고 싶은 필자의 강렬한 소망이 담겨져 있다.

사실 교회는 본래 제도나 기관이 아니었고, 하나님의 임재와 하나님의 다스림을 통해 하나님나라를 맛보고 또 그 하나님나라를 온 세상에 확장시켜 나가는 하나의 운동하나님나라 운동이었다. 그러므로 교회가 운동체일 때 생명력이 있지만, 운동성을 잃어버리고 제도나 기관으로 전락할 때 쇠락의 길을 갈 수밖에 없는 것이다. 오늘날 주류교회가 쇠퇴하는 것은 주류교회나 주류교단이 제도나 기관으로 전락했기 때문이고, 새로운 패러다임 교회들이 생명력 넘치는 교회로 살아나는 것은 그 교회들이 바로 운동이기 때문이다.

우리 눈앞에 혁명적인 변화가 일어나고 있고, 새로운 세계가 펼쳐지고 있다. 이런 거대한 변화의 시대에 "기독교가 변해야 한다. 변하지 않으면 죽는다"고 존 쉘비 스퐁은 말한다. 정말 교회기독교인가 변하지 않으면 교회의 미래는 없을 것이다. 시대가 변했기 때문에 변화가 필요하기도 하지만 본래 기독교신앙의 본질 때문에 변화는 필수적인 것이다. 그도 그럴 것이 본래 하나님나라는 혁명성을 그 첫째 특징으로 가지고 있기 때문이다. 그래서 브라이언 왈쉬와 맥클라렌은 이렇게 말한다. "기독교는 세상을 뒤집는 운동이다…. 기독교는 우리 문화의 지배질서를 뒤엎을 뿐 아니라 우리 문화의 지배세력에 커다란 걸림돌이 되기도 한다. …하나님 나라는 그 모든 나라들과 문화적 실험들을 향해 방향을 바꾸라고 요구한다. 하나님 나라의 복음은 세상을 뒤집어엎기 때문에 현재 체제 안에서 기득권을 갖고 있는 모든 사람들에게 걸림돌이 되는 것이다." "화해와 평화에 의해 발전하며 믿음과 소망과 사랑을 통해 확장되는 하나님 나라는 가장 작고 가난하고 연약하고 온유한 사람들과 더불어 시작하는 혁명적인 제국이다. 이제는 생각을 바꿀 때가 왔다. 바야흐로 모든 것이 변할 것이다. 새로운 삶의 방식이 이루어질 시간이다. 나를 믿고 따르라. 이 복음을 믿고 실천하는 법을 배움으로써 혁명에 동참하라."

이 책을 통해 필자도 "하나님 나라의 혁명에 동참하라!"는 메시지를 전하고 싶다. 그렇게 할 때 교회가 살아날 것이고, 교회는 비로소 세상의 희망으로 거듭날 것이며, 초대교회와 한국의 초기교회가 그러했듯이 오늘날 한국 사회의 변혁의 동력이 되어질 것이기 때문이다.

제1부
교회 **패러다임**의 혁명

1

교회의 위기와 교회 살리기

21세기 미래학자이며 영성학자인 레너드 스윗은 2006년에 '유럽교회는 이미 박물관 교회로 전락했고, 미국교회는 현상 유지적 교회에서 점차 박물관교회로 변모하고 있으며, 한국교회는 현상 유지적 교회로 변모되고 있다'고 말한 바 있다. 한마디로 서구교회는 이미 쇠락의 길을 걸어 왔고, 한국교회는 이제 쇠락의 길을 걷기 시작했다는 이야기이다.

먼저 유럽교회를 살펴보자. 영국 BBC 뉴스자료에 따르면, "2000년 현재 자신을 무신론자라고 밝히는 영국인의 비율: 44%, 영국 청년18~24세중 자신을 무신론자라고 밝힌 사람들의 비율: 66%, 영국의 교회출석률 관련 전문가인 피터 비얼 리가 추정한 2040년의 영국 내 교회 출석률: 0.5%"[1]로 나타났다. 2010년의 한 보고에 따르면, "영국교회가 비어가고 있다. 미국과 캐나다, 한국장로교회의 모태가 된 영국 장로교회가 술집과 유령 체험관, 티켓 판매점, 이벤트 장소 등으로 바뀌고 있다. 장로교뿐만이 아니다. 감리교도 마찬가지다. 교회에는 젊은이는 찾아보기 힘들고 노인들만 10여 명씩 모여 주일 예배당을 지키고 있다."[2]

100년 전만 해도 전 인구 중 98%가 교회에 출석했다고 하는 네덜란드교회의 경우는 어떨까? 필립 얀시에 따르면, 현재 네덜란드인의 교회 출석률은 10% 이하로 떨어졌다. 네덜란드 교회 건물 중 절반은 없어졌고 남아 있는 교회도 상당수가 레스토랑이나 콘도, 아트갤러리 등으로 사용되고 있다고 한다.3)

북미주 교회는 어떠한가? 캐나다 교인수에 대한 2005년의 조사에 따르면, "1961년에서 2001년 사이에 캐나다 성공회는 신도 53%를 잃었고, 만일 이 추세가 계속 된다면 2061년에는 교인이 단 1명 남을 것이다. 또한 1961년에서 2001년 사이에 캐나다 연합교단은 교인 39%가 줄었고 다른 주류 교단들도 몸집이 급격하게 줄었다. 1988년과 1998년 사이에도 예배모임에 참석하는 캐나다인의 수는 적어도 41%에서 34%로 줄었다."4)

미국교회를 보면, "적어도 한 달에 한 번 예배에 참석하는 미국인의 수가 1981년에서 1998년 사이에 5%가 하락했다. 이 기간 중에 오스트리아는 15%, 스페인은 15%, 서독은 10%, 네덜란드는 9% 하락했다. 미국의 청소년 3,100만 명 가운데 불과 12%만이 교회에 출석하며, 그 가운데 88%는 학교를 졸업한 후 발길을 끊는다."5)

한국교회의 경우는 어떨까? 한국인구센서스에 따르면, 한국 개신교의 성도는 1995년 876만 명에서 2005년 861만 6000명으로 14만 4000명 감소하였고, 최근 장로교 주요 교단 통계에 따르면, 2013년 1년간 15만 8000명이 감소하였다. 특히 교회학교 학생수의 감소는 더욱 심하여 대한예수교장로회통합의 경우만 해도 지난 2013년 1년 동안 유치부 4000여명, 중·고등부 1만 4000명이 감소된 것으로 나타났다. 심지어 교회학교가 없는 교회가 교파를 초월해서 50%가 넘는다고 한다. 서구교회이든 한국교회이든 참으로 교회의 위기가 아닐 수 없다.

왜 이처럼 사람들은 교회를 등지고 떠나가고 있을까? 무엇 때문에 교회가 외면을 당하고 있고 심지어 비난과 조롱을 당하기까지 하는 것일까? 이러한 교회 위기의 원인은 무엇일까? 첫째로, 교회위기의 원인은 교회가 영적인 생명력을 잃어가고 있기 때문이다. 다시 말해 교회의 쇠퇴는 교회가 영적 생명력의 원천인 하나님의 구원은총에 대한 감격을 상실해가고 있기 때문이고, 교인들이 예배를 통해 은혜의 감격과 하나님 임재의 뜨거운 감동의 경험을 맛보고 누리지 못했기 때문이다. 행전 1:8의 말씀대로, 교회는 예수 그리스도를 증거하고, 하나님나라를 증거하는 증인공동체이다. 그러나 교회가 증인공동체라는 사실보다 더 중요한 사실은 교회는 무엇보다 하나님의 구원의 은총을 맛보고 누리는 은혜의 공동체라는 사실이다. 하나님의 구원은총을 맛보고, 그 놀라운 은혜를 체험한 적이 없는데 어떻게 증인된 사명을 수행할 수 있겠는가? 하나님의 은혜를 맛보고 누리지 못하는 사람에게 아무리 주일성수 잘하라고, 헌금생활 살하라고, 전도 많이 하라고 외친다한들 그 모든 설교에 무슨 열매가 있겠는가? 그러므로 중요한 것은 교회가 먼저 은혜의 공동체가 되는 것이고, 예배를 통해 하나님의 은혜에 대한 감동을 맛보게 하는 것이다. 그도 그럴 것이 교인들이 하나님의 은혜를 체험하기만 하고, 예수 믿는 기쁨과 행복함을 맛보게만 된다면, 전도하라고 말하지 않아도 전도할 것이고, 헌금하라고 강조해서 말하지 않아도 기쁘게 헌신하게 될 것이기 때문이다.

둘째로, 교회위기의 원인은 교회가 교회다움을 상실해가고 있기 때문이다. 영적인 관심이 고조되고 있는 시대에 어째서 기성교회들의 좌석은 점점 비어가고 있고 교회들은 점점 더 쇠퇴하고 있는 것일까? 이 질문에 조지 갤럽은 오늘의 교회들은 영적인 문제에 관심을 보이기보다는 교회의 내부적이고 제도적인 문제에 너무 많은 관심을 보였기 때문이라고 대답하였다.[6] 다시 말해 교회쇠퇴의 원인은 교회가 교회의 본질에서 멀어졌기 때문이라는 것이다. 교회의 본질은 그리스도의 몸이다. 즉, 교회란 그리스도가 주님으로서 다스리는 영적인 공동체라는 말이다. 그런데 교회가 많은 경우 그리스도가 다스리는 영적인 공동체가 아니라 세상의 원리와 가치가 지배하는 기관으로 변질되어 가는 모습을 보게 된다. 그러기에 레지 맥닐은 교회를 떠나간 미국의 많은 기독교인들은 그들이 신앙을 상실해서가 아니라 오히려 자신들의 신앙을 지키기 위해서였다는 충격적인 보고를 한 바 있다.[7]

　오늘날 교회는 세상과 구별이 안 될 정도로 변질되어가고 있음을 부인하기 어렵다. 이는 크게 두 가지로 말할 수 있는데 하나는 교회가 종교기관이 되어가는 것이고, 다른 하나는 기업화되어가는 것이다. 기독교가 종교로 변질되어 가는 문제에 대해선 엘륄이 지적한 대로 기독교가 권력과 결탁하면서 종교가 되었고, 교회조직이 계급제도로 이루어지면서 기독교가 종교가 되었고, 기독교가 성공주의와 결탁하면서 종교로 변질되었다. 또한 본회퍼가 지적한 대로, 교회가 하나님을 멀리 계신 초월존재로만 말할 때 기독교는 종교가 되고, 교회가 신앙의 삶을 공동체적인 삶으로 이해하지 않고 개인주의적인 삶으로만 말할 때 기독교는 종교가 되고, 교회가 하나님을 종교행위만을 통해 하나님을 만날 수 있다고 말할 때 기독교는 종교가 되고, 교회의 오래된 교인들이 바리새적인 우월의식, 특권의식을 가지게 될 때 기독교는 종교로 변질된다. 이렇게 기독교가 종교로 변질되어 가면서 현대인들의 영적인 갈망에 부응하지 못했고, 그러면서 교회는 결국 쇠락의 길을 걷게 된 것이다.[8]

　또 하나는 교회의 많은 사람들이 지칠 대로 지쳐가고 있다는 것이다. 왜 이렇게 되었을까? 글렌 와그너가 말했듯이, "모든 문제의 근원은 목회자와 교회가 공동체 모델이 아닌 기업 모델에 맞춰 변화되었기 때문"이다.[9] 그는 기업체모델을 따르는 교회에 대해 말하기를, "어떤 교회에서 목회자는 다른 이들이 교회라는 사업체를 운영하도록 도와주는 설교 기계에 지나지 않는다. 또 다른 교회에서 목회자는 최고경영자, 사장, 이사장이다. 하지만 두 가지 경우 모두 목회자는 목자가 아니라 기업체의 고위 관리에 지나지 않는다."고 비판한다. 사실 많은 경우 교회는 그동안 하나님과의 친밀한 사권을 소중히 여기고 사람을 존중하며, 격려와 친밀함을 나누며, 하나님나라 생명공동체를 만들기 위해 생명, 정의, 사랑, 치유, 화해, 평화의 사역을 위해 헌신하는 삶을 가르치기보다는 성장과 확장과 번영만을 추구하는 기업체를 만드는 일에 여념이 없었다. 교회는 그동안 교인들이 떠날 수밖에 없는 환경을 스스로 만들어 온 것이라 말할 수밖에 없다.

그러면 이 위기를 어떻게 극복할 수 있을까? 앞에서 말한 대로, 교회의 교회다움을 상실한데 교회위기의 원인이 있다고 한다면, 교회위기의 극복은 바로 그 교회다움을 회복하는데 그 해답이 있다고 본다. 즉, 교회의 위기를 극복하기 위해 교회는 무엇보다 은혜를 체험할 수 있는 은혜공동체로서 거듭나야하고, 현대인들의 영직인 갈망에 부응할 수 있는 영성공동체로 거듭나야 할 것이다.

참고문헌

정원범 편. 『기독교 영성과 윤리』. 서울: 한들출판사, 2012.

Collins, Kenneth J. 『Exploring Christian Spirituality: An Ecumenical Reader』. Grand Rapids, MI: Baker Books, 2000.

Jenkins, Philip. 김신권, 최요한 역. 『신의 미래』. 서울: 웅진씽크빅, 2009.

Kelly, Eamonn. 정상호, 이옥정 공역. 『파워풀 타임스』. 파주: 럭스미디어, 2008.

McNeal, Reggi. 『The Present Future: Six Tough Questions for the Church』. San Francisco, CA: Jossy-Bass, 2003.

Sweet, Leonard I. 김영래 역. 『미래 크리스천』. 서울: 좋은씨앗, 2005.

Wagner, E. Glen. 차성구 역. 『하나님의 교회 vs 교회주식회사』. 서울: 좋은씨앗, 2000.

「국민일보」, 2011. 2. 20.

2
교회의 잃어버린 꿈: 하나님의 나라

난, 난 꿈이 있었죠 / 버려지고 찢겨 남루하여도 / 내 가슴 깊숙이 / 보물과 같이 간직했던 꿈 … 그래요 난, 난 꿈이 있어요 / 그 꿈을 믿어요 나를 지켜 봐요 /저 차갑게 서있는 운명이란 벽 앞에 / 당당히 마주칠 수 있어요 / 언젠 가 나 그 벽을 넘고서 / 저 하늘을 높이 날을 수 있어요 / 이 무거운 세상도 나를 묶을 순 없죠 / 내 삶의 끝에서 나 웃을 그날을 함께해요 난, 난 꿈이 있어요 그 꿈을 믿어요 나를 지켜봐요

이 시는 인순이가 부른 '거위의 꿈'이라는 노래의 가사인데 꿈의 소중함을 말해주고 있다. 지난번에 언급했듯이, 하나님의 거룩한 교회가 어쩌다가 사람들에게 외면을 당하고 조롱을 당하는 처지가 되었을까? 지난번에 교회위기의 원인이 교회의 영적 생명력과 교회의 교회다움을 상실했기 때문이라고 하였는데 다르게 말하자면 교회가 지녀야 할 아름다운 하나님나라 꿈을 잃어버렸기 때문이다. 하나님나라 꿈을 잃어버렸기 때문에 교회가 아름다운 교회의 모습도 상실하게 된 것이고 그래서 사람들에게 줄 수 있는 매력도 상실하고 사람들의 외면을 당하게 된 것이다. 그러므로 교회가 다시금 사람들에게 매력을 줄 수 있고, 희망을 줄 수 있기 위해서 교회는 잃

어버린 하나님나라의 꿈을 다시금 회복할 수 있어야 한다.

교회가 그것을 위해 살다가 그것을 위해 죽어야 할 목적이 있다면, 그것은 하나님의 나라이고, 교회가 그것을 위해 살다가 그것을 위해 죽어야 할 꿈이 있다면, 그것도 하나님의 나라이다. 왜냐하면 하나님의 나라는 하나님의 꿈이었고 예수님의 꿈이었기 때문이다.

예수님이 가르쳐주신 주기도문 "아버지의 나라가 오게 하시며 아버지의 뜻이 하늘에서와 같이 땅에서도 이루어지게 하소서"라는 문장을 보면, 하나님의 나라와 하나님의 뜻이 동격을 이루고 있다. 여기서 하나님의 뜻으로 번역된 헬라어는 소원으로도 번역될 수 있는데 그렇게 본다면 하나님의 뜻은 하나님의 소원, 하나님의 꿈으로 번역될 수 있고,10) 그런 점에서 하나님의 꿈은 하나님의 나라였다고 할 수 있다. 그러기에 예수님께서도 공생애 기간 동안 모든 선교와 선포의 중심 주제를 하나님의 나라로 삼으셨던 것이다. 거의 모든 학자들이 동의하듯이 예수님의 사역과 가르침에 있어서 가장 중요한 주제가 하나님의 나라였다는 사실은 하나님의 나라가 바로 예수님의 꿈이었음을 잘 보여준다. 이처럼 하나님의 나라가 하나님의 꿈이었고, 예수님의 꿈이었다면, 그리고 교회가 하나님나라백성들의 공동체라고 한다면, 하나님의 백성들과 그 백성들의 공동체인 교회는 마땅히 하나님의 나라를 자신의 꿈으로 삼아야 할 것이다.

그러면 하나님의 나라는 어떤 나라인가? 첫째로, 하나님의 나라는 하나님의 통치가 이루어지는 은혜의 나라이다. 하나님나라의 근본적인 의미는 하나님의 다스림이다.11) 하나님의 은혜로운 통치로서의 하나님 나라는 "미래의 사건이며 동시에 현재의 실재"12)이다. 하나님의 통치는 미래의 완성을 기다리는 것이지만, 동시에 그것은 현재에 경험될 수 있는 하나님의 은혜로운 선물이다. 이 선물은 종말론적 구원의 선물인 바, 몸의 구속을 의미할 뿐 아니라 죄로 인해 단절된 하나님과 인간 사이의 교제의 회복을 의미한다. 그러므로 하나님 나라를 받아들인다는 것은 하나님과의 참된 교제 안으로 들어간다는 것을 의미하는 것이며 선물로 주어지는 바, 그 나라의 축복의 즐거움에 들어간다는 것을 의미하는 것이다.[13]

그러므로 교회공동체는 무엇보다 하나님의 구원은총에 대한 감격과 기쁨을 맛보고 누리는 공동체가 되어야 하고, 칼뱅이 "주님의 교회는 참된 다윗 왕이 그것을 통치할 때만, 즉 모든 사람이 일치하여 그리스도께 순종하고 그의 명령에 순복할 때만 올바르게 형성된다."[14]고 말했듯이 하나님의 통치에 순종하는 공동체가 되어야 한다.

둘째로, 하나님의 나라는 구원, 곧 자유와 해방의 역사가 이루어지는 나라이다. 이사야에서 하나님의 통치의 가장 중요한 표지는 하나님의 구원인데, "그 구원은 억압과 불의로부터의 자유와 해방을 의미하며 죄, 죽음, 전쟁과 노예상태, 속박과 포로상태로부터의 해방을 포함한다."[15] 예수님이 공생애를 시작하시면서 사명선언문과 같은 말씀으로 하셨던 "주의 성령이 내게 임하셨으니 이는 가난한 자에게 복음을 전하게 하시려고 내게 기름을 부으시고 나를 보내사 포로된 자에게 자유를, 눈 먼 자에게 다시 보게 함을 전파하며 눌린 자를 자유롭게 하고 주의 은혜의 해를 전파하게 하려 하심이라"눅 4:18~19는 취임사의 말씀은 예수님께서 선포하셨던 하나님의 나라가 바로 자유와 해방의 나라이고, 하나님의 구원역사의 핵심이 바로 자유와 해방의 역사임을 잘 보여준다. 그러므로 하나님의 나라를 구현하기 위해 존재하는 교회는 하나님의 통치, 곧 죄와 죽음의 속박 가운데 있는 사람들을 위한 자유와 해방의 사역은 말할 것 없고, 정치, 경제, 사회적인 억압과 착취와 온갖 불의로 고통당하는 자들을 위한 자유와 해방의 사역에도 적극적으로 참여해야 한다.

셋째로, 하나님의 나라는 정의와 평화의 나라이다. "하나님의 나라는 먹는 것과 마시는 것이 아니요 오직 성령 안에 있는 의와 평강과 희락이라"롬

14:17는 말씀대로, 하나님의 나라는 정의와 평화와 기쁨의 나라이다. 예수님이 세례를 받으실 때 성령이 임하시는 장면에서 공관복음은 이사야 42:1의 말씀을 인용하는데 사 42:1~7의 말씀은 종의 사명에서 정의가 중심에 있다는 사실을 잘 보여준다. 이사야서에서 정의는 네 가지 차원을 가지고 있는데 ① 가난한 자들과 힘없는 자들을 그들이 늘 경험하는 불의로부터 건져 내는 것, ② 권세자의 힘센 발을 그들이 내리누르는 고통 받는 사람의 목에서 치우는 것, ③ 폭력을 중지하고 평화를 만드는 것, ④ 소외되고 버려진 자들, 이방인들, 유랑자들, 도피자들을 공동체 안으로 회복시키는 것 등이다. 정의를 뜻하는 히브리어 '체다카'란 억압받는 자를 구출하고 풀어주는 정의, 곧 해방하는 정의와 힘없는 자와 버림받은 자를 언약의 공동체 안에서 그들의 정당한 지위로 복권하는 정의, 곧 공동체 회복의 정의를 의미한다.**16)** 그러므로 하나님의 나라를 이 세상에 보여줘야 하는 교회는 이 세상에서 정의와 평화를 위한 사역에도 적극적으로 참여해야 한다.

넷째로, 하나님의 나라는 치유와 화해가 이루어지는 사랑의 나라이다. 한스 요아킴 크라우스가 말한 대로, "하나님의 나라는, 치유하고 구원하는 사랑의 능력으로 세상을 채우며, 단절을 극복하고, 적대성을 종결짓고, 이기주의와 집단 이권에서 세상을 해방시킴으로써 세상의 모든 영역과 생활 영역을 전적으로 변화시킨다는 의미에서 혁명적으로 실현된다. 하나님의 나라는 개인들의 나라가 아니라 사랑의 표징 안에서 새로운 공동생활의 토대이며 시작이다."**17)** 선한 사마리아인 비유의 가르침에서 사랑의 의미에 관한 네 가지 강조점을 발견하게 되는데 여기서 ① 사랑은 긍휼의 마음으로 바라보는 것이며 속박된 사람들의 상황으로 들어가는 것이다. ② 사랑은 구원하는 행위를 한다. ③ 사랑은 자유와 정의, 그리고 미래에 대한 책임 있는 공동체로 초대한다. ④ 사랑은 소외된 사람들을 거절하는 자와 그들이 선호하는 세속적인 가치들, 즉 기복주의, 성공주의, 이기주의, 개교회주의, 교파주의, 교회성장주의, 성직주의 등과 맞서게 한다.**18)** 여기서 "하나님 나라의 사랑은 촉구나 율법이 아니라 새로운 공동생활의 개시이며 질적으로 새로운 행동에로의 해방이다.**19)** 그런데 교회란 종말론적인 현실로 주어질 은혜와 사랑의 하나님의 나라를 미리 맛보는 곳이다. 그러므로 교회는 종말론적 하나님 나라의 표지로서 하나님나라의 은혜와 사랑을 이 세상에 보여주어야 한다. 이렇게 교회가 하나님의 나라는 죽어서가 아니라 바로 이 땅에서 자유와 해방, 정의와 평화, 치유와 화해와 사랑의 나라인 하나님나라를 미리 맛보고 누릴 수 있는 나라라는 사실을 깨닫고, 이 세상에 하나님나라를 보여줄 수 있을 때 비로소 교회는 세상의 희망으로 거듭날 수 있을 것이다.

참고문헌

Kraus, Hans-Joachim. 박재순 역. 『조직신학』. 서울: 신학연구소, 1986.

Ladd, George Eldon. 『*The Presence of the Future: The Eschatology of Biblical Realism*』. Grand Rapids, Michigan: William B. Eerdmans Publishing Company, 1974.

Leith, John H. 『*John Calvin's Doctrine of the Christian Life*』. Louisville, Kentucky: John Knox Press, 1989.

McLaren, Brian D. 조계광 역. 『예수님의 숨겨진 메시지』. 서울: 생명의말씀사, 2009.

Stassen, Glen H. and Gushee David. 신광은, 박종금 역. 『하나님의 통치와 예수 따름의 윤리』. 대전: 대장간, 2012.

3

크리스텐돔 기독교의 종말

"한국교회, 잔치는 끝났다! 한국교회는 성장이 잠시 주춤한 것이 아니라 이미 쇠퇴기에 접어들었다. 뼈를 깎는 노력으로 갱신하지 않고 그냥 이대로 가면 2050~2060년경에는 400만, 아니 300만 명대로 교인수가 줄어들 수도 있다. 주일학교는 30~40만 명대로 줄어들 수 있다." 미래학자 최윤식의 이런 예측은 한국교회의 위기 상황이 얼마나 심각한지를 잘 보여준다. 기독교 역사상 가장 빠르게 성장했고, 세계적인 초대형 교회가 가장 많이 있는 나라라고 자랑하던 한국교회가 어쩌다가 이런 지경에 이르게 된 것일까? 어디서부터 잘못된 것일까? 이 위기의 원인은 무엇이고, 위기를 극복하기 위한 방법은 무엇일까?

그런데 주목할 것은 한국교회의 위기상황은 시차만 다를 뿐 그 양상은 서구교회의 위기상황과 크게 다르지 않다는 사실이다. 영국교회의 위기에 대해 에디 깁스는 "그런 변화와 함께 영국인들도 급속히 교회와 멀어져 갔다. 지난 사십년 동안 교회는 주변부로 밀려나고 있으며 사회에 대한 영향력도 상당히 약화되었다는 것을 발견하였다. 교회가 사회적 힘을 상실하자 그 영적인 피폐함도 드러났고, 두려움만 자리를 잡고 있다."[20]고 하였다. 또 미국교회의 위기에 대해 필립 클래이튼은 "현재 미국의 주류교회들은 기독교가 시작된 이래 가장 큰 위기에 직면해 있다. 미국의 종교적 삶의 표준이었던 이들 교회들은 지난 40년간 꾸준히 교인의 감소를 경험하였고, 많은 주류 교단에서는 심각한 수준에까지 이르렀다. 많은 교회가 생존을 위해 몸부림치고 있다. 어떤 전문가들은 오늘날 존재하는 주류 교회의 반 이상이 향후 20년 안에 문을 닫게 될 것이라고 예언하고 있다."[21)]고 하였다.

이렇게 볼 때 한국교회의 위기상황은 서구교회의 위기상황과 크게 다르지 않은 것 같다. 왜 양자의 위기상황은 크게 다르지 않은 것일까? 그 이유는 양자의 위기의 원인이 크게 다르지 않기 때문이다. 그러면 한국교회와 서구교회의 위기의 원인은 무엇일까? 교회의 위기는 무엇보다 교회가 사회로부터 신뢰를 잃어버렸기 때문에 발생된 것이고, 교회가 사회로부터 신뢰를 잃어버린 것은 교회가 교회다움을 상실한 채, 세상과 다를 바 없는 곳이 되어졌기 때문이다. 박영신이 말한 대로, "교회 밖의 사람들이 바라고 꿈꾸고 얻고자 하는 그 모든 것들을 교회와 교인들도 가감 없이 바라고 꿈꾸고 얻고자 한다. 이 점에서 교회는 바깥세상과 전혀 다르지 않다. 동일한 상징과 가치지향성과 행동유형을 가지고 있다. 교회의 내면세계는 교회 바깥의 세상과 깊은 수준에서 전혀 구별되지 않고 있다. 세상의 성공기준과 교회의 성공기준이 하나이고, 세상에서 복되다고 하는 것과 교회에서 복되다고 하는 복의 기준 또한 하나이다. 세상이 섬기는 신과 교회에서 섬기는 하나님이 놀랍게도 한 지점에서 같이 만난다. 세상이 표상하는 복과 교회에서 표상하는 복이 하나로 수렴되고 있다."[22)]

한국교회가 이처럼 변질되었다면 그 변질의 뿌리는 무엇일까? 교회가 세상과 짝할 수밖에 없도록 만든 근원적인 뿌리는 교회가 세상과 타협의 길을 가도록 길을 열어준 크리스텐돔에서 발견된다. 크리스텐돔이란 "교회가 일시적이고 세속적인 권력과 결탁하여 영향력을 행사하던 시기" 즉 "어떤 역사적 시대를 뜻하는 것으로 로마제국의 콘스탄틴 1세의 기독교로의 개종이 있었던 4세기부터 20세기 말까지를 의미한다." "크리스텐돔이란 교회와 국가가 하나가 되어 사회를 다스렸으며, 이 사회 속에 있는 거의 모든 사람이 그리스도인이라고 가정되었던 시대" 또는 "교회와 국가 간의 상호협력과 지지와 합법화를 통한 정치적 타협을 일컫는 것이다."[23]

4세기 크리스텐돔 시대가 열리면서, 다시 말해 하나님의 교회가 제국의 교회가 되면서 사회의 변두리에 있었던 교회가 사회의 중심부로 들어가게 되었다. 이에 따라 제국의 종교로서의 역할을 충실하게 수행하기 위해 교회지도자들은 기독교가 제국의 질서와 제국의 이데올로기에 부합되도록 하기 위한 작업을 하기 시작하었다. 그래서 나타난 것이 바로 정당전쟁론이다. 고대교회 300년 동안 산상수훈의 말씀을 따라 평화주의의 삶을 가르쳤던 교회가 제국의 종교가 되면서 제국의 전쟁을 제한된 범위에서 정당화하기 시작했던 것이다. 다시 말해 세상의 가치를 전복하며 사람들에게 도전을 주었던 예수님의 가르침을 중세시대에는 성직자나 수도사들에게는 적용될 수 있어도 일반 기독교인들에게는 적용될 수 없는 말씀이라고 해석하기 시작했고, 종교개혁시대에는 그것이 개인의 내면적 신앙영역에서는 적용될 수 있어도 공적인 삶의 영역에서는 적용될 수 없는 말씀이라고 해석하기 시작했던 것이다. 한마디로 기독교의 왜곡현상이 일어났던 것이다. 이런 왜곡은 교회가 세상적 지위, 부, 권력과 습관적으로 결탁하면서 더욱 심화되었다. 뿐만 아니라 교회와 국가 간의 결탁관계를 통해 이룩된 크리스텐돔 문명은 잔혹했고, 자신의 백성을 고문과 마녀 사냥을 통해서 위협하고 억압했다. 전쟁을 통해 세력을 확장했으며, 세례와 개혁운동을 강압적으로 행했다. 이렇게 해서 크리스텐돔은 복음을 지지하는 듯했지만, 사실은 복음을 변질시켰다.

그런데 한국교회가 크리스텐돔과 무슨 연관이 있는 것일까? 물론 한국교회는 그 형성기부터 지금까지 서구기독교의 영향을 절대적으로 받아 온 것이 사실이고, 그런 점에서 한국교회는 과거부터 지금까지 줄곧 서구기독교의 근간을 이루었던 크리스텐돔의 절대적인 영향을 받아왔던 것이 사실이다. 특히 보수교단이 대부분인 한국교회가 이승만 정권 이후 지금까지 그 정권이 쿠데타를 통해 잡은 정권이든 아니든, 인권을 유린하는 불의한 정권이든 아니든 상관 없이 국가권력을 축복하고 거기에 협력하는 친정부적 성향을 보이고 있다는 사실도 한국교회가 근본적으로 국가권력과 결탁을 특징으로 하는 크리스텐돔의 성격을 가지고 있음을 부인할 수 없다.

이러한 크리스텐돔의 속성에 따라서 한국교회는 세상의 모든 것을 상대화하고 부정하는 사회변혁적인 에너지를 상실한 채, 힘을 확보하고 대세로 자리 잡은 것이면 무엇이든지 그것을 사실과 진리로 받아들이는 입장을 취해왔다. 이렇게 해서 한국교회는 국가주의, 자본주의 등 대세를 이루는 세속문화와 세속가치에 포로가 되어졌고, 그에 따라 한국교회는 세상과 구별이 되지 않는 집단이 되고만 것이다.

어떻게 이 뒤틀려진 기독교를 바로 잡을 수 있을까? 어떻게 교회의 교회다움과 예수 따라 살기의 참된 신앙을 회복할 수 있을까? 교회의 교회다움을 회복하기 위해서 교회는 무엇보다도 서구교회와 한국교회의 위기를 초래했던 잘못된 교회신학패러다임인 크리스텐돔 교회신학패러다임에서 떠나가는 결단을 해야 한다. 우리의 시대는 더 이상 크리스텐돔이 지배하는 시대가 아니기 때문이며, 국가나 세속권력과 결탁된 기독교를 가지고서는 세상 사람들에게 어떠한 감동도 줄 수 없기 때문이다. 그러면 벗어나야 할 크리스텐돔 패러다임에는 어떤 것들이 있을까? 첫째로, 한국서구교회는 권력과 결탁하는 크리스텐돔 기독교와 스스로 권력이 되어가고 있는 크리스텐돔 기독교를 탈피해야 한다. 둘째로, 한국서구교회는 속죄론 중심의 기독론을 탈피해야 한다. 왜냐하면 속죄론 중심의 기독론은 예수의 인성을 탈락시킬 뿐만 아니라 그럼으로써 예수님이 모든 기독교인들의 매일의 삶의 규범이 되신다는 사실, 즉 제자도의 모델이 되신다는 사실을 탈락시키기 때문이다. 셋째로, 한국서구교회는 국가의 위계질서와 유사한 성직자 중심의 위계질서적 구조, 즉 한 목소리가 지배하는 교회구조를 탈피해야 한다. 넷째로, 한국서구교회는 개인윤리와 사회윤리를 분리하여 하나님의 진리를 개인적인 삶의 영역에만 적용된다고 보는 신앙의 사사화 전통을 탈피해야 한다. 다섯째로, 한국서구교회는 콘스탄틴 이후의 기독교인들이 제국의 폭력을 도덕적으로 참아낼 만한 것이라고 생각했을 뿐만 아니라 그것을 지지하는 것이 하나의 기독교적 의무라고 생각했던 잘못된 전통을 탈피해야 한다. 이렇게 할 수 있다면 현재 크리스텐돔 체제의 쇠퇴는 교회의 위기가 아니라 오히려 교회의 교회다움과 예수 따라 살기의 참된 신앙을 회복할 수 있는 좋은 기회가 될 수 있을 것이라 확신한다.

참고문헌

조성돈, 정재영 엮음. 『그들은 왜 가톨릭교회로 갔을까』. 서울: 예영커뮤니케이션, 2007.

Clayton, Philip, 이세형 역. 『신학이 변해야 교회가 산다』. 서울: 신앙과지성사, 2012.

Gibbs, Eddie. 임신희 역. 『Next church 미래목회의 9가지 트랜드』. 서울: 교회성장연구소, 2003.

Murray, Stuart. 강현아 역. 『이것이 아나뱁티스트다』. 대전: 대장간, 2011.

4
예수님이 안 계신 예수교회

세계적인 기독교 미래학자 레너드 스윗은 2010년에 한국에 왔을 때 인터뷰를 하면서 "오늘날 교회가 심각한 질병을 앓고 있다"고 하였다. 그 심각한 병이 무엇이냐고 묻는 질문에 그의 대답은 "'예수 결핍 장애JDD : Jesus Deficit Disorder'다. 예수교회에 예수가 없는 거다."였다. 왜 예수가 없냐고 물으니까 "교회가 그리스도 이외의 것으로 너무 변질됐다. 미국 교회의 집회나 회의에 참석해도 성경이나 예수, 성령에 대한 이야기를 듣기는 어렵다."고 대답했고, 그러면 무슨 이야기를 하냐고 물으니까 "주로 리더십 강좌나 교회의 새로운 전략 프로그램 이야기다. 세계적으로 유명한 비즈니스 그룹의 전문가들이 교회에 와서 컨퍼런스를 한다. 교회가 비즈니스 전문가를 초청한다. 성경과 예수, 성령에 대한 이야기는 없다."고 대답했다고 한다.

서구교회와 한국교회를 보면서 안타까운 일은 21세기 최고의 메가트렌드 중 하나가 영성이라고 하는데 교회의 좌석은 비어가고 있다는 사실이다. 왜 이렇게 되었을까? 레너드 스윗은 "교회가 그리스도 이외의 것으로 너무 변질됐다" "예수교회에 예수가 없다"는 말로 영성에 대한 목마름이 있는 시대에 교회가 외면당하고 있는 이유를 설명했다. 그렇다면 왜 교회에 예수님이 안 계시는 것일까? 누가 교회에서 예수님을 아낸 것일까? 드루대학교의 조직신학교수였던 이정용은 교회 안에 예수님이 안 계신 이유를 교회 안의 사람들이 중심성을 추구하고 있기 때문이라고 주장한다.[24] 오늘날의 교회는 많은 경우 주변성보다 중심성을 추구하고 있다는 점에서 예수 그리스도의 교회가 아니라는 것이다. 그도 그럴 것이 예수님은 중심이 아니라 주변이기 때문이다. 예수님은 중심 중의 중심이 아니라 주변 중의 주변이었다. 예수님은 주변인으로 태어나셨고, 사람들의 종이 되기 위해 자신을 비워 주변부 사람이 되었다. 하나님의 본질을 가지신 분이 종의 형체를 갖게 되었는데 그것은 예수님이 주변 중의 주변, 최고의 주변이 되었다는 것을 의미하는 것이다.[25]

예수님의 삶은 주변성의 삶이었다. 헤롯이 두 살 미만의 아이들을 전부 학살하라고 명령했을 때 아기 예수는 권력으로부터 정치적으로 주변화 되었고, 외국 땅에서 살면서 문화적으로 주변화 되었다. 공생애 동안 예수님의 공적인 삶도 주변부의 삶의 특성을 잘 보여준다. 예수님은 집 없는 사람이었다. "여우도 굴이 있고 공중의 새도 거처가 있으되 인자는 머리 둘 곳이 없다."마8:20 집 없는 사람으로서 그는 가장 가난한 사람이었고, 세상 죄로 고통을 받았고, 사람들로부터 멸시와 거부를 당했다. 사람들은 예수님에게 침을 뱉고 얼굴을 주먹으로 쳤으며, 군인들은 비웃고, 자색 옷을 입히고, 가시관을 씌웠다. 또 예수를 때리고 침 뱉고 절하며 조롱했다.막15:14~20 "그는 멸시를 받아 사람들에게 버림받았으며 간고를 많이 겪었으며 질고를 아는 자라. 마치 사람들이 그에게서 얼굴을 가리는 것 같이 멸시를 당했고 우리도 그를 귀히 여기지 아니했도다."사53:3

또한 예수님의 제자들도 주변부 사람들이었고, 예수님이 어울린 사람들도 주로 가난한 사람, 약한 사람, 버림받은 사람들이었다. 그는 가난한 사람들눅6:20~23, 배고픈 사람들눅6:21, 지금 슬퍼하는 사람들눅6:21, 미움 받고 배제당하고 버림받은 사람들눅6:22~23을 축복하신 반면, 지금 부요한 자, 지금 배부른 자, 지금 웃는 자에게 경고의 말씀을 하셨다. 이러한 예수님의 주변성의 관점은 예수님의 핵심적인 가르침들 속에서도 잘 나타난다. "너희가 여기 내 형제 중에 지극히 작은 자 하나에게 한 것이 곧 내게 한 것이니라."마25:40 "나중 된 자로서 먼저 되고 먼저 된 자로서 나중 되리라"마20:16, "누구든지 제 목숨을 구원하고자 하면 잃을 것이요 누구든지 나를 위해 제 목숨을 잃으면 찾으리라"마16:25, "무릇 자기 목숨을 보전하고자 하는 자는 잃을 것이요 잃는 자는 살리리라"눅17:33, "누구든지 자기를 높이는 자는 낮아지고 누구든지 자기를 낮추는 자는 높아지리라"마23:12는 말씀 등이 그것이다. 이러한 역설의 진리는 예수님의 구원생명의 역사가 중심성의 추구를 통해서가 아니라 주변성의 추구를 통해서 일어난다는 것을 잘 보여준다.

사실, 인간의 역사는 인간반역의 상징이 되고 있는 바벨탑이 잘 보여주듯이 중심성 추구의 역사였다. 그런 반면 하나님의 역사는 주변성을 통한 인류구원의 역사라 할 수 있다. 하나님은 인류 구원의 역사를 시작하실 때 아브라함을 선택하셔서 "너의 고향과 친척과 아버지의 집을 떠나"라고 하셨는데 이것도 바로 구원역사의 통로가 되어 질 아브라함으로 하여금 중심성을 떠나 주변부 사람이 되게 하시려는 하나님의 뜻이 담겨져 있는 부르심이었다. 그도 그럴 것이 하나님의 구원생명역사는 중심성을 통해서가 아니라 주변성을 통해 이루어지는 것이기 때문이다. 그러므로 하나님의 구원을 받은 모든 백성들은 하나님의 구원역사에 참여하기 위해 중심성에서 떠나 주변부 사람이 되지 않으면 안 된다. 그런 점에서 "교회는 하나님의 주변부 백성의 공동체이다."**26)** 물론 주변부 사람들이 모였다고 해서 다 교회는 아니다. 예수 그리스도의 현존의식이 있느냐 하는 것이 교회의 핵심이고, 중심부적인 가치가 아니라 주변부적 가치가 교회의 지배적 가치가 되어 있느냐 하는 것이 교회의 핵심이기 때문이다.

그러면 중심부적 가치는 무엇이고 주변부적 가치는 무엇인가? 이정용이 말하는 중심성, 중심주의 경향, 중심주의 이데올로기, 중심부적 가치란 한 마디로 중심, 즉 권력의 자리를 추구하고, 부와 명예와 지배를 추구하는 세 상의 지배이데올로기이다. 반면 주변부 가치는 예수님이 친히 보여주신 사 랑과 겸손과 섬김이다. 중심성은 위계구조적 가치에 의존하지만, 주변성은 평등주의 원리에 근거한다. 중심성은 지배하지만, 주변성은 섬긴다. 중심 성은 통제를 위해 경쟁하지만, 주변성은 협력을 추구한다. 중심성의 권력 은 통제하고 지배하고 배제하지만, 주변성의 사랑은 포용적이고 상호보완 적이다. 중심성은 자기의 이익을 구하지만, 주변성은 전체의 이익을 구한 다. 중심성은 개인주의적이지만, 주변성은 공동체적이고 관계적이고 다원 적이다. 중심성은 동일성, 단일성을 강조하지만, 주변성은 다름과 다원성 을 강조한다.[27]

그런데 오늘의 교회는 어떤가? 대부분의 경우 현실의 교회는 콘스탄티 누스 황제 이후로 지배 집단이 되어 중심주의적인 가치를 따르고 있다. 제 국의 위계구조를 따라 교회도 피라미드 모양의 위계구조를 취하고 있으며, 중심주의자들의 동일성의 원리와 배타주의적인 사유방식을 따라 교회 역 시 비슷한 것은 포함시키고, 다른 것은 배제하는 배타적이고 억압적인 기 관이 되고 말았다. 교회가 중심주의적 가치를 따라 살았기 때문에 세상이 인종을 차별할 때 교회도 똑같이 인종을 차별하였고, 세상이 노예제도를 정당화 했을 때 교회도 똑같이 노예제도를 지지했으며, 세상이 계급性을 차 별할 때 교회도 똑같이 계급性을 차별하였다. 또한 교회가 돈과 권력을 최 고의 가치로 여기는 중심부 이데올로기를 받아들였기 때문에 교회도 돈과 권력을 사랑하고, 물질적인 풍요와 성공을 일차적인 가치로 삼는 자본주의 의 포로가 되고 말았다. 이에 따라 가난한 자, 고통 받는 사회적 약자들은 교회에서 소외되고 있다. 이렇게 현실의 교회는 주변성을 추구하기 보다는 중심성을 추구하면서 교회의 본질을 잃어버렸고, 사람들로부터 외면을 당하게 된 것이다.

어떻게 교회의 이 위기를 극복할 수 있을까? 이정용이 말한 대로, 해답은 교회가 시작된 처음 장소인 주변으로 돌아가는데 있다고 믿는다. 교회는 본래 주변부 사람들의 공동체이기 때문이다. 그리스도인이 된다는 것은 주변부 사람이 되는 것을 의미하고, 주변부 사람이 된다는 것은 세상의 종이 되는 것을 의미한다. 그리스도인은 하나님의 종이 되도록 부름을 받았고, 하나님의 주변부 백성이 되도록 부름을 받았기 때문이다. 그리스도인은 주변부 사람이 되도록 부름을 받았기 때문에 더 이상 부와 권력과 지배를 추구하는 중심부 가치에 집착해서는 안 된다. 인간존재의 깊이에 자리하고 있는 중심주의적 경향을 포기해야 한다. 예수 그리스도가 교회의 가장 높은 기준이라고 한다면, 교회는 교회의 주인이신 예수님을 따라 사랑과 겸손과 섬김과 같은 주변부적 가치를 따라 살아야 한다. 이렇게 중심부 교회는 죽고, 주변부 교회가 부활할 때 현실의 교회는 비로소 예수의 진정한 교회가 될 것이고, 교회를 통한 생명의 역사가 꽃피게 될 것이다.

참고문헌

이정용. 신재식 역. 『마지널리티』. 서울: 포이에마, 2014.

5
모던 교회의 종말과 포스트모던 교회

오늘날 미국교회는 대략 40만 개로 추정되고 있는데 이 가운데 10개 중 8개의 교회가 쇠퇴기 내지는 침체기를 겪고 있다고 한다.**28)** 이러한 교회쇠퇴의 원인은 무엇일까? 렉스 밀러는 교회의 문제점을 6가지로 지적했는데, 첫째로 많은 교회들이 그 주변 공동체와 문화적 현실로부터 단절되어 있고고립, 둘째로 많은 교회들이 너무나도 조각조각 나누어져 있고 활동 중심적이어서 강력한 관계상의 결속력이 약하고균열, 셋째로 많은 교회들에서 그와 같이 응집력이 결핍하게 된 데는 분명한 정체성이 없다는 데서 비롯된 것이고정체성 결여, 넷째로 많은 교회들은 새로운 요소들에 대해서 관용을 베풀지 못하고 있고혁신의 결여, 다섯째로 많은 교회의 리더십 구조는 중앙에서 일괄적으로 명령하는 식으로 이루어져 있고중앙 리더십, 여섯째로 많은 교회는 실수를 용납하거나 방향 전환을 할 만큼의 융통성이 거의 없다실수를 용납하는 여유가 없음고 하였다.

그러므로 렉스 밀러는 지금 문제는 우리가 '주요한 사회 변화에 적응할 수 있는가?'하는 것이라고 말하고 있고, 미첼 월드롭은 "문제는 결코 머릿속에 어떻게 새롭고 혁신적인 생각을 집어넣느냐가 아니라 어떻게 낡은 생각들을 빼내어 버리느냐 하는 것이다…. 여러분의 생각 어느 구석에든지 빈

공간을 만들라. 그러면 즉시로 그 빈 공간에 창의력이 채워질 것이다."라고 말하고 있다.29) 이들은 왜 이렇게 말하고 있는 것일까? 한마디로 세상이 혁명적으로 변하고 있기 때문이다.

우리는 지금 문명의 패러다임이 혁명적으로 변하고 있는 거대한 변화의 시대를 살아가고 있다. "2초마다 홈페이지가 하나씩 생기고, 30초마다 새로운 상품이 등장한다. 세상의 지식은 18개월마다 두 배씩 증가하고 있고, 과거 5,000년 동안 만들어진 정보보다 지난 30년 동안의 정보의 양이 많다. 단순히 연대기적 차원이 아닌, 문화적 시간이라는 범주에서 본다면, 10년이라는 시간은 과거의 백 년이나 천 년과 맞먹는다."30) 이렇게 지금의 시대는 혁명의 시대이고, 전환의 시대이며, 새로운 모형이 적용되는 시대이다. 세상또는세상문화은 이렇게 혁명적으로 변하고 있는데 교회는 과거에나 유효했던 그 모습 그대로를 유지한 채 변화할 생각을 전혀 하지 않고 있다면 그런 교회가 어떻게 쇠퇴하지 않을 수 있을까? 그래서 "혁명적인 변화가 있는 시대에 구세계의 많은 교회들이 흔들려 반은 멸종 상태가 되고, 일부는 겨우 살아남고, 드물게는 번성하기도 하는 시대에 살고"31)있는 것이다.

그렇다면 교회가 살아남을 수 있을 뿐만 아니라 생명력 넘치게 살아 역사하는 교회가 되기 위해 무엇을 해야 하는 것일까? 지금 우리가 사는 세상은 이전과는 전혀 다른 새로운 세상이다. 우리가 과거와는 다른 새로운 세상에서 살아가고 있다면, 우리 교회도 과거와는 다른 새로운 교회가 되어야 한다. 새로운 세상에는 새로운 종류의 교회가 필요한 것이다.32) 토마스 쿤은 "패러다임이 전환하는 시기에는 모든 것이 무의 상태로 돌아가 완전히 새롭게 시작한다."고 주장하였는데,33) 말하자면 이제 우리는 세상을 완전히 새로운 방식으로 보기 시작해야 하고, 새로운 변화를 시작해야 한다는 것이다. 피터 브라이얼 리가 말한 대로, "만약 우리가 지금 변화하지 않는다면 20년 후에는 변하고 싶어도 존재하지 않을 것이다."34)

프란시스 쉐퍼는 이미 40여 년 전에1970년에 앞으로 다가올 교회의 변화에 대해 말하기를, "오늘날의 교회는 20~30년 전이 아닌 내일의 문제에 대비하고 그에 대해 이야기해야 한다. 왜냐하면 앞으로 교회는 지독한 시련 속에 고통 받게 될 것이기 때문이다. 지난 몇 년 동안 교회의 위기를 느꼈다면, 앞으로 진정한 변화를 맞게 될 때 어떻게 해야 할지 진지하게 생각해 볼 일이다. 젊은 세대에게 보수적이 되라고 요구하는 것은 절대 하지 말아야 할 부당한 일이다. 기독교가 지향해야 하는 것은 보수가 아닌 개혁이다. 보수주의는 현 상태에 머물러 있는 것을 의미하고 현 상태는 더 이상 우리의 것이 될 수 없으므로, 보수적이 된다고 함은 전체를 놓치는 것과 같다. 공정해지기를 원한다면, 젊은 세대에게 현 상태에 맞서는 혁명가가 되라고 가르쳐야만 한다."35)고 말하였다. 새로운 변화의 시대에 교회는 혁명적인 변화를 시도해야 한다는 것이다.

그러면 지금의 시대는 어떤 시대이고 또 그 새로운 시대에 시도해야 할 새로운 변화, 혁명적인 변화는 무엇일까? 지금은 크리스텐돔기독교왕국 또는 기독교제국의 시대가 아니고 포스트크리스텐돔의 시대이고, 지금은 교파주의 시대가 아니라 탈교파주의 시대, 즉 에큐메니칼 시대이며, 지금은 모던 시대가 아니고 포스트모던 시대이다. 그러므로 우리는 권력과 결탁하고 기득권의 현상유지를 옹호하는 크리스텐돔 교회를 버리고, 세상과의 타협 없이 예수님의 가르침을 따라 살아가는 포스트크리스텐돔 교회로 변해야 하고, 우주적인 하나님을 교회의 울타리와 교파울타리 안에 가두고 있는 편협한 교파주의 교회를 버리고, 교회의 일치와 연합을 추구하는 가운데 하나님나라 운동을 실천하는 에큐메니칼 교회로 변해야 하고, 또한 모던 교회를 버리고 포스트모던 교회로 변해야 한다.

이제 버려야 할 모던 교회는 무엇이고, 새롭게 변해야 하는 바, 그 포스트모던 교회는 무엇인가? 우선 모더니티근대성의 특징을 보자. 필립 클레이튼은 ① 이성중심주의 ② 역사적 낙관주의 ③ 절대주의와 상대주의의 이분법이 모더니티의 특징이라고 하였고,36) 맥클라렌은 ① 정복과 통제의 시대 ② 기계의 시대 ③ 분석의 시대 ④ 세속과학의 시대 ⑤ 절대적인 객관성을 갈망하는 시대 ⑥ 비판적인 시대 ⑦ 근대적 민족국가와 조직의 시대 ⑧ 개인주의 시대 ⑨ 개신교와 제도적 종교의 시대 ⑩ 소비주의 시대 등을 모더니티의 특징이라고 하였다.37)

이러한 모더니티의 특징을 따라 모던 교회는 다음과 같은 특징을 가지게 되었는데 ① 제도화된 교회 ② 교단과 교파 중심 ③ 관료적이고 권위주의적 ④ 구심적 운동: 분리 ⑤ 직위와 책임 중심 ⑥ 명령과 순종 강요 ⑦ 자연적 권력과 힘 ⑧ 이성 중심 ⑨ 행동주의에 대한 강조 ⑩ 교리 중심 ⑪ 지도자 중심: "나를 따르라" 등이다.38) 이러한 특징들이 모두 잘못되었다고는 할 수 없으나 이런 모던적인 특징만을 그대로 유지하려고 한다면, 그런 교회는 과거에 아무리 세력을 떨쳤던 교회라 할지라도 앞으로는 더 이상 생존이 어렵게 될 것이 분명하다.

그렇다면 포스트모더니티탈근대성 또는 후기 현대성의 특징은 무엇이며 포스트모던 교회는 어떤 교회인가? 우선 포스트모더니티의 특징을 보자. 레너드 스윗은 포스트모더니티를 EPIC문화라고 부르고 있는데, 그에 따르면 그것은 경험Experimental, 참여Participatory, 이미지Image-driven, 관계Connected 중심의 문화를 의미한다.39) 또 맥클라렌은 탈정복적이고, 탈기계적이고, 탈분석적이고, 탈세속적이고, 탈비판적이고, 탈조직적이고, 탈개인주의적이고, 탈종교적이고, 탈소비주의적인 것 등이 포스트모더니티의 특징이라고 하였다.

이런 특징을 따라 새롭게 출현하고 있는 교회포스트모던 교회들은 다음과 같은 특징들을 지니고 있는데, ① 관계적 구조, 유기적 관계중심 ② 교단과 교파 초월 ③ 네트워크 중심 ④ 원심적 운동: 통합과 화해 ⑤ 은사와 사역

중심 ⑥ 권위에 대한 존중 ⑦ 영적 권력과 힘 ⑧ 영성 중심 ⑨ 거룩함에 대한 강조 ⑩ 선교와 사역 중심 ⑪ 모범 중심: "나를 본받으라" 등이다.

레너드 스윗은 미국의 "기성교회들 85%는 심각한 성장 저조현상 또는 영적인 혼수 상태에 빠져 있다"고 진단했다. 왜 이렇게 되었을까? 한편으로는 교회가 성령의 역사로 말미암는 영적인 생명력을 잃어버렸기 때문이라고 할 수 있지만, 다른 한편으로는 교회가 과거의 유물인 모던 문화의 모습을 버리지 못했기 때문이라고 말할 수 있을 것이다. 이제 이 위기를 극복하기 위해서 교회는 영적인 생명력을 회복하려는 노력과 아울러 포스트모던 문화의 특성을 구비해가는 방향, 예컨대 스윗이 말하는 EPIC 문화의 방향으로 새로운 변화를 시도해야 할 것이다. 그렇게 하지 못한다면 교회는 골동품을 보관하는 박물관이 되거나 지나간 문화의 잔재로 전락해버릴 위험에 직면하게 될 것이다.**40)**

참고문헌

김도일 책임편집.『미래시대, 미래세대, 미래교육』. 서울: 기독한교, 2013.

Gibbs, Eddie. 임신희 역.『Next church 미래목회의 9가지 트랜드』. 서울: 교회성장연구소, 2003.

Matthewes-Green, Frederica. 김미연 역.『세상을 정복하는 기독교문화』. 서울: 이레서원, 2008.

McLaren, Brian D. 이순영 역.『저 건너편의 교회』. 서울: 낮은울타리, 2002.

McLaren, Brian D. 김선일 역.『새로운 그리스도인이 온다』. 서울: 한국기독교학생회 출판부, 2008.

Miller, M. Rex. 김재영 역.『밀레니엄 매트릭스』. 서울: 국제제자훈련원, 2008.

Philip, Clayton. 이세형 역.『신학이 변해야 교회가 산다』. 서울: 신앙과지성사, 2012.

Rainer, Thom S. 최예자 역.『좋은 교회에서 위대한 교회로』. 서울: 프리셉트선교회,

2013.

Sweet, Leonard. 김영래 역. 『모던 시대의 교회는 가라』. 서울: 좋은씨앗, 2004.

6

모던 교회의 종말과 새로운 교회

　"21세기의 출발점에서 우리가 맞고 있는 문화는 구약에서 '요셉을 알지 못하는 왕의 출현'과 상응하는 영향력을 가진 것으로 보인다. 정보화 시대, 포스트모던적인 사고방식, 세계화, 그리고 급진적, 종족적, 종교다원주의의 총체적 영향력은 교회가 역사적으로 펼쳐왔던 전통적인 역할을 점령해 버렸다. 그 결과로 지금 우리는 제도화된 교회가 사회의 주변부로 밀려나는 것을 목도하고 있다."**41)** 이것은 마이크 레젤이 미국교회의 현실을 분석한 후에 내놓은 결론이다. 통계를 통해 나타난 미국의 주류교회들의 쇠퇴현상을 분석한 또 다른 연구원들은 '만약 현재의 기조가 계속된다면 기존의 모든 미국 기독교 회중들은 2050년이 되기 전에 그 60%가 사라질 것'이라고 예측하고 있고, 조지 카레이 주교도 "만약 우리 세대에 당면한 세계 기독교의 이런 위기에 대한 해결책을 그리스도에게서 찾지 않는다면 교회는 점점 쇠락할 것이라는 점은 분명하다…. 우리의 사명은 공격당하고 있다. 일부 서구교회는 피 흘리며 죽어가고 있다"고**42)** 하였다.

　이처럼 미국교회가 쇠락의 길에 접어든 이유는 무엇일까? 에디 깁스와 라이언 볼저가 지적한 대로, 교회가 쇠퇴의 길에 접어든 이유는 혁명적인 시대 변화에 제대로 대처하지 못했기 때문이다. 시대는 혁명적으로 변했는데도 교회는 여전히 19세기, 20세기 문화에 적합했던 교회형태를 그대로 고수하고 있기 때문에 교회는 더 이상 주변 문화와 관련을 맺지 못하고 점차 주변으로 밀려나게 되었고, 시대에 뒤떨어진 부적합한 집단으로 여겨지게 되었다는 것이다. 깁스와 볼저에 따르면, 교회를 시대에 뒤떨어진 집단이 되게 했던 거대한 문화적 변화는 크게 두 가지인데, 첫 번째 변화는 크리스텐돔기독교제국사회에서 포스트크리스텐돔후기 기독교제국사회로의 전환이고, 두 번째 변화는 모던현대 사회에서 포스트모던후기 현대사회로의 전환이다.**43)**

깁스와 볼저는 교회를 사회의 주변부로 밀려나게 했던 문화적 변화를 다시금 여섯 가지로 지적했는데 첫째, 모던 사회에서 포스트모던사회로 변하는 한복판에 서 있다는 것, 둘째, 서구화에서 지구화에로의 변화 속에 잠겨 있다는 것, 셋째, 프린트 문화에서 전자에 근거한 문화로 변화되는 정보 혁명을 겪고 있는 것, 넷째, 국가 경제나 산업 경제에서 국제 경제, 정보에 기초한 경제, 소비자 중심의 경제로 바뀌고 있는 것에서 알 수 있듯이 경제적 생산 방식의 극적 변화의 한 가운데 있다는 것, 다섯째, 생물학적 인간 이해에 있어서 의미 있는 진보를 이뤄내기 시작했다는 것, 여섯째, 여러 세기 동안 경험하지 못했던 과학과 종교의 수렴 현상을 보고 있다는 것이다.**44)** 서구한국교회가 쇠퇴하고 있는 것은 교회가 이처럼 혁명적으로 변하고 있는 세상의 문화에 제대로 부응하지 못했기 때문이다. 다시 말해 21세기 포스트모던 문화 상황 속에서 19세기나 20세기의 모던적 교회 형태를 그대로 고수한다면, 교회의 생존은 점점 더 어려워질 것이 분명하다. 그러므로 교회가 21세기 새로운 문화 속에서 힘 있게 살아남으려면 교회가 달라져야 하고, 교회의 전도 방식도 과거의 방식과는 다르게 근본적으로 달라져야 한다.

그러면 포스트모던 문화를 진지하게 고려하면서 새롭게 출현하고 있는 교회이머징 교회들의 특징들은 무엇인지 살펴보자. 50명의 이머징 교회 리더들을 직접 인터뷰한 깁스와 볼저는 이머징 교회들이 공통적으로 가지고 있는 핵심 실천 사항들을 세 가지로 지적하였는데 첫째는 예수를 따라 사는 것이고, 둘째는 세속 영역을 변화시키는 것이고, 셋째는 공동체로 살아가는 것이다. 이 세 가지 핵심 실천사항에서 파생된 또 다른 여섯 가지의 실천사항들이 있는데 넷째는 낯선 이들을 영접하고, 다섯째는 아낌없이 봉사하며, 여섯째는 생산자로 참여하고, 일곱째는 창조된 존재로서 창조해 나가며, 여덟째는 하나의 몸으로서 인도하고, 아홉째는 영성활동에 참여하는 것 등이다. 물론 이 여섯 가지는 이머징 교회들이 모두 지니고 있는 공통점들은 아니다.45)

무엇보다도 21세기 포스트모던 문화에 새롭게 부응하며 출현하고 있는 새로운 교회들이머징 교회의 첫 번째 특징은 예수님을 따라 사는 삶이다. 시애틀의 여론조사에서 나타났듯이, 교회 다니지 않는 사람들의 95%가 예수에 대해 호의적 입장을 가지고 있었으나 교회는 싫다고 하였다. 왜 이런 반응이 나온 것일까? 왜냐하면 예수님의 가르침대로 살고 있는 교회를 찾기가 쉽지 않기 때문이다. 그래서 이머징 교회들은 기존 교회가 뭔가 심각하게 잘못되어 있다는 생각을 가지고 있고, 기존교회가 예수의 신성에만 초점을 맞추면서 예수님의 삶은 무시하고 있다고 생각한다. 그러기에 그들은 예수님의 인성에 초점을 맞추며, 예수님이 사시고 가르치신 그대로 예수님을 따라 사는 삶을 강조하며, 동시에 예수님의 사역과 가르침의 핵심은 하나님의 나라이고, 예수님이 선포하신 복음은 하나님나라의 복음이라는 사실을 강조한다. 여기서 그들은 복음을 하나님나라의 새로운 삶의 방식으로 살아가라는 초대로 이해한다. 그래서 그들은 기독교의 복음은 단순히 죽음 이후의 삶과만 관련된 것도 아니고, 영원한 운명에 대해 개인적인 확신만을 주는 메시지, 곧 개인구원만을 위한 것도 아니라고 생각한다. 그 복음은 개인구원을 위한 복음이며 동시에 하나님의 통치의 현존과 그 현존으로 말미암는 사회적 변혁을 포함하는 통전적인 복음이고, 또한 그 복음은 죽음 이후의 삶과 죽음 이전의 삶 모두에 관련된 복음이라고 생각한다.**46)**

새로운 교회들의 두 번째 특징은 세속 영역을 변화시키는 것이다. 이머징 교회들은 모더니티가 가진 이원론, 즉 자연 대 초자연, 공적인 것공적 사실 대 사적인 것사적 가치, 영혼 대 육체, 개인 대 공동체, 신앙 대 행위, 거룩한 것 대 속된 것 등의 이원론을 거부하는데 특히 성/속 이원론을 거부한다. 이머징 교회들에게는 삶의 모든 것이 거룩하다. 그들에게는 현실 영역 중 비영적인 영역이란 없다. 모더니티의 시대에는 하나님은 초월자이시거나 내재자였지, 초월자이며 동시에 내재자일 수는 없었다. 보수주의자들은 하나님의 초월성을 강조하고 자유주의자들은 하나님의 내재성을 강조한다. 그러나 이머징 교회들은 이러한 모더니티의 잘못된 양자택일을 거부한다. 모더니티의 성/속의 분리는 몸을 정신으로부터 분리시켰다. 정신 또는 영은 성스러운 것이고 몸은 세속적인 것이었다. 그런데 모던 교회도 몸은 악한 것이고 영은 거룩한 것이라고 생각했다. 그러나 포스트모던 시대는 몸과 영혼이 더 이상 분리된 것이 아니라 전 인간의 일부분이라고 생각한다. 포스트모던 시대는 몸과 정신영혼의 통합의 시대인 것이다.

그러므로 포스트모던 시대의 예배는 모던시대의 몸이 배제된 영혼정신만의 예배가 아니라 몸과 마음의 통합을 표현하는 예배이어야 한다. 또한 포스트모던시대의 전도는 모던 시대의 이벤트식 전도가 아니라 자신의 일상적인 삶의 자연스러운 한 부분이 되어야 한다. 카렌 워드는 말하기를, "나는 더 이상 전도를 믿지 않는다. 전도 이후 시대에 살고 있다는 것은 어떤 전략은 없으나 예수 그리스도의 열정과 섬김의 자세로, 그리스도 안에서 우리의 삶을 영위하는 것이다."라고 하였다. 다시 말해 포스트모던 시대의 전도는 '자신이 맺고 있는 관계들을 통하여 포스트모던 문화 속에서 예수

처럼 살아가는' 것에 관한 것이다.**47)**

　새로운 교회들의 세 번째 특징은 공동체로 살아가는 것이다. 조나단 캠벨은 이 공동체적인 삶의 중요성에 대해 말하기를, "현재의 문화의 위기 속에서, 복음을 가장 강력하게 증명해 보이는 것은 길과 진리와 생명이신 예수를 구현하는 공동체가 되는 것이다. 건강한 공동체는 우리 안에서, 우리를 통하여 살아가시는 예수의 삶이다."라고 하였다. 이머징 교회들의 새로운 교회관은 그들이 언제나 교회보다 하나님나라를 강조하는 사실에서 비롯된 것이다. 그런데 만약 교회가 교회 자신보다 하나님나라를 우선시하기로 결정한다면, 지금과는 전혀 다른 교회가 될 것이다. 하나님나라가 최우선이고 교회는 그 다음이다. 이렇게 교회가 하나님나라를 최우선으로 추구한다면 교회는 지금의 모습과는 판이하게 달라질 수밖에 없다. 교회는 장소라기 보다는 사람이고, 모임이라기 보다는 공동체이며, 제도라기 보다는 가족이 될 수밖에 없을 것이다.

　카렌 워드는 관계적 교회이해를 다음과 같이 설명하였다. 즉 "교회는 건물이나 전략이나 프로그램이 아니다. 교회는 성부, 성자, 성령 하나님 안에 있는 관계이며, 그리고 그분들과 함께 하는 관계이며, 그리고 그분들 아래 있는 관계이다. 교회가 된다는 것은 바로 삼위일체 하나님께 참여하는 것이며, 하나님의 신적인 삶에 참여하는 것이다. 하나님은 모든 관계의 근원이시기 때문에 교회를 관계에 집중시키는 것이 철저히 그리스도인이 되는 것이다." 이는 공동체 없이는 신실한 그리스도인이 되는 것이 불가능하다는 이야기일 것이다.

　도드라지도 교회의 공동체성에 대해 설명하기를, "우리는 교회를 사람들로, 서로 간에 갖는 관계로 본다. 그래서 우리는 교회인 다른 사람들에 헌신하는 것에 공감하고 있다. 사람들이 어떤 모임에 참석하든, 어떤 예배당으로 가든 상관없이 우리는 본머스에 있는 모든 교회로 우리의 헌신을 확대한다. 결국에는 그런 운동이 전 국가와 전 세계교회의 일원이 되는 방향으로 뻗어나갈 것이라고 나는 생각한다. 우리의 관계를 성장시키고, 서로를 지원하고, 서로 배우는 법을 돕고, 다른 사람과 나누며, 책임적이 되는 것, 이것이 바로 일상의 교회가 되는 것이다."**48)** 라고 하였다. 여기서 도드라지가 말하는 교회란 단순히 지 교회만의 공동체가 아니라 교회울타리와 교파울타리를 넘어서서 나라와 세계까지 아우르는 그야말로 우주적인 하나님나라 공동체를 의미하는 것이며 동시에 그것은 헌신과 책임을 특징으로 하는 새로운 삶의 방식을 의미하는 것이다. 그러므로 관계에 목말라 있는 포스트모던 시대에 교회가 그 생명력을 되찾는 길이 있다면, 그것은 바로 교회가 교회의 본질을 회복하는데 있을 것이다.

참고문헌

Gibbs, Eddie. 임신희 역. 『Next church 미래목회의 9가지 트랜드』. 서울: 교회성장연구소, 2003.

Gibbs, Eddie. Ryan K. Bolger. 김도훈 역. 『이머징교회』. 서울: 쿰란출판사, 2008.

7

전통적인 교회(교회2.0)와 새로운 교회(교회3.0)

교회개척가이며 어웨이크닝교회와 교회배가협회의 설립자인 닐 콜은 쇠락하고 있는 서구교회를 침몰해가는 타이타닉에 비유했다. 서구교회가 부딪힌 빙산은 무엇일까? 그 빙산은 세상은 혁명적으로 변하고 있는데 교회는 변화의 필요성을 느끼지 못하고 있다는 이 냉혹한 진실을 상징한다고 그는 말한다.**49)** 사실 이 점에 있어서 한국교회도 크게 다르지 않다고 본다. 세상은 어떻게 변하고 있을까? 한마디로 말하면, 세상은 모더니즘의 사회문화에서 포스트모던 사회문화로 넘어가고 있고, 사람들의 생각이 모더니즘 세계관에서 포스트모더니즘 세계관으로 바뀌었다고 할 수 있다. 그런데 모더니즘 가치관을 가진 교회가 포스트모던 사회의 변화를 감지하지 못하고 열심히 달려가다가 그만 빙산에 좌초되어 침몰해가고 있다. 다시 말해 세상은 모던 사회에서 포스트모던 사회로 변했는데 교회는 여전히 모던 교회의 모습을 가지고 있으므로 해서 교회는 시대에 뒤떨어지고 활력이 사라진 장소로 전락하고 말았다는 것이다. 레너드 스윗이 말한 바 있지만, 안타깝게도 교회는 가장 생각이 바뀌지 않고, 변화가 없고, 달라지지 않을 것 같은 두 곳대학과 교회 중 한 곳이 되고 말았다. 이 현실을 어떻게 하면 좋을까? 어떻게 하면 전통의 틀에 갇힌 채 활력을 잃어가고 있는 교회에 새로운 활력을 불어넣을 수 있을까? 이 일은 교회가 변하지 않으면 죽는다는 절박한 심정이 없이는 가능할 수 없을 것이다. 오늘의 교회가 살아나는 길은 그런 절박한 심정으로 혁명적인 변화를 시도하는 길 이외에 다른 길이 없다고 본다. 그도 그럴 것이 시대가 변하고 있기 때문이기도 하지만, 그보다는 복음의 핵심이 바로 변화에 있기 때문이다.

그러면 모던 문화는 무엇이고, 포스트모던 문화는 무엇일까? 그리고 포스트모던 문화에서 교회는 어떻게 변해야 할까? 첫째로, 모더니즘의 중심에는 무엇보다 당면한 과업을 중요하게 여기는 가치관이 자리잡고 있다. "사람들은 자신이 얼마나 과업에 유용한 인물인가를 잣대로 자신의 가치를 평가한다. 자신의 야망을 숨기지 않은 채, 인생의 모든 것을 지금 하고 있는 일의 관점에서 바라본다. 누군가 자신의 일에 도움을 주면 친구가 되고, 도움을 주지 못하면 매정하게 잊어버린다. 그 어떤 것보다 과업의 성취가 인생의 최우선 과제다. 그러나 포스트모더니즘 문화에서는 일보다 사람과의 관계를 더 중시한다…. 관계를 극도로 중요시하는 까닭에 자기 자신에 대해 거짓말을 하는 것을 가장 큰 죄로 여긴다…. 그러므로 가장 큰 미덕은 '진실'이다."[50]

이렇게 세상이 일보다는 관계를 중시하는 시대가 되었다면, 우리는 복음이 언제나 인간관계를 통해 가장 효과적으로 전파된다는 사실에 주목할 필요가 있다. 그래서 닐 콜은 "우리가 교회 프로그램을 멋지게 만드는 데만 신경 쓰지 말고, 그리스도인을 훈련시켜서 가까운 사람들을 전도하도록 만드는 것이 더 유용한 전략"이고 제안하며 또한 "우리는 교회를 하나의 기관으로 생각하는 사고방식을 바꾸어 친밀한 공동체로 인식해야 한다."고 말한다. 그도 그럴 것이 청년 10명 중 9명은 "요즘 기독교인은 하나님을 사랑하고 사람을 사랑하는 게 아니라 조직적인 종교집단에 더 가깝다."[51]고 말하고 있기 때문이다.

둘째로, 얼마 전까지만 해도 사람들이 탁월함을 가치 있게 여겼다. 그러나 포스트모던 사람들은 존경받고 진실한 사람으로 인정받는 것을 더 중요한 가치로 여긴다. 포스트모던 사람들도 탁월함을 높게 평가하지만 탁월함보다는 진정성을 더 중요하게 여긴다. 이렇게 오늘의 문화가 진정성을 중시하는 문화가 되었다면, 포스트모던 시대의 교회는 당연히 그리스도의 복음의 진정성, 기독교 신앙의 진정성, 교회의 진정성을 보여줄 수 있어야 한다.

셋째로, 모더니즘은 이성적 사고에 기초한다. 따라서 모든 문제를 논리적으로 풀어나가는 것이 중요하다. 그러나 요즘 사람들은 듣기만 하는 것이 아니라 직접 체험해보고 싶어 하는 갈망이 있다. 그래서 포스트모던인들은 "내가 볼 수 없고, 맛볼 수 없고, 만질 수 없고, 느낄 수 없고, 냄새 맡을 수 없는 거라면 그건 실체가 아니다."라고 생각한다. 이렇게 오늘의 문화가 논리보다는 체험을 중시하는 문화가 되었다면, 포스트모던 시대의 교회는 이성적인 믿음을 강조했던 모던 교회의 모습을 버리고, 영적인 체험을 제공하는 교회로 변화해야 한다. 다시 말해 오늘의 교회는 성령의 능력으로 하나님의 은혜를 드러내며 사람들에게 진정한 영적인 삶을 맛보게 해주어야 할 것이다.

넷째로, 모더니즘은 해답을 좋아한다. 또 모더니즘은 문제와 의문을 작은 조각으로 낱낱이 해부하고 파헤쳐서 무엇이 잘못되었는지를 발견하려한다. 그러나 포스트모더니즘은 해답에 목을 매지 않는다. 오히려 정확한 해답보다는 풀리지 않는 수수께끼를 더 매력적으로 여긴다. 이렇게 오늘의 문화가 해답보다는 신비를 더 좋아하는 문화라고 한다면, 포스트모던 시대의 교회는 모든 해답을 알고 있다는 듯 자신 있게 종교를 전파하거나 설득력 없는 해결책에 매달렸던 모던 교회의 모습을 버리고, 신비와 역설과 시를 담은 하나님나라를 이야기 해주어야 한다. 이외에도 포스트모던 시대의 교회는 획일성보다는 다양성을 드러내는 교회로, 목적지 중심보다는 과정

중심의 교회로 바뀌어야 한다.

닐 콜은 교회 역사에는 두 번의 획기적인 변화가 있었는데 첫 번째 획기적 변화는 콘스탄티누스 황제가 다스리던 시대에 일어났고, 두 번째 변화는 바로 지금 일어나고 있다고 말한다. 이 관점에 따르면 세 유형의 교회가 있다. 첫째 유형은 로마제국의 기독교 국교 공인 이전까지의 고대교회를 말하는데 닐 콜은 이를 일컬어 '교회 1.0'라고 부른다. 이때의 교회는 유기적 공동체였다. 둘째 유형은 콘스탄티누스 시대부터 최근까지 지속되었던 제도권 교회를 말하는데 이를 일컬어 닐 콜은 '교회 2.0'이라고 부른다. 셋째 유형은 '교회 2.0' 시대의 조직화되고 계층화된 교회의 맹점을 인식하면서 교회의 핵심과 교회의 체질을 바꾸며 변화 중에 있는 교회를 말하는데 이를 일컬어 '교회 3.0'이라고 부른다. 전통적인 교회인 '교회 2.0'과 새로운 교회인 '교회 3.0'을 비교하면 다음과 같다.[52]

	교회2.0	교회3.0
좌석배치	일렬	원모양
분위기	개인적	친화적
지도자	배출 신학교 교육	현장교육
성장률	더하기	곱하기
결과	새신자수	영적 군대 양성
사역 주도자	안수 받은 성직자	평신도
자원	추수지에서 수입	추수지에서 발견
지도자의 일차적 역할	목회와 설교	APEST팀(사도, 예언자, 복음전도자, 목자, 교사로 구성된 팀)
교육 방식	교실교육 위주	현장교육 위주
비용	높은 비용	낮은 비용
사역 장소	모임이나 예배장소	현장
성공 여부	교인수	파송자수
전도 방식	수동형: '누구든 오시오!'	능동형: '우리가 가겠소!'
매력	도움이 되는 프로그램	실제적 삶의 변화
교회생활	지식추구	하나님의 가족

전통적 교회인 교회 2.0이 목회자 주도식 프로그램 위주로 진행되는 교회라면, 새로운 교회인 교회 3.0은 목회자와 프로그램에 덜 의존하는 교회이다. 교회 2.0이 종교기관이었다면, 교회 3.0은 관계중심적인 유기적 공동체이다. 교회 2.0은 교회를 예배드리러 가는 장소로 여기지만, 교회 3.0은 교회를 하나님의 가정으로 이해한다.[53] 그런데 문제는 교회 2.0은 점점 더 활력을 잃어가고 있고, 교회 3.0은 엄청난 영적인 활력을 보이고 있다는 점이다. 그러므로 교회 2.0에서 교회 3.0으로의 전환은 교회가 서느냐 무너지느냐의 문제가 걸려 있는 중차대한 문제가 아닐 수 없다.

그런데 놀라운 사실은 확고부동한 위치를 차지하였던 교회 2.0의 시대 속에서도 교회 3.0으로의 획기적인 변화가 바로 지금 우리 시대에 일어나고 있다는 사실이다. 어떻게 이런 일이 일어나고 있는 것일까? 이 물음에 닐 콜은 하나님께서 이미 용기 있는 자들을 부르셔서 미래를 위한 교회의 업그레이드를 시작하게 하셨다고 말한다. 여기서 중요한 문제는 '이 역사적인 시기에 우리가 하나님이 하고 계시는 이 일에 우리가 동참할 것이냐? 아니냐?' 하는 것이다.[54]

그러면 과연 교회란 무엇일까? 닐 콜에 따르면 교회는 '영적인 가족으로서 하나님의 사명을 이 땅에 수행하기 위해 그분의 백성으로 선택받은 사람들 가운데 예수님이 임재하는 곳'이다. 다시 말해 "임재하신 예수님이 우리를 통해 역사하는 곳"이 곧 교회이다. 이 정의는 교회의 생명력이 바로 예수님의 임재에 있음을 강조하는 개념이다. 이것은 교회가 먼저가 아니라 예수님의 임재가 먼저라는 말이며, 교회는 복음의 결과이지 원인이 아니라는 말이다. 그러므로 먼저 복음의 씨앗이 심겨져야 한다. "언제나 그리스도가 우선해야 한다. 그러면 그리스도는 우리에게 그분의 일을 명령하신다. 우리가 사명을 수행하면 그분의 교회가 세워져 하나님나라가 이 땅에 확장되는 결과가 나타난다."[55] "예수님은 살아 계셔서 영적인 가정을 이루시며, 우리와 함께 과업을 수행하신다. 이것이 교회 3.0의 실체이다."[56] 그렇다면 교회론이 먼저가 아니고, 기독론이 먼저이며, 교회론이 먼저가 아니고 선교론이 먼저이다. 더 정확하게 말하자면 그리스도론이 먼저이고, 그다음이 선교론이고, 마지막이 교회론인 것이다. 그러므로 닐 콜은 말하기를 "교회가 교회다우려면 반드시 예수님이 함께 하셔야 한다. 예수님의 임재가 곧 교회의 생명이며, 그분의 부재는 교회의 죽음이다." "교회를 심지마라! 예수님을 심으라! 하나님 나라의 복음을 심으라! 그러면 교회는 자연스럽게 자라나 스스로 번식할 것이다."[57]라고 말한다.

그러면 교회의 성공 여부를 판단하는 잣대는 무엇일까? 닐 콜은 이 물음에 답하기를, "이제 교회 성공 여부를 숫자와 규모에 두지 말고 영향력에 두어야 한다. 더는 교인수를 묻지 마라. 대신 교인들이 어떤 영향력을 끼치는지 물어야 한다." "교인 출석률은 기독교 신앙의 잣대가 될 수 없다. 복음의 궁극적인 산물은 '변화'다. 그저 예배당을 가득 채우는 것만으로는 부족하다. 세상을 바꿔야 한다. 교회가 진정으로 영향력을 발휘하게 되면 사회와 문화는 변하게 되어 있다. 교회는 하나님 나라의 복음으로 사람들을 전도해서, 그들의 삶이 변화되는 것을 목격하고 있는가? 그런 일이 일어난다면 그리스도인의 수는 당연히 늘어날 것이다. 일주일에 한 번 예배당 좌석을 채우는 것이 하나님 나라가 아니다. 교인 출석률과 봉사만으로 교회를 평가하는 슬픈 현실이야말로 예수님의 고귀한 삶과 희생을 무가치하게 만드는 일이다. 교회의 영향력은 그 사회에서 찾아야 한다. 교회 좌석이 아닌 길거리에서 찾아야 한다."[58]고 말한다. 말하자면, 우리 자신이 변하고, 교회 주변 사람이 변하고, 주변 세상이 변하는 것이 곧 교회의 부흥과 성공의 척도가 된다는 것이다.[59]

그러므로 교회의 궁극적인 목표는 교회성장도 아니고 교회의 변화도 아니다. 그것은 오직 세상을 바꾸는 것이다. 세상을 바꾸기 위해 교회는 무엇보다 불러 모으는 교회가 아니라 보내는 교회가 되어야 한다. 불러 모으는 교회는 언제나 교회 안을 향하지만, 나가는 보내는 교회는 교회 밖을 향한다. 불러 모으는 교회는 기지를 구축하여 그곳에 머물며 사람들이 찾아오기를 기다리지만, 나가는 교회는 계속 움직이며 문화를 탐색하며, 도움이 필요한 사람과 복음을 듣고 싶어 하는 사람을 끊임없이 찾아 나선다. 불러 모으는 전통적인 교회는 새신자가 세상과 어울리게 하지 않고, 오히려 교회 안에 들어와 세상과 고립되게 하지만, 나가는 교회는 목회자가 평신도를 대신해 일해 주기를 기다리지 않고 평신도가 능력을 받아 불신자를 주 예수께 연결해 주고, 주님의 통치를 이 땅에 확장하는 교회이다.**60)**

전통적 교회와 새로운 교회, 즉 불러 모으는 교회와 나가는 교회의 근본적인 차이점 가운데 하나는 교회성장에 대한 기본이해가 다르다는 점이다. 닐 콜에 따르면 교회성장을 보는 두 개의 시각이 있는데 하나는 더하기 성장이고, 다른 하나는 곱하기 성장이다. 전자는 교회의 몸집이 커지는 것을 교회성장이라고 생각하지만, 후자는 하나님나라의 확장을 교회성장이라고 생각한다. 예컨대 교인이 늘어 예배 횟수가 한 번 더 늘면 그것을 배가라고 생각하고, 예배드릴 장소를 하나 더 추가하고, 자교회를 하나 더 세우게 되면 사람들은 그것을 배가라고 생각하지만, 그것은 더하기 성장이지 곱하기 성장, 즉 배가는 아니라는 것이다. 배가한다는 것의 의미를 잘 보여주는 구절은 "네가 많은 증인 앞에서 내게 들은 바를 충성된 사람들에게 부탁하라 그들이 또 다른 사람들을 가르칠 수 있으리라" 딤후 2:2이다. 여기서는 4세대가 등장한다. 사도바울, 디모데, 충성스러운 사람들, 다른 사람들이다. 이렇게 복음이 4세대로 확장되어질 때 그것을 교회배가운동이라고 불러야 한다고 닐 콜은 주장한다. 이 배가운동의 기초를 놓으신 분이 바로 예수님이다. 예수님은 곱하기 성장, 곧 배가의 운동력이 얼마나 큰 것인가를 잘 아셨기에 군중의 인기에 영합하지 않고, 많은 시간을 앞으로 배가 될 소수의 사람들에게 투자하셨고, 그들과 삶을 함께 하시며 그들을 훈련하고 양육시키셨다. 뿐만 아니라 제자들에게 마지막으로 하신 말씀도 바로 배가에 대한 것이었다. "주님의 말씀을 가르치고 지키게 해서 제자 삼으라는 것이 지상명령이다. 그리스도인은 모두 다른 사람을 가르쳐서 그가 또 다른 사람을 가르치게 해야 한다. 이것이 배가운동의 시작이다."[61]

배가운동의 위력은 러시아에서의 공산혁명과 중국에서의 공산혁명 이후의 교회의 모습의 비교를 통해서 잘 드러난다. "혁명이 일어나기 전 러시아에는 사제들이 이끄는 성당이 있었다. 하지만 그것은 국민의 실생활에서 동떨어진 종교 기관에 불과했다. 소련 공산당이 성당에 침입해서 모든 자산을 장악해버리자, 국민들은 더는 신앙생활을 할 곳이 없어졌다. 이로써 기독교도 함께 죽어 버리고 말았다." 그러나 "중국에서는 워치만 니 같은 기독교 지도자들이 평신도를 훈련해서 복음 전도자로 양육하고 가정과 사업장에서 토착교회를 일으켜 세웠다. 그 결과 공산 혁명이 일어났을 때 비록 교회 건물이 파괴되고 지도자들이 잡혀갔어도 진정한 의미의 교회는 손상되지 않고 고스란히 살아남았다. 마오쩌둥은 문화혁명으로 중국의 모든 종교를 제거하려 했지만 오히려 교회는 큰 부흥을 이루어 1949년에 2백만 명이던 그리스도인이 6천만 명으로 크게 늘어났다…. 중국교회는 부흥을 이룬 반면, 러시아 교회는 왜 몰락하고 말았을까? 그 비결은 중국인 평신도를 훈련하고 양육한 데 있다. '양 떼 모임'과 같은 소규모 집회가 이미 존재하고 있었기에 박해의 폭풍이 몰아쳐도 교회는 오히려 폭발적인 성장을 했던 것이다. 그러나 러시아에서는 공산혁명 이전에 그와 같은 평신도 훈련이 없었다."[62]

이것은 우리에게 중요한 사실을 교훈해준다. "하나님 나라를 확장하기 위한 필수 요소는 그리스도를 따르는 사람의 마음속에 있다"[63]는 사실이다. 예수 그리스도가 우리의 마음 안에 계신다면 하나님 나라 확장의 씨앗은 우리 모두의 마음 안에 내재한다는 것이다. 이렇게 하나님 나라 확장이 우리 각자 안에 이미 내재되어 있다면 하나님 나라를 확장할 방법을 고민할 게 아니라 그 일을 못 하게 막는 장애 요소를 제거해야 하고, 교회배가의 추진력이 하나님 나라 자체에 존재한다면 기교나 전략보다는 하나님 나라 자체를 신뢰하며 확신을 가져야 한다고 닐 콜은 말한다.

그러면 교회배가운동이란 무엇일까? 닐 콜은 교회배가운동에 대한 이해에 앞서 먼저 배가운동이 아닌 것에 대해 이렇게 말한다.**64)** 첫째로, 여러 세대에 전해지지 않는 교회 개척은 절대 교회배가운동이 아니다. 둘째로, 다른 교회의 교인을 모아서 새로운 교회를 세우는 것은 교회 배가운동이 아니다. 셋째로, 내규모 부흥회의 전도대회는 교회배가운동이 아니다. 넷째로, 교회 개척사역자를 파송하는 중앙 교회나 기독교 단체가 교회배가운동을 할 수는 없다. 지도력이 중앙에 집권되어 있는 조직은 신학교든 교회 개척훈련단체이든 교회배가운동을 할 수가 없다.

그러면 진정한 배가운동이 일어나기 위해서는 어떤 요소들이 충족되어야 할까? ① 권력이 분산되어야 한다. 모든 결정을 중앙 본부에서 통제하는 형태가 되어서는 안 된다. ② 모든 면에서 스스로 배가할 수 있는 능력을 지녀야 한다. ③ 조직의 필요성이 있을 때까지 조직을 만들지 말아야 한다. 필요성이 생겨도 천천히 해야 한다. ④ 외부 지원에 의존하면 안 된다. ⑤ 하나님에 의해 변화를 받고 복음 전파의 사명감에 불타는 평신도들이 주체가 되어야 한다. ⑥ 조직이나 기관이 아닌 사람 간의 관계를 중심으로 움직여야 한다. ⑦ 모든 차원에서 자발적인 증가가 이루어져야 한다. ⑧ 전략 이전에 신앙의 강화에서 출발해야 한다. 개인이 변화하고 나서 지역 사회가 변해야 한다. ⑨ 개인 회심에서 집단 회심으로 옮겨가야 한다. ⑩ 교인들의 영성과 신앙생활이 개인 차원에 머무르지 않고 사회와 문화 전체에 영향을 미치는 차원이 되어야 한다. 배가운동을 하는 그리스도인들은 사회 전반에 하나님 나라를 보여 주는 대사가 된다.

이 배가운동에서 가장 중요한 사실은 하나님나라가 '변화된 삶'에 기반을 두고 있다는 점이다. 말하자면 "하나님 나라의 확장은 정교한 계획이나 유능한 지도자들에 의해 이루어지는 게 아니다. 예수님을 만나서 그분과 사랑에 빠진, 그래서 그분을 위해 살고 그분을 위해 죽을 각오까지 되어 있는 평범한 그리스도인의 땀과 수고로 이루어지는 것이다."**65)** 그런데 이러한 하나님나라의 확장 과정에서 많은 교회들이 종교기관으로 변질되면서 하나님나라의 지속적인 확장에 제동이 걸리고 만다. 어떻게 이러한 기관화의 덫에 빠지지 않을 수 있을까?

닐 콜은 10가지 기본원칙을 지킬 것을 주문한다. 첫째로, 성경에서 우선하는 것에 초점을 맞추어야 한다. 방법이나 관습을 성경 말씀만큼 중요하게 여긴다면, 그것이 곧 종교기관이나 마찬가지이다. 예수님의 은혜보다 우리의 신앙적 노력을 더 가치 있게 생각할 때 우리는 즉시 신앙을 기관화하는 나락으로 떨어져 버린다. 둘째로, 관리하려 하지 말고 이끌어야 한다. 사람들이 지도자에게 관리를 기대하고 지도자가 그 기대를 충족하면 조직은 곧 하나의 기관이 되어 버린다. 셋째로, 고용인이 아닌 자원봉사자가 되게 해야 한다. 유급 교역자와 사역자가 늘어날수록 교회 예산을 일정 수준으로 유지해야 한다는 압박이 생기고 그것은 곧 자연발생적 배가운동이 아닌 사업체 운영과 같은 변질로 이어진다. 넷째로, 보호하지만 말고 행동해야 한다. 교회라는 기관과 그 지도자들을 보호하기 위해 만든 프로그램과 규정은 외부가 아닌 내부로만 시선을 돌리게 한다. 그리하여 세상과 문화를 변혁하려는 시도를 그만두게 한다. 다섯째로, 돈이 아닌 사명에 전념해야 한다. 재산이 불어날수록 대담무쌍한 행동은 줄어든다. 교회관리자는 선교에 투자하기보다 재산을 지키려는 방향으로 정책을 결정한다. 여섯째로, 지도자도 종이라는 사실을 잊지 말아야 한다. 기관이 되어버린 교회에서는 지도자가 자신의 위치를 지키려고 안간 힘을 쓴다. 지도자는 어느새 감투와 권력에 연연하기 시작한다. 일곱째로, 프로그램도 전략도 아닌 그리스도의 임재만이 중요하다. 여덟째로, 주류가 아닌 비주류에 머물러야 한다. 어느 운동이 세간의 주목과 인정을 받게 되면 어느 덧 사람들의 평판을 신경 쓰게 된다. 그리고 비주류에서 주류로 부상한다. 아홉째로, 더하기가 아닌 곱하기인 것을 명심해야 한다. 기독교 운동을 조직화하고 기관화함에 따라 평신도의 배가운동 덕분에 이룬 성장이 프로그램, 건물, 교역자의 더하기 성장으로 바뀐다. 클수록 좋다는 인식이 널리 퍼진다. 열 번째로, 구조를 수평화하고 상호 의존해야 한다. 교회가 커질수록 교회라는 기관을 유지하고 운영하고 관리하기 위한 여러 상하 조직이 생겨난다. 복음화운동보다 자기 보존에만 힘을 쓸 경우 원래의 사명과 목적에는 점점 더 멀어질수밖에 없다.

결국 교회배가운동이 일어나기 위해 중요한 것은 우리 자신의 계획과 전략보다 하나님 나라를 신뢰하고, 각 부문에서 모든 것을 단순화하며, 요란한 행사가 아니라 관계를 통해 하나님 나라가 확장되도록 해야 한다는 것이다. 예컨대 새신자를 헌신적인 제자로 교육하고 그들이 신앙 초기부터 친구, 가족, 동료에게 주님의 사랑을 전할 수 있도록 도와준다면 굳이 기존의 것을 없애지 않고서도 기존의 교회를 하나님나라가 확장되는 유기적 교회로 바꿀 수 있을 것이다.

교회형태를 어떻게 만들어야 할까? 교회를 어떤 식으로 운영하고 교회의 형태를 어떤 형태로 만들어야 되느냐? 라는 질문을 듣게 되는데 사실 교회 형태의 문제보다 더 중요한 문제가 있다. 그것은 교회 자체의 획기적인 변화이다. 물론 교회가 2.0에서 3.0으로 획기적으로 변하게 되면 당연히 교회의 형태와 운영도 획기적으로 변하게 된다. 중요한 것은 교회 자체의 획기적인 변화인데 그것은 목회자가 자신의 목회상황에서 주님의 음성을 들고, 그 음성을 따르려고 하느냐 그렇지 않느냐에 결정적으로 달려 있다.

오늘날 서구교회의 최신 동향은 단일교파에서 네트워크체제로 옮겨가는 것이다. 지난 10년 동안 하나의 교파가 아니라 초교파 성격을 띤 교회 관련 네트워크가 여기저기서 생겨났다. Acts 29, the New Thing Network, GlobalNet, Vision 360, Mosaix Global Network, Orchard Group 등 헤아릴 수 없다. 네트워크에 속한 교회들의 한 가지 공통점은 개척한 지 10년이 채 안되었다는 것이다. 네트워크에는 다양한 형태가 있는데 존 아킬라와 데이빗 론펠트에 따르면 네트워크의 형태에는 세 가지 형태, 즉 일렬 횡대 형의 체인 네트워크, 모든 교회들이 중앙의 교회에 연결되어 있는 허브 네트워크, 모든 교회들이 서로 연결된 올 채널 네트워크 등이 있다. 이 중 올 채널 네트워크가 형성되기가 가장 어렵지만 교회배가운동은 올 채널 네트워크가 형성돼 가는 과정에 있다고 닐 콜은 말한다.

사도행전에 보면 여러 가지 형태의 교회들, 즉 예루살렘교회, 안디옥교회, 데살로니가교회, 에베소교회 등이 있는데 각 교회는 교회 1.0의 변형이었다. 이 중 에베소교회가 신약에 등장하는 가장 훌륭한 형태의 교회였다고 닐 콜은 말한다. 왜냐하면 로마까지 선교사를 파송하고 여러 개의 교회 네트워크를 형성했기 때문이다. "에베소교회는 다른 곳에 비해 빠르게 교회를 배가할 수 있는 형태였다. 따라서 단기간에 한 지역을 복음화하고 비슷한 지역을 다른 나라에서 시작하는 일이 가능했다. 중앙 지도자들을 의존하지 않고 평신도 중심으로 배가 운동이 이루어졌다. 심지어 새신자까지도 선교에 동참했다.롬16:5 … 에베소에서 파송되어 고향 골로새에 교회를 개척한 에바브라는 초신자였다.골1:7 그는 또한 인근 지역 두 곳라오디게아와 히에라볼리에도 교회를 세웠는데 이러한 모든 일이 바울이 그곳에 머물렀던 3년 안에 이루어진 일이었다.골4:11~13"66) 이렇게 초신자였던 사람이 단기간에 4세대에 해당하는 교회를 개척했다는 사실에서 드러나듯이 에베소교회는 모교회나 교회를 개척한 사람에게 의존하지 않고 교회들을 개척할 만큼 생명력을 가지고 있었다. 물론 에베소교회도 몇 가지 문제점이 있었다. 디모데는 '거짓교사들'을 주의하라는 경고를 받았다. 예수님은 오랜 세월이 흘러 여전히 교회가 활기에 넘치는데도 첫 사랑을 잃어버렸다고 책망하셨다. 어떤 교회도 완벽할 수는 없다. 중요한 것은 교회의 형태가 아니라 그 안에 들어 있는 '유전자'다.

현재 미국에는 많은 교회들이 좀 더 유기적인 형태로 전환하려는 노력을 하고 있다고 한다. 그러나 중요한 것은 구조나 형태나 전략이나 운영의 문제가 아니라 교회에 건강한 유전자가 있느냐 하는 것이다. 현재 교회가 쇠락하고 있는 것은 교회 안에 건강한 유전자가 없기 때문이다. 따라서 교회의 형태를 바꾸는 출발점은 구조변화가 아니라 건강한 유전자를 주입하고 헌신된 제자들을 세우는 일이다. 닐 콜에 따르면 살아 있는 유기체인 교회의 유전자는 DNA, 즉 우리를 변화시키는 하나님의 말씀인 거룩한 진리Divine truth, 변화된 마음으로부터 흘러나오는 사랑의 관계Nurturing relationships, 만국을 제자 삼는 사도적 사명Apostolic mission이다.[67]

이 세 가지의 건강한 유전자가 교회에 제대로 주입되면, 교회의 형태는 획기적으로 변하게 되는데 중앙집권화된 형태에서 분권화된 형태로 바뀌게 된다. 물론 교회배가운동이 일어나는 유기적 교회에는 중앙집권화된 교회형태, 분권화된 교회형태, 혼합형 교회형태의 세 가지 형태가 모두 나타날 수 있지만 아무래도 분권화된 교회형태가 가장 바람직하다고 닐 콜은 말한다. 중앙집권화된 교회와 분권화된 교회의 특징을 보면, 전자의 교회는 책임자가 있고, 중앙 본부가 있으며, 우두머리가 잘리면 조직이 죽는다. 역할 분담이 명확하고, 하나의 구성 집단이 없어지면 조직 전체가 해를 입는다. 지식과 권력이 집중되어 있고, 조직이 융통성이 없고 경직되어 있다. 구성 집단은 조직으로부터 재정지원을 받고, 구성원을 셀 수 있고, 구성 집단은 매개를 이용해서 의사소통한다. 반면, 후자의 교회는 책임자가 없고, 중앙본부가 없으며, 우두머리가 잘려도 조직이 산다. 역할분담이 명확하지 않고, 하나의 구성 집단이 없어져도 조직이 해를 입지 않는다. 지식과 권력이 분산되어 있고, 조직이 융통성이 있고 유연하다. 구성 집단은 스스로 재정을 조달하며, 구성원을 셀 수 없고, 구성 집단은 직접 의사소통한다.**68)**

중앙집권화된 교회와 분권화된 교회, 모두 장단점이 있는데 전자의 교회는 의사소통이 원활하고, 지역복음화가 신속하며, 재정과 자원을 비축할 수 있고, 지역사회에 존재감이 크며, 교회의 수명이 길고, 유대감과 정체감이 강한 장점이 있는 반면, 배가 속도가 느리고, 유지비와 관리비가 많이 들어가며, 인력이 많이 필요하고, 핍박에 취약하며, 이단에 취약하며, 세계복음화 기여도가 저조한 단점이 있다. 분권화된 교회는 배가가 빠르고, 관리비와 유지비가 적게 들고, 세계복음화에 빠르게 기여하며, 하나님이 더 큰 영광을 받게 되며, 핍박에 강하게 맞서며. 이단에도 강하게 맞서는 장점이 있는 반면, 의사소통이 원활하지 못하며, 재정과 자원이 분산되며, 지역사회 복음화가 느리며, 교회수명이 짧고, 지역사회에 존재감이 미미하며, 전체 네트워크 간 유대감이 약한 단점이 있다.**69)**

이렇게 양자 간에는 장단점이 있지만, 닐 콜은 한 명 또는 몇몇 지도자가 감독권을 행사하는 중앙집권화된 교회에서는 배가운동이 침체되고 이단이 침투하기 시작하는 문제점이 생겨나는 반면, 분권화된 교회에서는 모든 교인이 서로 돌보며, 주님과 각 사람에게 충성하며 책임감을 가지는 장점이 있다고 말한다. 특히 교회와 주님 간의 관계를 생각할 때 분권화된 교회는 어떤 체계보다 커다란 잠재력이 있다고 생각하는 닐 콜은 다음의 사실들에 근거하여 분권화된 교회가 바람직한 교회형태라고 말한다. 1) 예수 그리스도는 교회의 머리다. 2) 머리이신 그리스도는 의사소통, 능력, 그리고 모든 일에서 절대적으로 완전하신 분이다. 3) 그리스도는 모든 성도, 모든 교회와 항상 함께 하신다. 4) 교회는 주님을 믿는 성도들이 그분의 뜻을 수행하기 위해 모인 곳이지 조직이나 프로그램이 아니다. 예수님은 성도들 가운데 계신다. 5) 예수님은 우리를 사랑하고, 우리에게 필요한 모든 것을 공급하시며, 교회 성장을 위해 필요한 것이라면 무슨 일이든 할 수 있는 권능이 있으시다. 6) 모든 그리스도인이 머리되신 예수님과 다른 그리스도인과 하나로 연결되어 교회를 형성하고 있다면, 교회 역시 예수님과 직접 연결된 셈이다. 7) 예수님은 우리에게 요구하신 사명을 완수할 수 있게 하신다. 그분은 얼마든지 우리와 의사소통하실 수 있으며, 우리를 진실하고 능력 있는 사람이 되도록 이끄실 수 있다. 8) 우리에게는 분권화된 네트워크를 형성해 빠르게 교회를 배가할 수 있는 만반의 준비가 돼 있다. 따라서 그 무엇도 전 세계에 복음을 전하려는 우리를 막을 수 없다. 모든 새신자와 개척 교회도 똑같이 그 일을 할 능력을 부여받았다.[70]

그런데 지난 수세기 동안 우리의 의식 속에 뿌리내린 교회는 지도자가 하는 지시를 받고 그 지시를 따라 움직이는 중앙집권화된 교회였다. 따라서 쇠락해가는 교회의 생명력을 되살리기 위해 우리는 중앙집권화된 교회를 어떻게 분권화된 교회로 바꿀 수 있는지를 생각하는 의식의 대전환이 있어야 할 것이다.

참고문헌

Cole, Neil. 정성묵 역. 『오가닉처치』. 서울: 가나북스, 2006.

Cole, Neil. 안정임 역. 『교회3.0』. 고양: 예수전도단, 2012.

Cole, Neil. 안정임 역. 『교회트랜스퓨전』. 고양: 스텝스톤, 2014.

8
건강한 교회, 건강한 목회자

2010년 기윤실에서 발표한 한국교회의 사회적 신뢰도 여론조사 결과에 따르면, 한국 개신교회의 신뢰도는 17.6%로 전년 대비 1.5%가 하락한 것으로 나타났다. '신뢰한다'가 17.6%, '보통'이 33.8%, '신뢰하지 않는다'가 48.8%로 나타났는데, 가장 신뢰하는 종교기관에 대한 조사에서는 가톨릭교회가 41.4%, 불교가 33.5%에 이어 개신교회가 20%로 세 번째로 나타났다. 또한 종교를 믿는 것과 관계없이 호감을 가지고 있는 종교에 대한 조사에서 가톨릭교회가 35.5%, 불교가 32.5%, 개신교가 22.4%로 이 역시 3위를 차지함으로써 개신교회에 대한 신뢰도가 가장 낮은 것으로 나타났다.

1997년 한국 갤럽의 조사에 나타난 종교이탈율을 보더라도 개신교에서 다른 종교로 이탈한 숫자가 가장 많은 것으로 나타났다. 개신교에서 다른 종교로 개종한 숫자가 204만 명, 개신교를 믿다가 무종교인이 된 숫자는 886만 명으로 무려 1090만 명의 사람들이 개신교를 이탈했는데 이 숫자는 불교의 115만 명, 가톨릭의 34만 명에 비하면 월등히 많은 숫자이다. 왜 이렇게 많은 사람들이 교회를 떠나간 것일까? 한마디로 교회가 실망을 주었기 때문이다.[71]

이런 상황은 미국교회도 비슷하다. 미국의 거의 모든 교회에서 영적 정체와 자신들의 교회의 사역에 대한 불만족이 발견되는데 평균적으로 전체 회중의 13%는 자신의 영적 성장이 정체되어 있다고 평가하였으며, 18%는 불만족하다고 하였다. 어떤 교회에서는 그 정도가 무려 50%에 달하기도 하였는데 침체 상태에 있는 사람들 중에 25%는 교회를 떠날 생각을 하고 있었고, 심지어는 윌로우크릭 교회를 비롯한 7개 교회에서 정기적으로 교회에 열심히 참석하며 열심히 봉사하는 사람들 중에 63%가 교회를 떠날 생각을 하고 있는 것으로 나타났다. 안타깝게도 교회활동에 열심을 낼수록 교회에 대한 만족도가 떨어지고 있는 것으로 나타난 것이다.72) 왜 이런 현상이 나타나고 있는 것일까? 교회가 교인들의 영적인 욕구를 채워주지 못했기 때문이고, 다르게 말하며, 교회가 영적인 생명력을 잃어버린 병든 교회가 되었기 때문이다.

그러면 어떻게 해야 교회가 영적인 생명력이 넘치는 건강한 교회로 다시 거듭날 수 있을까? 정체 또는 침체된 교회가 건강한 교회로 거듭날 수 있기 위해 무엇보다 하나님의 임재와 성령의 역사가 있는 교회가 되기를 열망해야 할 것이다. 동시에 건강한 교회의 특징들이 무엇인지를 알아야 한다. 크리스티안 A. 슈바르츠는 1994년부터 1996년까지 6대주 32개 나라 1,000개의 교회들을 대상으로 설문조사한 결과 건강한 교회는 8가지의 질적인 특성을 지니고 있다는 사실을 발견하였는데73) 첫째로, 건강한 교회는 사역자를 세우는 지도력을 발휘하는 특성이 있다. 성장하는 교회의 목사들은 일반적으로 볼 때 쇠퇴하는 교회의 목사들에 비해 더 관계 중심적이고, 사람 중심적이고, 팀 사역 중심적이었다. 성장하는 교회와 그렇지 못한 교회와의 차이점을 가장 잘 나타내는 부분은 사역자를 세우는 일이다. 건강한 교회의 지도자는 "피라밋형의 권위구조를 거꾸로 뒤집어서 지도자가 교인들을 섬기며 그들로 하여금 하나님께서 부여해주신 영적 잠재력을 개발하여 쓸 수 있도록 돕는다. 이런 목회자는 성도들로 하여금 하나님께서 원하시는 자가 될 수 있도록 하기 위해 그들을 준비시키고, 격려하고, 동기를 부여하고 훈련시키는데 주안점을 둔다." 이 때 지도자는 목표지향적인 동시에 관계지향적인 특성을 보여야 한다.

둘째로, 건강한 교회는 은사 중심적 사역이라는 특성이 있다. 건강한 교회의 지도자들은 교인들이 자신의 은사가 무엇인지를 발견하도록 도울 뿐 아니라 자신에게 맞는 은사를 따라 사역할 수 있도록 잘 조정해준다. 은사를 사용하는 것만큼 그리스도인의 삶에 만족을 주는 것도 없지만, 마틴 루터가 말하는 만인제사장직의 수행을 위해서도 각 개인이 자신의 영적 은사들을 발견하여 사용하는 일은 매우 중요하다.

셋째로, 건강한 교회는 열정적 영성이라는 특성이 있다. 성장하는 교회와 그렇지 못한 교회를 구분해 주는 핵심적 요소는 영적인 신조나 영적인 관례가 아니라 "이 교회 성도들은 불붙어 있는가? 성도들이 기쁨과 열정으로 헌신과 믿음의 삶을 살고 있는가?"하는 점이다. "'순수한 교리'만으로는 성장을 이끌어내지 못하는 법이다. 한 교회의 교리와 성경해석이 아무리 정통하다 할지라도, 그 교회 성도들이 다른 사람들에게 영향을 주는 열정으로 믿음의 삶을 살고 그 믿음을 다른 사람들과 나누는 것을 배우지 않는 한, 그 교회는 성장을 기대할 수 없다." 열정적 영성이라는 이 특성은 믿음의 삶이란 예수 그리스도와의 참된 관계를 의미하는 것임을 잘 보여준다.

넷째로, 건강한 교회는 공통적으로 어떤 기본적 요소들을 갖고 있는데 바로 기능적 조직이라는 특성이다. 사역의 계속적 증진을 촉진하는 조직개발은 기능적 조직이라는 질적 특성의 핵심 개념인데 여러 부서원리 중 하나가 '부서장 원리'이다. 보통 조직과 생명은 반대되는 개념이라는 생각이 있는데 조직과 생명 사이에는 끊을래야 끊을 수 없는 관계가 있다.

다섯째로, 건강한 교회는 영감 넘치는 예배라는 특성이 있다. 영감 있는 예배란 성령의 역사가 있는 예배라 할 수 있는데 이런 예배에 참석하는 사람들은 교회 가는 것이 즐겁다고 느낀다.

여섯째로, 건강한 교회는 전인적 소그룹의 계속적 번식이라는 특성이 있다. 여기서 전인적 소그룹이란 말은 단순히 성경구절을 공부하는데 그치지 않고 그 구절의 메시지를 매일의 삶에 적용시킨다는 의미와 소그룹 안에서 사람들이 자기가 실제 처해 있는 개인적 문제나 질문들을 내어 놓을 수 있어야 한다는 의미를 내포한다.

일곱째로, 건강한 교회는 필요 중심적 전도라는 특성이 있다. 건강한 교회의 지도자는 누가 전도의 은사를 갖고 있는지를 알고 그들에게 맞는 사역을 맡기고 있으며 또한 전도의 초점을 불신자들이 당면한 문제와 필요를 충족시기는 것에 맞추고 있음을 볼 수 있다.

여덟째로, 건강한 교회는 정체해 있거나 쇠퇴하는 교회에 비해 눈에 띄게 높은 '사랑지수'를 갖고 있다. 교회 안에 얼마나 많은 웃음이 있는가? 교인들이 얼마나 자주 서로를 초대하며 얼마나 자주 만나 차를 마시는가? 교회목사는 자기 교회 평신도들의 개인 문제를 어느 정도 알고 있는가? 등과 같은 요소들은 교회의 질적 성장과 중요한 연관이 있는 것으로 나타났다.

그런데 중요한 사실은 건강하게 성장하는 교회들은 이 여덟 가지 특성들이 모두 평균 이상의 점수를 얻은 반면, 쇠퇴하는 교회들은 반대로 모두가 평균 이하의 점수를 얻었다는 사실이다. 그러므로 교회의 건강한 성장은 이 여덟 가지 요소들 중 그 어떤 하나의 요인만으로 이루어질 수 있는 것이 아니라 모든 요인들이 조화롭게 상호 작용할 때 이루어지는 것이라는 점이다.

슈바르츠는 1000개의 교회들을 조사한 결과 교회 안에 질적인 내용이 있으면 양적인 성장은 항상 있게 마련그 확률은 99.4%이라고 말한다. 이 통계를 풀어서 말한다면, "지도자의 몸과 마음이 진정으로 교회 성장에 헌신된 교회, 거의 모든 교인들이 교회의 유익을 위해 자신들의 은사를 사용하고 있는 교회, 대부분의 교인들이 능력과 넘치는 열심을 갖고 믿음을 실천하는 교회, 교회 성장에 기여하는가의 여부에 따라 조직이 평가되는 교회, 한 주 동안 예배가 가장 기다려지는 교회, 그리스도인의 교제를 통한 사랑과 치유의 능력이 소그룹 안에서 경험되는 교회, 거의 모든 교인들이 자신의 은사를 따라 그리스도의 지상명령을 이루도록 돕는 교회, 그리스도의 사랑이 교회의 거의 모든 활동에서 나타나는 교회,"74)이와 같은 교회라면 그 성장이 정체되거나 쇠퇴될 수 없다는 이야기이다.

　여기서 중요한 것은 양적으로 성장하는 것을 목표로 세우는 것은 적절하지 못하다는 사실이다. 예배참석수를 늘리는 것은 궁극적인 목적이 아니다. 그렇게 되면 다른 것들은 모두 그 목표를 이루기 위한 수단에 불과한 것이 되고 만다. 양적인 증가는 질적인 지수가 향상되었을 때 자연스럽게 나타나는 부산물에 불과한 것이다. 그러므로 양적인 면에 목표를 두지 않고 질적인 면에 목표를 두는 교회가 바로 건강한 교회인 것이다.

参고문헌

김병삼 외.『건강한 교회 세우기』. 서울: 한지터, 2012.
이원규.『기독교의 위기와 희망』. 서울: 대한기독교서회, 2003.
Schwarz, Christian A. 윤수인 역.『자연적 교회성장』. 서울: NCD, 2000.

제2부
새로운 **교회운동**의 실제

9

주류교회의 쇠퇴와
새로운 패러다임 교회의 성장

오늘날 미국교회에서 나타나는 두드러진 특징 중의 하나는 감독교회, 장로교회, 회중교회, 감리교회 등과 같은 주류교회들이 쇠퇴하고 있다는 점이다. 교회출석은 한 주간 동안 예배에 출석했다는 인구가 49%를 나타냈던 1950년대에 절정을 이루었다. 그러다가 1970년대에 와서는 약 40%로 낮아졌는데 최근에 와서는 이 수준을 겨우 유지하거나 아니면 그보다 더 떨어져가는 추세에 있다. 그런데 이러한 주류교회들의 쇠퇴와는 달리 놀랍게 성장하는 교회들이 출현해왔는데 바로 독립교회들이다. 이들 독립교회들 가운데 대표적인 갈보리교회, 빈야드교회, 호프교회들을 가리켜 도날드 밀러는 새로운 패러다임 교회라고 지칭한다. 그는 새로운 패러다임 교회들이 가지는 특징을 12가지로 정리하였는데, 1) 1960년대 중반 이후에 시작되었다. 2) 교인의 대다수는 1945년 이후에 태어났다. 3) 성직자의 신학교 훈련은 선택사항이다. 4) 예배는 현대적이다. 5) 평신도 지도력이 높이 평가된다. 6) 광범위하게 작은 집단 사역을 한다. 7) 성직자와 회중은 대개 격식 없이 옷을 입는다. 8) 개인적 방식의 차이에 대한 관용을 권장한다. 9) 목회자는 조심스럽게 말하고 겸손하며 자신의 감정을 자연스럽게 나타낸다. 10)

예배에서는 단순히 인지적인 것이 아니라 몸으로 참여하는 것이 규범이 된다. 11) 성령의 은사가 중요하다. 12) 성경중심적인 가르침이 주제별 설교를 압도한다. 이런 특징들 가운데 흐르는 공통된 핵심 한 가지가 있는데 그것은 엄격한 개신교적 전통과 대조되는 즐거움과 찬양의 정신이다.**75)**

이런 특징을 보이는 교회와 교인들은 정형화된 과거의 문화를 거부하며 새로운 문화적 패러다임을 만들어가고 있는데 말하자면 그들은 반문화적 경향의 자기도취적 성격은 거부하면서 반문화의 치유적, 개인주의적, 반체제적 주제에 공감해왔다. 첫째로, 새로운 패러다임 교회에 참석하는 사람들은 그곳 교회 사람들이 보여주는 개방성, 정직성, 관용의 모습에 매력을 느꼈다고 말한다. 즉, 자신이 판단되는 것이 아니라 받아들여지고 있다고 느끼면서 마음이 편해지고 자신을 내보이고 상처와 문제를 인정하는 것이 가능해졌다는 것이다. 둘째로, 새로운 패러다임 교회들은 개인주의적 특성을 보이는데 말하자면 그들은 성경을 스스로 해석하며 기도와 환상을 통해 하나님과 상호관계를 가지고 개인적으로 구원을 확증한다는 점이다. 셋째로, 새로운 패러다임 교회들은 제도, 관료주의, 일상화된 조직생활에 대하여 적대적인 경향이 있다. 다시 말해 그들은 피라미드 형식의 관료주의와 전통과 관련된 권위주의를 거부하며, 대부분의 교파주의 형태에 대해 매우 적대적인 경향이 있으며, 조직화된 종교의 외면적인 상징의 대부분을 거짓되고 억압적이며 인간적인 것으로 보고 거부한다. 그들은 공동체에 매우 커다란 가치를 부여하며 많은 개인에게 교회는 삶의 중심이다.

20세기의 3대 고전 중에 하나인 『종교적 경험의 다양성』이라는 책을 썼던 윌리엄 제임스는 종교적 경험은 종교생활의 근거이며, 기도는 하나님과 지속적으로 소통하는 생명선이라고 하였는데 이 말은 다시 말하면 종교적 경험이 언제나 먼저이고, 또 그것이 중요한 것이며 교리나 교의는 그것에 대한 하나의 파생물이라는 것이다. 이 관점은 주류교회가 왜 쇠퇴하고 새로운 독립교회들은 왜 성장하는지를 잘 설명해준다. 말하자면, 깊은 수준에서 성스러움에 도달하는 교회는 교인이 증가하고 확장되는 경향이 있는 반면, 삶을 변화시키는 정감적인 종교 경험을 제공하지 못하는 교회는 시간이 흐르면서 쇠퇴하고 점차 죽어가는 경향이 있다는 사실이다.

새로운 패러다임 교회의 선구자라고 할 수 있는 척 스미스의 갈보리교회는 1965년에 시작되었는데 이제는 미국 안에 600개 이상, 해외에 100개 이상을 헤아리게 되었다. 1990년대 갈보리교회들은 매 주일 출석교인이 5000명에서 12000명에 이를 만큼 대규모의 교회들도 있었지만, 평균적으로 보면 매주일 출석 교인은 138명이었다. 또 하나의 새로운 패러다임 교회는 랄프 무어의 호프교회인데 척 스미스와 랄프 무어는 둘 다 교단학교인 라이프성경대학을 다녔고, 둘 다 포스퀘어복음 교단에서 목회자로 일했다는 공통점이 있다. 랄프 무어는 카리스마적 지도자는 아니었다. 그는 다른 사람들이 목회사역을 할 수 있게 훈련시키고 준비시키는 은사를 가지고 있는데 그의 전략은 이들과 함께 일한 후에 또 다른 교회를 세우기 위해 그의 교회의 일부를 떼어서 보내는 것이었다. 그는 자신의 목회에 가장 큰 힘이 되었던 조력자 존 호날드를 교인 200명과 함께 내보냈다. 2년도 되기 전에 새로운 교회는 두 배 이상으로 규모가 커졌고, 놀랍게도 무어의 교회도 200 명 넘는 새로운 신자가 생겨났다.

갈보리교회와 호프교회는 카리스마적 은사의 표현을 개인적인 기도실에서는 허용하지만 공중예배에서는 권장하지 않는 특징이 있다. 이에 비해 새로운 패러다임 교회의 또 다른 사례인 빈야드교회는 공중예배에서 방언과 신유의 은사를 허용한다. 1974년 첫 빈야드교회의 설립자는 켄 걸릭슨이지만, 빈야드 운동에서 지도력을 발휘한 것은 존 윔버이다. 퀘이커교회의 멤버였던 윔버는 교회 개척 5년 만에 교인이 1500명으로 늘어났는데, 그는 이 교회를 척 스미스의 갈보리교회운동과 연결시켰으나 교회에서 카리스마적 은사를 수행하는 윔버에 대한 비판이 일어나자 갈보리교회에서 분리되어 나왔다. 그러나 많은 갈보리교회들이 빈야드운동에 동참하기도 하였다. 갈보리교회운동과 빈야드운동을 구분하는 경계선은 성령의 은사에 대한 그들의 태도이다. 척 스미스는 공중 예배에서 노골적으로 방언하고 예언하며 병 고치는 것을 중요하게 생각하지 않는 반면, 존 윔버는 성령의 은사를 강조한다. 빈야드운동은 1982년 이후 극적으로 성장하여 이제는 미국에 400교회, 해외에 거의 200교회가 있다.

이들 세 종류의 교회들은 나름대로의 특징이 있는데 갈보리교회는 전통적인 교회에서 소외당하고 근본적으로 감동받지 못하는 젊은 세대를 찾아 나선 데 있어 선구자이고, 호프교회는 교파 안에 있는 운동으로 교회설립자를 양육했던 공동체에 대한 충성심을 유지한다. 빈야드교회는 마음과 몸의 분리라는 전통적인 모델을 버리고, 새로운 방식의 예배를 시도한다는 특징이 있다. 이들 교회의 유사성으로는 세 교회 모두 전통적인 양식의 음악과 예배를 버렸다는 점이다. 그들은 주류 교회에 대해 불편하게 느끼는 사람들에 대해 기발한 방식으로 다가가는데 세 종류의 교회에 속한 사람들은 성스러움의 초월적 경험과 삶을 변화시키는 강력한 경험을 한다는 점이다.

주류교회들은 쇠퇴하고 있는데 이들 새로운 패러다임 교회들은 성장하고 있다. 왜 그럴까? 방금 말한 대로, 그것은 주류교회가 성스러움의 초월적 경험과 삶을 변화시키는 강력한 경험을 제대로 제공해주지 못하는 반면, 새로운 패러다임 교회는 바로 그 경험을 제공해준다는 점 때문이다. 주류교회는 사람들에게 삶의 강한 개인적 의미와 목적을 강하게 제공하지 못하는 반면, 새로운 패러다임 교회는 삶의 의미와 목적을 강력하게 제공해준다. 주류교회는 감성이 결여된 딱딱한 의례와 조직적 규칙을 고수하며 위계적, 권위주의적, 관료주의적인 분위기가 있는 반면, 새로운 패러다임 교회에서 사람들은 친절하고 편안한 분위기, 가족 같은 따뜻한 분위기를 느낀다. 주류교회들은 전통적인 양식의 음악과 예배를 고수하는 반면, 새로운 패러다임 교회들은 전통적인 양식을 과감히 버리고 새로운 방식의 예배를 탐구한다. 주류교회들은 문화적으로 적합하게 메시지를 전달하는 데 익숙하지 못한 반면, 새로운 패러다임 교회들은 사람들이 느끼는 삶의 불안, 공허함 등의 문제들과 관련하여 사람들이 공감할 수 있도록 메시지를 문화적으로 적절하게 선포한다. 다시 말해 주류교회들은 사람들의 일상적인 경험과 관계가 있는 메시지를 전달하는데 실패하는 반면, 새로운 패러다임 교회는 일상적인 삶의 경험과 관련시켜 메시지를 전달한다.76)

좀 더 자세하게 새로운 패러다임 교회의 특징들을 살펴보면, 첫째로, 새로운 패러다임 교회의 핵심은 외형적인 형태의 변화가 아니라 내면적인 변화이다. 새로운 패러다임 교회 교인들 중에서 설문에 참여한 응답자의 93%가 거듭남을 경험했다는 확신을 가졌고, 5%는 그런 경험이 있었던 것으로 생각한다고 했다. 새로운 패러다임 교회에서는 많은 교인들이 자기 중심적, 자기 지향적인 삶에서 하나님 중심적, 하나님 지향적인 삶으로 초점을 바꾸는 급격한 변화를 경험하였는데, 회심의 결과 그들은 하나님과의 인격적인 관계와 예수님과 인격적인 관계를 가지게 되었다. 이처럼 많은 주류교회들과는 대조적으로 새로운 패러다임 교회는 매우 회심 지향적이라고 할 수 있다.

둘째로, 새로운 패러다임 교회는 신학수업 유무와 상관없이 모든 교인이 성스러움에 대해 접근하게 함으로써 그것을 민주화했다는 특성이 있다. 그 교회에는 위계질서가 없고, 모든 직분이 동등하다. 성스러움에 대한 이러한 민주화는 음악에서 가장 잘 나타난다. 음악은 삶의 변화를 경험한 보통 사람들이 만든다. 척 스미스는 히피들을 받아들여 그들의 음악을 교회에서 연주하게 해주었고, 이 예술가들의 음악을 보급하기 위해 마라나타뮤직이라는 음반 회사를 설립하기도 했다. 척 스미스와 이 운동에 참여한 사람들의 성경 지향적인 가르침이 많은 사람들을 감동시키기는 했어도 수만 명의 젊은이들을 끌어 모았던 것은 음악이었다. 대부분의 새로운 패러다임 교회에서는 찬양인도자가 자신의 음악을 쓰며 다른 교회에서 사용되는 가장 좋은 곡을 활용하기도 한다.

빈야드운동의 성장과 발전의 일등공신도 역시 예배음악이었다. 어느 빈야드교회에 들어가도 예배 형태는 비슷하다. 예배는 사람들을 하나님의 현존으로 들어오도록 초청하는 간단한 기도로 시작한다. 이어 30~40분간 여러 가수와 작은 음악밴드로 구성된 찬양팀이 찬양을 부르면서 사람들을 인도한다. 회중을 보면 어떤 사람들은 손바닥을 위로 향하게 하며 팔을 뻗기도 하고, 어떤 사람들은 눈물을 흘리며 찬양을 부르기도 하고, 또 어떤 사람은 밝은 미소를 짓기도 한다. 찬양 시간은 하나님을 깊이 경험하는 시간이다. 또한 빈야드교회에서 찬양은 하나님을 찬미하고 예배 중 자신을 드리는 시간이다. 설문조사에 따르면, 사람들은 찬양 시간에 한편으로 즐거움, 평화, 사랑, 감사, 친밀감, 행복감, 기쁨을 느끼기도 하였고, 다른 한편 파멸, 슬픔, 회개를 경험하기도 하였다. 여기서 주목할 것은 새로운 패러다임 교회들은 사람들이 성스러움과의 깊은 만남 또는 성령 체험을 할 수 있도록 전통적인 음악 형식이나 예배 형식을 과감히 버리고, 단순한 예배의식과 현대적인 음악 형식을 선택하였다는 점이다.

셋째로, 새로운 패러다임 교회의 교인들은 방언이나 신유와 같은 성령의 은사를 체험한다는 점이다. 갈보리, 빈야드, 호프교회의 교인 대상 조사에 따르면, 응답자의 41%가 자주 방언을 말한다고 한다. 가정 친교모임 같은 소모임에서는 사람들이 방언을 말하고 예언을 말하고 또 어떤 사람은 기도의 결과로 육체적인 치유를 경험하는 일이 흔히 일어나는데, 조사에 따르면, 갈보리, 호프, 빈야드교회 교인들의 38%는 누군가에게 손을 얹고 그를 위해 기도한 일이 자주 있었다고 한다. 응답자의 거의 절반이 기적적으로 치유 받은 적이 있다고 주장했고, 65%의 사람들은 감정적인 치유를 경험했다고 한다. 새로운 패러다임 교회의 이러한 성령의 은사체험 현상을 기술하면서 "종교의 본질은 자신의 밖에 있는 그 무엇에 의해 사로잡히는 것이며, 이것이 더 이상 일어나지 않을 때 예배는 판에 박힌 것이 되고, 지루하며, 인간의 선택적인 활동이 되어버린다."고 지적했던 밀러의 말대로 교회의 생명력이나 예배의 생명력은 성령의 역사와 임재의 경험이 있느냐 없느냐에 달려 있음을 알 수 있다.

넷째로, 새로운 패러다임 교회는 성경대로 살아가는 삶을 강조한다. 그들은 동성애나 인공유산, 혼외정사를 반대하는 경향이 강하지만 인종차별에 대해서도 강하게 반대한다. 또한 그들은 시민의 자유에 관한 문제에는 상대적으로 자유주의적이다. 그들은 세상의 임박한 종말과 그리스도의 재림에 대한 천년왕국적인 믿음을 가지고 있음에도 불구하고, 가난한 사람을 먹이고 재난 당한 사람에게 기부하고 재소자를 돌보는 일에도 적극 참여한다. 성경에 있는 대로 그들은 굶주린 사람을 먹이고, 헐벗은 사람을 입히고, 감옥에 갇힌 사람을 찾아가고, 어린 미혼모_{오늘날의} 과부를 돕는 일에 적극적이다.

다섯째로, 새로운 패러다임 교회의 중심에는 미니교회, 가정 친교모임과 같은 매주 모이는 소모임들이 있다. 이런 소모임의 지도자는 목회자와 정기적인 집단모임을 가지긴 하지만 교회로부터 상당한 독립성을 가진다. 새로운 패러다임 교회는 평신도 사역의 중요성을 강조하는데 그래서 다양한 집단의 복잡한 요구에 부응할 수 있도록 하기 위해 평신도지도자들은 거의 완전한 자율성을 부여받기도 한다. 가정 친교모임같은 모임에서는 교인들이 서로 의지하고 위로하며, 서로의 짐을 나누며 서로 돕는 가운데 옛날 확대가족관계에서나 맛볼 수 있었던 인간적 접촉의 따뜻함을 느낀다.

그래서 어느 호프교회의 교인은 "미니교회는 내가 결코 가져 본 적이 없는 가족입니다."라고 말한다.

결론적으로 많은 사람들이 새로운 패러다임 교회로부터 매력을 느끼는 이유는 무엇일까?

밀러에 따르면, 미국사회에서 가장 절실하게 요구되고 있는 것이 네 가지, 즉 1) 따뜻한 공동체에 대한 갈망, 2) 험난한 세상에서의 안전함에 대한 갈망, 3) 이혼, 마약, 자녀문제, 건강문제, 재정문제 등으로부터의 치유와 삶의 변화에 대한 갈망, 4) 희망이 없는 세상에서의 삶의 의미와 목적에 대한 갈망인데 새로운 패러다임 교회는 이와 같은 시대적 요구에 제대로 부응하고 있기 때문에 많은 사람들이 새로운 패러다임 교회에 매력을 느끼고 있다는 것이다.

그러면 쇠퇴하고 있는 주류교회들은 이 새로운 패러다임 교회에서 무엇을 배워야 할까? 첫째로, 주류교회는 무엇보다도 성스러움의 초월적 경험과 삶을 변화시키는 강력한 경험을 제공할 수 있어야 한다. 여기서 중요한 것은 성스러움의 경험을 어떻게 체험할 수 있게 할 것인가 하는 점인데 이를 위해선 새로운 패러다임 교회의 사례 외에도 영성 훈련의 고대적 전통이나 중세이후의 영성전통의 사례들이 도움이 될 수 있다. 예컨대, 렉시오 디비나, 침묵기도, 떼제예배의 찬양 등이 도움이 될 수 있다. 둘째로, 하나님과의 만남의 체험 또는 하나님과의 인격적인 관계, 성령의 역사와 임재의 체험이 가능할 수 있도록 전통적인 예배형식, 전통적인 음악 형식으로 이루어진 활기를 잃어버린 예배를 과감히 바꾸어야 한다. 그리고 성스러움의 경험으로 삶이 변화된 사람들이 예배를 인도해야 한다. 셋째로, 교회의 본질인 하나님나라의 공동체성을 회복해야 한다. 다시 말해 우리의 교회를 하나님의 구원은총에 대한 감격과 기쁨을 누리며 따뜻한 사랑과 은혜의 원리가 지배하는 공동체로, 자유와 해방의 역사, 정의와 평화의 세계를 이루어가는 공동체로 만들어가야 한다. 넷째로, 교회의 수직적이고 권위주의적인 조직구조를 지금 보다 훨씬 더 수평적인 조직구조로 바꾸어야 한다. 이는 사역을 평신도에게 돌려주는 것을 의미하기도 한다. 말하자면 교단의 조직구조를 포함하여 개교회 조직구조를 파격적으로 분권화해야 한다. 다섯째로, 설교 내용을 문화적으로 적합하게 선포해야 한다. 다시 말해 지금 시대의 사람들이 느끼는 삶의 불안과 공허함과 같은 실존적인 문제나 시대의 문제와 관련하여 사람들이 공감할 수 있도록 메시지를 문화적으로 적합하게 선포해야 한다.

참고문헌

Miller Donald E. 이원규 역. 『왜 그들의 교회는 성장하는가?』. 서울: kmc. 2008.

10

세상을 변화시키는 작은 공동체교회:
세이비어교회

　21세기 최고의 메가트렌드로 영성을 말하고 있는 시대에 영성의 샘터인 교회는 사람들로부터 외면을 당하는 현실이 되고 말았다. 사람들에게 영성에 대한 목마름은 커져가고 있는데 교회의 좌석은 점점 더 비어가고 있는 이 현실, 도대체 이런 역설이 또 어디에 있을까? 레너드 스윗은 이런 현실에 대해 "교회가 그리스도 이외의 것으로 너무 변질됐다." "예수교회에 예수가 없다."는 말로 그 이유를 설명했다. 예수님을 만날 수 있는 교회, 예수님

의 정신이 살아 숨 쉬는 교회, 예수님의 꿈이었던 하나님나라의 역사가 일어나는 교회, 예수님을 보여주는 교회들을 찾아보기 어렵게 되었다는 이야기이다. 성경예수님의 사명선언문인 눅4:18~19의 표현대로 말하자면, 성령의 임재를 경험할 수 있는 교회, 가난한 자에게 하나님나라의 복음을 전하는 교회, 포로 된 자에게 자유를 선포하는 교회, 눈먼 자들, 상처받은 자들을 치유하는 교회, 억압받는 자들을 자유하게 하는 교회, 희년의 삶땅의 회복, 자유의 회복, 정의의 회복을 실천하는 교회를 만나보기가 어렵게 되었다는 이야기이다. 예수님의 교회에 예수님이 안 계시다고 하는 이야기를 들을 수밖에 없는 이런 시대에 예수님을 보여주는 교회는 어디에 없을까?

감사하게도 그런 교회들을 여기저기서 발견할 수 있는데 그 중에 하나가 바로 세상을 변화시키는 작은 공동체교회인 세이비어교회이다. 세이비어교회는 2차 대전 후에 고든과 메리 코스비에 의해 1947년에 세워졌다. 이교회는 교회의 인원이 150명을 넘은 적이 없는 작은 교회이면서도 거대한 미국을 움직이는 가장 영향력 있는 교회들 중의 하나로 매년 수백 명의 방문객이 찾아올 정도로 주목을 받고 있고 있는 교회이다. 교회인원은 150명 정도로 작은 교회이지만 사역에 들어가는 예산은 2천만 달러 이상200억 원 이상이 되는 교회, 어떻게 이런 일이 있을 수 있을까?

세이비어교회에서 사역하고 있는 앤 딘 목사는 이 질문에 대해 "여러분의 삶을 그리스도를 사랑하는 데에 헌신하시고, 듣기를 핵심가치로서 받아들이면서 기도하는 훈련된 공동체의 일원이 되십시오. 더불어 사역공동체를 통해 성장

과 책임을 다하는 과정에 전념하십시오. 기적이 일어날 겁니다. 예수님께서 '너희가 나보다 더 큰 일을 행하리라'라고 말씀하셨습니다."라고 대답하고 있다.

위의 질문과 관련하여 윌리엄 할리William R. L. Haley는 세이비어교회의 핵심 가치관에 대해 이렇게 말한다. "세이비어교회 공동체는 철저하게 예수님 중심입니다. 그것은 단순하게 가장 문자적인 방식으로 예수님을 따르는 것에 대한 소명을 더욱 진지하게 취하는 것입니다. 우리가 만일 삶에서 깊이를 갈망한다면 아주 작은 몇 가지 일에만 집중해야 합니다. 사람의 짧은 일생에서 우리가 집중해야 될 바로 그 한 가지가 무엇이겠습니까? 우리는 그것이 바로 예수님이라고 말합니다. 나는 이 예수님의 진리에 깊이 들어가길 선택했습니다. 예수님은 말씀하시길 '나는 길이요 진리요 생명'이라고 했는데, 이것이 진리입니까? 거짓입니까? 믿음으로 나는 이것이 진리라고 확신합니다. 그래서 나는 나의 전 생애를 그 깊은 탐험에 드리는 것입니다. 나는 그를 깊이 알기 원합니다. 그의 형상을 닮기 원합니다. 이것은 죽음 너머의 땅으로 여행을 시작할 때까지 내가 갖기 원하는 그 형상입니다. 예수님 안에 무한한 깊이가 있습니다…. 우리가 예수님과 함께 하는 깊고 친밀한 삶에 이르게 될 때 세상은 부활하신 그리스도를 우리의 공동체를 통해서 경험하게 될 것입니다."**77)**

이렇게 고든 코스비 목사가 세이비어교회를 철저하게 예수님 중심의 교회로 세우게 되었던 계기는 무엇일까? 제2차 세계대전 당시 그가 군목으로 있을 때 부대에서 집단 세례식이 있었는데 세례받기 전이나 그 후나 그들의 삶에 전혀 변화가 없는 것을 보면서 그는 충격을 받았고, 또한 신자들도 불신자들만큼이나 예수님에 대해 무지하고, 죽음에 대한 준비도 되어 있지 않다는 사실을 깨닫게 되었다. 이런 경험을 계기로 코스비는 예수님의 처음 제자들의 공동체가 가졌던 예수님에 대한 철저한 헌신을 회복해야 하겠다는 생각을 했고, 또 그런 교회를 세워야겠다는 생각을 하게 되었는데 이런 생각이 오늘의 세이비어교회를 만들었다고 할 수 있다.

　세이비어교회가 예수 그리스도에게 깊은 헌신을 하는 공동체교회, 즉 제자도의 삶을 실천하는 아름다운 교회를 만들어가기 위해 중점을 두는 것은 무엇일까? 첫째로, 세이비어교회는 관상기도의 친밀한 삶을 강조한다. 사람들은 대부분 세이비어교회가 벌이고 있는 열정적인 사역이나 사업에 관심을 갖지만, 세이비어교회가 강조하는 것은 개인의 영적 기도이다. 세이비어교회 교인들은 매일 1시간씩 침묵기도를 하고, 1년에 두 차례 각각 3박 4일간 침묵수련회도 갖는다. 왜 '침묵'을 강조할까? 앤 딘은 "침묵기도는 나를 비우는 작업입니다. 사역이나 일을 하기에 앞서 나의 내면을 먼저 비우는 게 바로 침묵기도입니다. 그런 후에야 다른 사람들이 비로소 나의 내면으로 들어올 수 있고, 사역이나 미션도 내면화가 되는 것이죠." "침묵으로 나를 비워내면 하나님이 사랑으로 채워주십니다. 예수님을 생각해 보세요. 그분의 12제자 가운데 잘나고 똑똑한 사람이 누가 있었나요. 진정한 소명을 깨달으면 필요한 모든 것은 하나님이 허락해주신답니다."라고 말한다.

　그가 말한 대로, 침묵기도는 초대교회의 전통을 따르는 것이다. 초대교회와 교부시대 교회는 고독이나 침묵을 굉장히 중요시 여겼다. 예수님조차 정기적으로 혼자만의 시간과 공간을 가졌다. 하나님과의 대화를 통해 자신의 내면을 비우고 이웃과 사역에 온전히 초점을 맞췄던 것이다. 요컨대 침묵기도란 성령의 음성을 들으려 하는 것이고 그 음성하나님의 뜻에 순종하는 것이다. 이렇게 볼 때 200개가 넘는 세이비어교회의 창의적이고 다양한 사역은 전적으로 성령의 인도하심에 순종한 결과라 하겠다. 이밖에도 매일 1시간 성경 읽기, 철저한 십일조 생활도 교인의 의무사항으로 강조되는데 이렇게 철저하게 내면화된 신앙을 통해 세이비어교회의 헌신된 소그룹들은 인원수 대비 엄청난 헌신과 사역을 하게 되는 것이다.78)

둘째로, 세이비어교회는 예수님을 닮아가는 삶을 강조한다. 그래서 세이비어교회 교인들은 교인이 되기 위해 일정한 훈련을 거쳐 예수님 따라 살겠다는 서약을 하게 되는데 교회 멤버십 서약문의 일부를 보면 다음과 같다. "나는 예수 그리스도의 깊은 신비를 알고 그 안에서 자라기 위해 노력할 것입니다. 그리고 나와 이 세상을 변화시키는 그분의 목적을 위하여 그분의 무한한 능력을 향하여 내 자신을 열겠습니다. 나는 성서에 기록된 신실하신 하나님의 말씀 안에서 예수님의 가르침과 모범을 따르며 몸소 종된 그분의 모습을 본받겠습니다. 나는 개인적 혹은 공동체적인 기도생활과 단순한 삶, 전도, 치유 그리고 섬김의 삶을 추구하겠습니다." 또한 세이비어교회는 다음과 같은 정식입교서약문의 내용을 통해 교인들로 하여금 예수님을 따라 살아가겠다는 헌신의 결단을 하게 한다.

- 나는 아무 주저함 없이 내 삶의 모든 일 가운데 예수 그리스도가 최우선 순위가 될 것을 약속하며 나의 삶과 운명을 예수 그분께 맡깁니다. 나는 가장 먼저 하나님의 나라와 그의 의를 구할 것입니다.
- 나는 하나님께서 내 삶의 주인이시며 근원이심을 믿습니다. 나는 내 삶의 재물과 관련하여 하나님께 주권을 드리겠습니다. 하나님께서 주인이시고 나는 빚진 자입니다. 하나님께서 후하게 주시는 분이시기 때문에 나 또한 남에게 베풀 때에 후하고 거리낌 없이 베풀겠습니다.
- 나는 내 삶의 모든 부분들을 예수 그리스도의 주권 아래 맡기겠습니다.
- 예수님께서 사랑의 삶을 가르치시고 몸소 본을 보이셨던 것을 기억하며, 나 또한 한 사람 한 사람을 사랑하고, 그룹을 사랑하며, 모든 계층, 인종 그리고 나라들을 사랑하겠습니다. 그리고 개인적인 분쟁, 공적인 다툼과 전쟁을 끝마치기 위하여 화해의 삶을 사는 중재자가 되도록 노력하겠습니다.[79]

교인들은 이러한 헌신의 약속을 자신의 삶의 최우선 목표로 삼고 살아가게 되는데 이 서약은 한번으로 끝나는 것이 아니다. 전 교인이 매년 10월이면 서약갱신주일이 있어서 모든 교인들이 서약갱신 주일 전 주간, 깊은 성찰과 침묵과 헌신기도를 하게 되고 그 후 헌신을 갱신하는 서약을 하게 되는데 이 때 어떤 교인들은 교회를 일시적 또는 영구히 떠나가는 경우도 있다고 한다. 그만큼 세이비어교회 교인에게는 예수님을 따라 살아가겠다는 삶의 헌신의 결단이 중요시되고 있다.

셋째로, 세이비어교회는 교인들로 하여금 예수님을 따라 사는 삶을 살아가도록 하기 위해 제자훈련을 강조한다. 이 훈련은 세이비어교회의 멤버십을 위한 과정에서부터 시작된다. 앞에서 언급한 대로 세이비어교회의 교인이 되기 위해서는 최소한 몇 가지 훈련을 거쳐야 하는데 교인되기 위한 제자훈련의 과정을 도입했던 고든은 '예수님을 찬미예배하는 자가 되는 것은 예수님을 따르는 자가 되는 것보다 훨씬 더 쉽다'는 키에르케고르의 말을 인용하면서 예수 따라 살기의 중요성과 삶의 전적인 헌신을 강조했다. 이런 훈련의 과정이 없기 때문에 "현대교회가 점점 무기력해지고 사람들의 삶을 변화시키지 못하고, 이 사회를 그 뿌리로부터 뒤흔들 힘을 갖고 있지 못하다."는 것이다.

세이비어교회의 교인이 되기 위해서는 우선 '그리스도인의 삶을 위한 학교'의 수업을 이수해야 한다. 구약성서, 신약성서, 기독교 교리, 기독교윤리, 그리스도인의 성숙 등의 5과목을 들어야 하는데 대개 2~3년이 걸린다. 이 훈련은 신학적인 교육으로만 이루어지는 것이 아니라 관상기도 실천과 같은 영성훈련이 균형을 이루며 이루어진다. 또한 모든 세미나 과목은 깊은 기도, 대안적 공동체 형성, 고통다루기, 힘에 대한 재정의 문제 등이 포함된다고 한다. 엘리자베스 오커너가 쓴 "헌신에의 부름"과 "내면을 향한 여정, 세상을 향한 여정"이란 책을 꼭 읽어야 하고, 서약을 하기 전 일주일 동안은 교회의 기도모임에 참여하여 매일 한 시간 동안 기도로 준비하게 된다. 이렇게 해서 세이비어교인들은 철저한 제자도를 수행하는 교인으로 거듭나게 된다.

또한 세이비어교회는 그리스도인의 삶을 훈련시키기 위해 섬김의 리더십 학교를 두고 있는데 이 학교가 추구하는 섬김의 리더십이란 ① 영적인 훈련을 통해서 점점 예수님의 형상을 닮아가며, ② 예수님의 긍휼하심을 실천하며, ③ 지역사회를 위해서 헌신하며, ④ 구체적으로 가난하고 소외된 사람들과의 관계개선에 헌신하며, ⑤ 더 나아가 용기 있는 희생적인 삶을 통해서 세상을 변화시키는데 헌신하는 것을 의미한다.**80)**

제자훈련이든 리더십 훈련이든 세이비어교회가 훈련을 통해 이루고자 했던 것은 기독교인들로 하여금 안락함, 외모를 꾸미는 일, 돈, 권력, 명예 등에 중독되어 있는 현대인의 삶에서 깨어나서 자신을 비워가게 함으로써 하나님의 뜻에 온전히 순종할 수 있는 자가 되도록 준비시키는 일이었다.

넷째로, 세이비어교회는 영적인 삶을 함께 나누는 공동체로서의 교회됨과 가난한 사람들과 함께 하는 공동체로서의 교회됨을 강조한다. 세이비어교회의 일원이 된다는 것은 하나님과의 친밀한 교제를 중심으로 이루어진 진정한 공동체의 일원이 된다는 것을 의미하는데 이것은 예수님의 공동체 모델을 따르는 것을 의미한다. 이 공동체는 찬양과 예배를 통해 하나님께 영광을 돌리는 공동체이며, 하나님의 사랑을 본받아 서로 사랑하며 아끼는 사랑의 공동체이고, 더 나아가 예수 그리스도를 통한 하나님의 구원하시는 은혜를 이 땅에 증거하는 하나님의 증인 공동체이다. 여기서 증인 공동체란 그리스도인으로서의 책임을 다하는 사역공동체를 의미하는데 세이비어교회의 핵심이라 할 수 있는 소그룹 사역공동체의 핵심철학은 6가지이다. ① 참된 교회는 사랑이신 하나님의 외적표현이다. ② 참된 교회는 예수님을 온전히 따른다. ③ 참된 교회는 극도의 다양성이 존재한다. ④ 참된 교회는 화해의 사역을 중요하게 여긴다. ⑤ 참된 교회는 자기 삶의 범주 밖에 있는 사람과도 삶을 나눈다. ⑥ 참된 교회는 하나님의 정의를 구현한다.[81]

세이비어교회가 사역공동체로서 헌신하기 위해 네 가지 영역, 즉 변화, 증거, 양육, 활동을 강조하는데 ① 변화의 영역에서는 하나님이 베푸시는 초자연적인 은혜를 통해 내 안의 자아는 무릎을 꿇고, 내 안에서 근본적인 변화가 일어나게 된다는 점을 강조하고, ② 증인의 영역에서는 진정한 그리스도인이 되기 원한다면 우리는 그리스도의 증인이 되어야 한다는 점을 강조하며, ③ 양육의 영역에서는 교회는 기독교 공동체에 관심이 있거나 그러한 것에 목말라하는 사람들의 길잡이가 되어야 한다는 점을 강조하며, ④ 활동의 영역에서는 그리스도인은 고통받는 사람들, 특히 상처받고, 소외되고, 억압받는 상황에 처한 이들에 대한 그리스도의 긍휼히 여기는 마음에 동참함으로써 그들이 치유 받을 수 있도록 노력해야 된다는 점을 강조한다.[82]

사역공동체는 특별한 부르심에 응답한 한 명 또는 소수의 핵심적인 사람들에 의해서 시작되는데 하나님의 부르심을 받은 사람은 비록 두 명밖에 되지 않는 작은 그룹이라 할지라도 하나님께서 주신 사명 아래 교회를 세울 수 있다. 그런 의미에서 세이비어교회의 소그룹 사역공동체는 각자 독립성을 가진 교회 내의 작은 교회라고 할 수 있다.세이비어교회는 본부 교회 뿐만 아니라 소그룹의 셀그룹들도 독립된 교회로 인정한다. 세이비어교회와 연관된 사역들은 각기 독립적으로 조직된 비영리단체로서 이루어지고 있는데 대표적인 사역들을 보면 다음과 같다.

① 주거사역
- 희년주거사역: 저소득 지역주민만을 위한 교육 및 아파트 임대사역
- 만나 지역개발: 저소득 주민들이 소득에 맞게 주택을 소유하도록 하는

사역

- 미리암의 집: 에이즈로 죽어가는 여성들을 위한 주거시설
- 요셉의 집: 남성 노숙자들을 위한 요양시설
- 사마리아인의 집: 마약, 알콜에 중독된 노숙자들을 위한 치료 및 주거 시설
- 베다니의 집: 도움이 필요한 노숙자 가족들을 위한 주거사역
- 사라의 집: 노인들을 위한 주거사역
- 카이로스의 집: 노숙자 병원에서 퇴원한 환자들이 임시로 머무르는 주거시설
- 방주의 공동체: 지체장애인들과 정상인들이 함께 생활하는 라르쉬 공동체
- 안드레의 집: 세이비어교회 방문자들을 위한 주거시설

② **치유사역**

- 콜롬비아 로드 진료소: 건강보험이 없는 저소득 주민을 위한 치료시설
- 그리스도의 집: 노숙자를 위한 치료시설

③ **영성사역**

- 토기장이의 집: 워싱톤에서 처음 시작한 커피 하우스 및 서점
- 여명수양관: 침묵기도를 위한 수양관
- 웰스프링 컨퍼런스 센터: 침묵수양관과 같은 지역에 있는 세미나 또는 수련회를 위한 시설
- 물질사용에 대한 수련회: 물질과 신앙과의 연관과 제3세계에 관한 수련회
- 추수의 시대: 가난한 사람들과 효과적으로 부를 나누는 사역

④ 어린이와 가족들을 위한 사역

- 선한 목자 사역: 유치원생에서부터 12학년까지의 방과 후 학생 사역
- 패트리샤 사이타 예능교실: 방과 후 예능교실
- 가족의 장소: 어린 자녀를 가진 부모를 위한 육아교육
- 어린이사랑 모임: 불우 어린이들을 양부모로서 돕도록 지원하는 모임
- 행동하는 예술: 샤 흑인 지역의 어린이를 위한 방과 후 예능교실

⑤ 취업보조와 성인교육 사역

- 희망의 아카데미: 검정고시 준비를 위한 학원
- 희년 직업소개 사역: 각종 직업을 소개하는 센터

150명도 채 안 되는 작은 교회가 어떻게 이렇게 엄청난 사역을 할 수 있을까? 이미 언급했지만 그 비결은 예수 그리스도에 대한 깊은 헌신예수님에게 올인하고자 하는 헌신의 깊이 과 예수님을 따라 살고자 하는 열망이라고 할 수 있다. 다시 말해 이 모든 일은 세이비어교회가 하나님의 주권과 예수 그리스도의 주권을 강조하면서 삶의 모든 부분을 그분에게 드리고자 하는 철저한 헌신을 강조하였기에 가능했던 일이었을 것이다. 이처럼 세이비어교회는 그리스도에 대한 철저한 헌신을 강조하였기에 교회의 대형화를 거부하였는데 그래서 할리는 "많은 숫자는 거의 필연적으로 비인격화와 제도주의로 향하고 헌신을 약화시킵니다."라고 하였고, 고든은 "큰 규모는 실제로 효과를 반감시킵니다. 그것은 오히려 반문화적이기 때문에 깊이를 가지고 문화로의 중독을 거부하고 진정으로 복음의 증인이 되고자 하는 사람들의 공동체에는 불리하게 작용합니다. 따라서 세이비어교회는 숫자를 통해서 오는 힘의 유혹을 의도적으로 거부합니다."라고 하였다. 결론적으로 세이비어교회는 그리스도에 대한 철저한 헌신을 전제로 내면을 향한 여정내적인 영

성과 세상을 향한 여정외적인 사역과 사랑의 공동체를 향한 여정공동체적 영성이 균형을 이룬 아름다운 공동체교회로서 21세기 건강한 교회의 표상이라 아니 할 수 없을 것이다.

참고문헌

유성준. 『미국을 움직이는 작은 공동체 세이비어교회』. 서울: 평단문화사, 2005.

유성준. 『세이비어교회- 실천편』. 서울: 평단문화사, 2006.

http://www.koabbey.com/freeboard/314969

11

세상의 삶의 방식과 전혀 다른 래디컬 공동체: 브룩힐즈교회

"서구 기독교의 종말"이란 책을 쓴 릴리 케이스에 따르면 세계교회는 세 가지의 흐름이 있다. 즉 소멸되어 가는 교회, 세속화된 교회, 뜨고 있는 교회이다. 소멸되어 가고 있는 교회는 오스트레일리아, 오스트리아, 체코 등의 교회이고, 세속화되어 가고 있는 교회는 영국, 독일, 프랑스 등의 교회이며, 뜨고 있는 교회는 케냐, 남아프리카, 중국 등의 교회이다. 남아프리카를 보면, 이 지역의 성공회 주일예배 인원이 전 세계 성공회 교인수보다도 많고, 중국을 보면, 이 나라의 기독교인의 수가 유럽 전체의 기독교인 수보다 많을 정도이다. 그렇다고 뜨고 있는 교회의 모든 것이 미래교회의 훌륭한 기준이 된다고 보기는 어려울 것이다. 왜냐하면 양적으로 성장하고 있다고 해서 그것이 반드시 질적으

로도 성숙하고, 영적, 사회적, 역사적 사명을 균형 있게 수행하는 건강한 교회임을 보장해주는 것은 아니기 때문이다. 그러나 성장하는 교회들이 쇠퇴해가는 주류교회들에게 주는 분명한 교훈과 도전이 있는데 그것은 그들 교회 안에는 성령의 역사와 복음에 대한 뜨거운 열정이 있다는 점일 것이다.

아무튼 릴리 케이스가 말하는 세계교회의 세 가지 흐름은 한국교회와 미국교회 모두에서 동시에 발견된다고 할 수 있는데, 말하자면 한국과 미국에서 일부의 교회는 소멸되어 가고 있고, 다수의 교회는 세속화되어 가고 있으며, 또 다른 일부의 교회는 성장하고 있다는 사실이다. 무슨 이야기인가? 지금 우리는 한국교회에서건 미국교회에서건 세속화된 교회에서 소멸되는 교회로 전락할 것인가? 아니면 세속화된 교회를 변화시켜 세상을 변화시키는 진정한 하나님나라공동체로 변화할 것인가를 결단해야할 기로에 서 있다는 이야기이다.

그러면 어떻게 우리는 세상의 삶의 방식을 따라가는 세속화된 교회를 변화시켜 예수의 생명력으로 충만한 교회, 세상을 변화시키는 하나님나라 공동체를 만들어 갈 수가 있을까? 이 질문에 대한 확실한 대답을 가지고 있는 교회가 있는데 바로 데이빗 플랫이 목회했던 브룩힐즈교회이다. 데이빗 플랫이 브룩힐즈교회에서 목회를 시작하면서 가졌던 열망이 있는데 그것은 "어떻게 하면 하나님의 백성들을 일깨워서 성령 안에서, 하나님의 말씀을 가지고 온 세상에 하나님의 영광을 가득 채우는 일에 참여하게 만들 수 있을까?"하는 것이었다. 다시 말해 브룩힐즈교회에 부임하면서부터 그가 열망했던 목회의 꿈은 어떻게 하면 교회를 하나님의 뜻을 이루는데 헌신하는 교회, 하나님의 은혜를 만끽하면서 하나님의 원대한 목표, 즉 복음을 선포하여 하나님의 나라를 확장하고, 하나님의 영광을 온 세상에 펼쳐가는 사명을 위해 죽기까지 순종하는 교회로 만들어 갈 수 있을까 하는 것이었다.

이를 위해 그가 제시했던 개념, 곧 그가 꿈꾸는 올바른 교회관이 바로 래디컬 공동체이다. 래디컬 공동체는 6가지의 특징을 가지고 있는데 첫 번째 명제는 "래디컬 공동체의 시작은 '패러다임 체인지'다"라는 것이다. 말하자면 교회가 진정한 하나님나라의 공동체가 되기 위해서 교회는 교회의 기존 패러다임을 혁명적으로 바꿔야 한다는 것이다. 여기서 그가 제기하는 문제는 교회가 하나님이 맡기신 원대한 목표를 잊어버리고 행하는 '좋은' 일들이 바른 신앙을 위협하는 가장 무서운 적이 될 수 있다는 것이다. 따라서 하나님의 위대한 역사를 이루기 위해 교회는 무엇보다도 교회 안에서 벌어지는 '좋은 일'들을 과감히 정리할 필요가 있다고 그는 주장한다. 교회가 하는 일들을 남김없이 하나님 앞에 내려놓고 목표와 우선순위를 다시 검토해보아야 한다는 것이고, 또 그러기 위해 모든 것을 탈탈 털어 내야 한다는 것이다. 왜냐하면 복음은 가진 것과 하는 일을 모조리 하나님께 가져가서 무엇을 버리고, 무엇을 바꾸며, 무엇을 그냥 두어야 할지를 물어볼 것을 교회에 요구하고 있기 때문이다. 참된 신앙인이라면, 또한 참된 신앙공동체라면, 하나님 앞에 전부를 내려놓고 다음과 같이 고백할 수 있어야 한다는 것이다. "말씀만 하십시오, 무엇이든 다 따르겠습니다. 무엇이든 짚어주시면 서슴없이 내버리겠습니다. '최상'이 아닌 것들을 죄다 잘라 내겠습니다. 주님의 영광을 주변 세계에 널리 드러내는 데 필요한 일이라면 어떤 대가를 치르더라도 개의치 않겠습니다."[83]

이런 신앙고백을 가지게 되면서 브룩힐즈교회는 좋은 일들을 정리해가기 시작했고, 예산을 손보기 시작했는데 교회의 적잖은 부서들이 큰 폭으로 예산을 줄였고, 경배와 찬양사역 리더들은 무려 예산의 83%를 삭감했다. 절감된 그 예산을 가지고 브룩힐즈교회는 지역사회는 말할 것 없고 해외의 여러 지역에까지 복음을 전하는 일과 어려운 지역의 긴급한 필요를 채우는 일에 시간과 재정을 쏟아 부었다. 예를 들면, 인도의 지역교회를 통해

극단적인 빈곤 상태에서 하루하루 연명해가는 인도의 1천 여 가정에게 음식과 교육, 의료혜택을 제공하면서 복음을 전했고, 인도의 또 다른 지역교회들을 통해 우물 1백여 개를 파주기도 하였으며, 수백만 명에 이르는 인도 사람들에게 성경책을 나눠 주기도 하였다. 이 모든 일은 교회가 가진 자원을 모두 테이블 위에 올려놓고 그 모든 자원을 어떻게 하나님의 영광을 위해 사용할 것인가를 고민하며 하나님의 뜻에 순종하고자 할 때 어떤 일이 일어날 수 있는지를 잘 보여주는 좋은 사례가운데 하나이다. 그래서 데이빗 플랫은 이런 첫 번째 명제와 관련하여 "'하나님의 최고'를 위해 '우리의 최선'을 포기하라"고 주문한다.

두 번째 명제는 "래디컬 공동체의 동력은 은혜다."이다. 말하자면 래디컬한 은혜가 래디컬한 삶을 만든다는 것이다. 데이빗 플랫은 철저하게 주님께 순종하는 그리스도인을 만들려면 무엇보다 먼저 복음 곧 행위의 올무에서 인류를 구한 바로 그 복음을 토대로 삼아야 한다고 말한다. 복음의 가장 아름다운 속성은 구원을 위해 인간 편에서 무엇을 할 필요가 없다는 점이다. "인간이 할 일은 없다. 처음부터 끝까지 예수님이 하신다. 오직 믿음을 통해 은혜를 입을 때만 하나님 앞에 의로운 존재로 설 수 있다."[84] "아무리 많은 일을 해도 하나님 앞에서 의로워질 수 없다. 오직 이미 할 일을 다 하신 그리스도를 신뢰해야만 주께 나갈 수 있다."[85] 그러므로 "온전히 순종하는 삶의 출발점은 철저한 죽음이다. 자신에 대해 죽고 제 힘으로 무엇을 해서 하나님 앞에 설 자격을 얻으려는 시도에 대하여 죽어야 한다."[86]

그러나 복음은 거기서 끝나지 않는다. "행위의 올무에서 인류를 구한 바로 그 복음이 또한 기독교인을 일하게 한다."[87] 왜냐하면 은혜의 복음에 대한 감격을 통해 주님은 우리가 보고, 느끼고, 행동하는 방식을 바꿔 놓으시기 때문이다. 또한 복음을 통해 그리스도와의 친밀한 교제가 깊어지면서 기독교인들은 점차 놀라운 사랑을 베푸신 주님을 닮아 사랑의 화신이 되게 하기 때문이다. 브룩힐즈교회는 야고보서 공부를 하면서 특히 약1:27을 근거로 어린이들을 도우라는 주님의 강권하심이 있다는 데이빗 플랫의 설교를 들은 후 160가정이 부모를 잃은 어린이들을 양육하거나 입양하기로 약정했다. 여기서 드러나듯이 "급진적인 삶의 근거는 단 하나, 은혜의 복음뿐이다. 고급 주택가에 살던 교인이 집을 팔고 빈민가로 이사한 까닭 역시 복음 때문이었다."88) "기독교인들이 판에 박힌 삶의 패턴을 깨트리고, 돈 씀씀이와 쓰임새를 조절하고, 새 식구를 맞아들이고, 비전을 키우고, 사고방식을 바꾸고, 세상을 향한 하나님의 뜻을 이루는 일에 삶을 드리는 건 죄다 복음 때문이다. 하나님의 복음이 교회 안에 뚜렷이 자리 잡을수록, 기독교인들은 하나님의 영광을 위해 더할 나위 없이 큰 기쁨을 만끽하며 주님의 은혜에 기대어 더욱 열심히 일하게 마련이다."89) "복음에 토대를 둔 순종은 복음으로 충만한 기쁨을 낳는다. 복음은 헌신적인 삶의 열쇠이며 포기하지 않도록 붙들어 주는 가장 강력한 동기이다."90) 다시금 요점을 말하면 "행위의 올무에서 인류를 구한 바로 그 복음이 또한 기독교인을 일하게 한다."는 사실이다.

　　세 번째 명제는 "래디컬 공동체의 기초는 '말씀'이다"이다. 말하자면 경험이 아니라 말씀의 원리로 사역하라는 것이다. 기독교인들이 자기를 부인하고 세상으로 나가 하나님의 영광을 위해 살도록 마음을 움직이고 동기를 부여하는 방법은 무엇일까? 데이빗 플랫은 그것은 하나님의 말씀이라고 말한다. 예수님이 모든 민족을 제자로 삼아 하나님의 말씀을 가르쳐 지키게 하라고 말씀하셨기 때문에 "교회에 속한 거룩한 백성들을 분발시켜 세상에 주님의 영광을 널리 드러내는 제자로 키우길 원하는 리더라면 하나님 말씀을 신실하게 따르며 능숙하게 전달할 줄 알아야 한다는 것이다."91) 그래서 데이빗 플랫은 목회를 시작한 뒤로 주일마다 한 가지에 공을 들였다. 성경의 탁월함을 부각시키고 그 가르침을 모든 계획의 중심으로 삼아야 한다는 점과 하나님의 말씀을 떠나서는 어떤 기독교인도 무기력한 존재가 될 수밖에 없다는 점을 강조한 것이다. 그는 말씀의 중요성, 말씀의 목적, 그리고 말씀의 능력에 대해 이렇게 말한다. "세상에 하나님의 영광을 드러내고 싶다면 주님의 말씀을 교회에서 전하는 모든 가르침의 핵심으로 삼아야 한다."[92] "인간의 말은 아무 소용이 없다. 하나님 말씀의 권세가 교회 안에 선포되어야 비로소 거룩한 자녀들이 가진 잠재력이 세상에 표출되는 법이다."[93] "말씀을 기록해서 넘겨 주신 목적은 시대와 장소를 가리지 않고 모든 이들을 변화시켜 예수님의 형상을 닮아 가게 하는데 있다."[94] "하나님의 말씀만 가지고도 거룩한 백성들의 시선을 한데 모으고 관심을 사로잡기에 한 점 부족함이 없었다. 기독교인이라면 누구나 하나님 말씀을 신뢰해야 한다. 성경에 기록된 거룩한 가르침에는 능력이 있다. 하나님의 자녀를 낳아 키우며, 동기를 부여해 움직이게 하고, 무장시키고 힘을 주며, 방향을 제시하고 앞서 이끌어서 세상을 향한 하나님의 뜻을 성취해 나가게 만드는 능력이다…. 기독교인들이 겸손하게 마음을 모아 기도하면서 주님의 자녀들을 위해 어떤 계획을 세워 놓으셨는지 묻고 거기에 목숨을 걸면, 그분은 한 사람 한 사람을 일깨워서 철저한 순종과 헌신의 길로 안내할 것이다."[95] 결론적으로 "인간이 아니라 말씀이 일한다."는 것이다.

네 번째 명제는 "래디컬 공동체의 전략은 '사람'이다"이다. 말하자면 프로그램이 아니라 헌신된 사람이 중요하다는 것이다. 흔히들 교회가 크게 성장하려면 우선 뛰어난 설교자, 노련한 경배와 찬양 인도자와 같은 회중을 사로잡을만한 탁월한 전문가들이 있어야 하고, 찾아오는 군중들을 수용할 큰 건물이 있어야 하고, 사람들을 불러들였으면 다시 떠나가지 않게 붙잡아둘 전문가와 최고급의 프로그램이 있어야 한다고 생각한다. 그러나 이런 생각에는 하나님의 백성이라는 가장 중요한 요소가 빠져 있다고 데이빗 플랫은 비판한다. 교회란 기본적으로 헌신된 사람들의 모임이기 때문에 교회는 함께 기도하고, 함께 금식하고, 함께 죄를 고백하고, 함께 찬양하고, 함께 공부하는 가족들을 길러내는 데 초점을 맞추어야 하고, 또한 설교자보다는 그가 전하는 하나님의 말씀을 더 사모하도록 만드는 데 초점을 맞추어야 하고, 예배란 화려한 퍼포먼스가 아니라 하나님께 삶을 드린 사람들이 매주 한 자리에 모여 주님의 영광을 드높이는 일에 마음을 쏟는 것이라고 생각하는 그리스도의 제자를 길러 내는 데 힘을 쏟아야 한다고 플랫은 주장한다. 전문가들이 중심이 되어 일방적으로 사역 프로그램을 짜서 교인들에게 제시하고, 교인들을 교회프로그램에 참여하게 하는 이런 방식은 성령님이 일하시는 범위를 전문가 몇 사람에게 국한시키는 어리석음을 범하는 문제가 있다고 데이빗 플랫은 말한다. 그도 그럴 것이 "하나님의 영은 거룩한 자녀들 하나하나 속에 일주일 내내 머물며 하나님 나라를 확장하고 그분의 영광을 드러내"96)고 계시기 때문이다. 그런데 브룩힐즈교회도 한때 갖가지 사역에 성도들을 참석시키고 중앙에서 통제하는 방식을 고수한 적이 있다. 그러나 이제 더 이상 이런 방식, 즉 전문가들이 전도계획을 세우고, 프로그램을 만들고, 관리하는 방식을 고집할 이유가 없어졌다고 플랫은 말한다. 왜냐하면 하나님은 이미 자녀들에게 저마다 생활하는 현장에서 사역할 기회를 허락하셨다는 사실을 알았기 때문이다. 그래서 브룩힐즈교회는 하나님이 주신 사역의 기회를 최대한 활용하라고 믿음의 가족들을 격려하기 시작했다. 그러자 교회가 지역사회에 미치는 영향력이 극적으로 달라졌다.

어떻게 달라졌을까? "브룩힐즈교회 성도들은 제각기 직장과 동네에서 성경공부모임을 인도하고, 약물중독환자들의 재활을 돕고, 노숙인 쉼터에서 음식을 나눠주고, 공부방에 나오는 고아들을 사랑으로 돌보고, 퇴직자전용 아파트의 독거노인들을 보살피고, 임종을 앞둔 호스피스 병동 식구들을 위로하고, 직업교육을 시키고, 글을 모르는 이들에게 문자를 가르치고,

에이즈클리닉의 병자들을 지원하고, 외국에서 갓 이주해 온 이들에게 영어를 가르치는 따위의 다양한 방식으로 이웃을 섬기느라 분주하다."[97] 놀라운 변화가 아닐 수 없다. 그래서 플랫은 "혼자 살고 있는가? 독신이라는 조건을 잘 활용해서 사역할 방안을 찾아보라. 결혼해서 가정을 꾸렸는가? 배우자와 더불어 공동체를 섬길 길을 모색하라. 자녀가 있는가? 어떻게 하면 가정을 동네 주민들을 위한 사역 센터로 바꿀 수 있겠는가? 날마다 직장에 나가는가? 일터에서 그리스도의 복음을 나눌 계획을 세워보라. 교회가 주도하는 프로그램을 따라가느라 복음으로 무장하고 세상에 뛰어들지 못하는 어리석은 실수를 저지르지 말라. 하나님이 허락하신 다양한 삶의 현장을 최대한 사역의 기회로 바꾸라."고 도전한다.[98]

분명한 사실은 제자 삼는 사역이 전문가들만으로 꾸려갈 수 있는 일이 아니라는 사실이다. 그것은 하나님의 백성 전체가 달려들어 힘을 모아 감당해야 하는 작업이다. "하나님나라를 세워가는 데 열외는 없다."[99] "하나님의 뜻은 커다란 예배당이나 재주를 가진 리더들에 매이지 않는다. 주님의 계획은 하나님 나라를 확장하는 일에 목숨을 건 거룩한 백성 하나하나를 대상으로 삼는다."[100]

그러므로 "교회를 바로 세우는 과업의 성패는 영향력도 없고 이렇다 할 재주도 없는 사람들을 얼마나 많이 끌어들이느냐에 달려 있다."[101] 그렇다면 여기서 지도자들의 임무가 분명해진다. 하나님이 교회에 지도자를 세우신 목적은 "성도들을 준비시켜 봉사의 일을 하게" 하려는데 있다. 말하자면 "하나님은 교회행사를 진행시키기 위해서가 아니라 사람들을 준비시키려고 교회에 리더를 세우셨다는 뜻이다. 목회자는 예배를 집전하는 진행자가 아니라 사람을 섬기는 일꾼이다. 이러한 사실을 통감한다면, 신앙 공동체의 지도자들은 성도들을 조직 속에 끌어들이는 대신 마음을 움직여서 사역에 나서게 하는데 자원주로 시간을 투자"[102]해야 할 것이다.

다섯 번째 명제는 "래디컬 공동체의 비전은 '세계'다"이다. 즉 "이웃만이 아니라 땅 끝까지 복음을 전하라"는 것이다. 주류교회의 쇠퇴현상이 있는 게 사실이지만 아직도 많은 교회들 속에는 자원이 넘쳐나고 다양한 프로그램이 돌아가고 각종집회들과 대규모 행사들이 수도 없이 열리고 있다. 이들 중 많은 교회는 "거대한 건물을 짓는 것을 성공이라고 생각하고, 주변세계와 담을 쌓고 등을 돌린 채 일주일에 두어 시간 정도 최대한 많은 인원을 동원하는 것을 목표로 삼는다…. 예배당 안에서 일어나는 일이 신앙생활의 전부라고 생각한다." 또한 그들은 "구원받기 전에 살았던 세상을 변화시키는 데는 거의 관심을 두지 않고 괜찮은 교인으로 지낸다. 교인의 숫자가 현 싱을 유지히거나 조금씩 늘어나는데 만족해서 그리스도의 이름을 들어 보지도 못한 수십 억 인구의 울부짖음을 듣지 못한다."고 플랫은 말한다.**103)** 요컨대 많은 교회들이 예수님의 전략을 거부하고 있다는 것이다. "그러므로 너희는 가서 모든 민족을 제자로 삼아 아버지와 아들과 성령의 이름으로 세례를 베풀고 내가 너희에게 분부한 모든 것을 가르쳐 지키게 하라"마 28: 19~20는 말씀에서 나타나듯이 "예수님의 전략은 적은 무리인 열두 제자의 심령을 혁명적으로 변화시켜서 온 세상을 뒤바꾸려 하신 것이었다."**104)** 그러므로 예수님의 교회라면 예수님의 심장을 가지고 모든 민족에게 가서 복음을 전파하고, 모든 민족을 제자삼아야 한다고 플랫은 말한다. 그래서 브룩힐즈교회는 성도들에게 저마다 시간의 2%일주일를 떼어 버밍엄을 벗어나 타 지역에 가서 복음을 전하도록 도전했다. 그랬더니 낯선 상황에서 소비한 2%의 단기선교의 시간이 익숙한 지역사회에서 보내는 나머지 98%의 세월을 획기적으로 바꾸어 놓는 일들이 벌어졌다고 한다.**105)**

참된 교회는 어떤 교회일까? 플랫에 따르면 참된 교회는 예수님의 복음을 열정적으로 사랑하고 주님의 날이 임하길 인내하며 갈망하는 교회이고, 예수님을 모르는 백성들에게 하나님의 영광을 드러내는 데 전념하는 삶을 사는 교회이다.106) 그도 그럴 것이 예루살렘이나 갈릴리의 필요를 채우는 데만 관심을 두시지 않고 아버지의 영광을 모든 민족에게 드러내겠다는 분명한 열정을 가지셨던 주님께서 우리들에게도 동일한 열정을 가지고 살아갈 것을 명령하고 계시기 때문이다.

여섯 번째 명제는 "래디컬 공동체의 목적은 '하나님'이다"이다. 즉, 하나님의 영광이 아니면 초개같이 버리라는 것이다. 데이빗 플랫에 따르면 그리스도인이란 그리스도를 주님주인으로 고백하는 사람들이고, 자신에 대해 죽고 하나님에 대해 사는 사람들이며, 삶의 방향을 결정할 권리가 내게 있는 것이 아니라 하나님에게 있다고 믿는 사람들이기에 자아를 내려놓고 전적으로 자기중심적인 하나님을 따라 살겠다고 고백하는 제자들이다. 그러므로 예수 그리스도의 교회와 기독교인들이 품어야 할 비전이 있다면 그것은 단 하나 밖에 없다. 바로 모든 민족들에게 하나님의 영광을 드러내는 것이며, 하나님의 나라를 온 세상에 확장하는 사역에 모든 것을 걸어야 하는 것이다.107) "오직 이런 비전만이 교회를 움직여서 위험을 무릅쓰고 죽음에 맞서 세상을 향한 하나님의 뜻에 급진적으로 순종하게 하는 힘의 원천이다."108) 윌리엄 캐리, 허드슨 테일러, 아도니람 저드슨 같은 사람들이 목숨을 내놓고 세상으로 나가 복음의 증인이 되었던 것도 바로 이러한 비전이 있었기 때문이다. 중요한 것은 우리가 하나님의 위대하심에 사로잡히느냐 그렇지 않느냐 하는 것이고, 하나님의 영광을 모든 민족 위에 드러내고자 하는 열망을 가지느냐 못 가지느냐 하는 것이고, 그리하여 그리스도인이 '그리스도를 향한 급진적인 순종'의 결단을 할 수 있느냐 없느냐 하는 것이다. 이것만 분명해지면 놀라운 일들이 벌어진다. 순식간에 자기를 부인하고 하나님께 의지하는 깊고도 영원한 기쁨을 깨달은 공동체가 눈앞에 펼쳐지는 것이다.109)

그래서 데이빗 플랫은 강조하여 말한다. "그리스도인들은 자아를 내려놓고 자기중심적인 하나님을 따라가는 제자들이다. 오직 하나님의 영광을 위해 존재하며, 주님 또한 주의 영광을 위해 존재할 따름이다. 온 교회가 하나 되어 그리스도께 급진적으로 순종하는 비결은 너나없이 자신을 겸손히 낮추고 하나님을 높이는 마음가짐에 있다. 오로지 주님을 위해 살며 그 분 없이는 존재하지 못하는 처절하리만치 무기력한 하나님의 자녀로 자신을 파악할 수 있어야 한다. 그래야 비로소 세상을 향한 거룩한 목표, 즉 땅끝까지 복음을 선포하며 영광을 드러내고자 하시는 뜻을 이루기 위해 가진 걸 다 쏟아 부을 의지가 생기기 때문이다."[110] 그러므로 중요한 것은 그리스도인 각자가 자아를 내려놓고 자기중심적인 하나님을 따라가는 제자인가 아닌가 하는 것이고, 교회기 존재와 소유 전체를 드려서 온 천하를 향한 하나님의 뜻을 실현하는 가운데 거룩한 희열을 누리며, 하나님의 영광을 드러내는 신앙공동체인가 아닌가 하는 것이다. 데이빗 플랫이 이러한 래디컬 신앙의 결단과 실험에 동참했던 브룩힐즈교회와 다른 교회들의 경험을 통해서 또 다시 확신을 가지고 강조하는 이야기가 있다: 만약 우리가 하나님을 따라가는 제자이고, 우리 교회가 하나님나라 공동체라고 한다면, 우리는 자기를 부인하고 그리스도에게 온전히 굴복하고 순종하는 급진적인 신앙과 급진적인 순종을 하게 될 것이고, 저마다 가진 자원을 아낌없이 바치는 급진적인 헌신의 삶을 선택하게 될 것이고 그럼으로써 우리는 상상할수 없는 놀라운 일을 경험하게 될 것이라는 사실이다.

결론적으로 교회란 무엇일까? 데이빗 플랫에 따르면 교회는 래디컬 공동체, 즉 세상의 삶의 방식과는 전혀 다른 새로운 삶의 방식이 이루어지는 하나님나라 공동체이다. 그러므로 하나님나라 중심으로 사고의 관점이 바뀌고, 삶의 우선순위가 바뀌고, 삶의 중심이 바뀌고, 삶의 목적이 바뀌는 근본적인 "패러다임의 변화"가 일어나지 않는 한, 참된 그리스도인의 삶과 참된 교회는 존재할 수 없을 것이다.

참고문헌

Platt, David. 최종훈 역. 『래디컬』. 서울: 두란노서원, 2011.

Platt, David. 최종훈 역. 『래디컬 투게더』. 서울: 두란노서원, 2012.

12

세상을 가슴 뛰게 하는 매력적인 교회: 뉴 호프 오아후교회

역사학자인 토마스 리브스는 미국 주류교회의 쇠락에 대해 이렇게 말했다.111) "수많은 문헌이 말하듯 한때 뛰어나고 풍족했던 교단들은 혼란에 빠졌다. 즉, 하락해버린 것이다. 미국의 종교적 신념이 매우 높아진 시기에 이런 일이 일어난 것은 참으로 아이러니다." "왕년에는 종교적 기둥이었던 교회들이 오늘날에는 자주 무시당한다. 이 교회들이 차지했던 사회적 지위는 추락했다. 권위적인 신학 교리도 대부분 잊혀졌다…. 어떤 사람들은 이 교회들이 결국 사라질 것이라고 예상한다." "어릴 적에 교회를 다니던 사람들은 성인이 되면서 교회를 떠났다." "장로교, 감리교, 감독교회들은 청년

을 거의 반 이상 잃어버렸다. 교단의 고령화 현상은 두드러졌고, 교인들의 사기는 땅에 떨어졌다. 선교에 대한 열정은 거의 찾아볼 수 없다."

이처럼 주류교회들이 쇠락하고 있는 것이 사실이지만, 이런 가운데서도 세상에 매력을 주는 교회들이 있다. 그중에 하나가 세상을 가슴 뛰게 하는 매력적인 교회, 뉴 호프 오아후교회이다. 이 교회의 담임목사인 웨인 코데이로는 글로벌 리더십 서밋의 주 강사이며 리더십 분야의 탁월한 전문가로 1995년 하와이 호놀룰루에서 뉴 호프 크리스천 펠로우쉽을 설립해 짧은 시간에 성도 1만 5천명이 넘는 초대형교회로 성장시켰다. 뉴 호프 크리스천 펠로우쉽은 미국에서 '가장 영향력 있는 교회'와 '가장 혁신적인 교회' 중 하나로 뽑히기도 했다. 그들은 지난 30년 동안 110개 이상의 교회를 개척했고, 지난 20년 동안 8만 3천명의 사람들이 그리스도를 영접하게 하는 은혜를 누리기도 했다.

그러면 세상을 가슴 뛰게 하는 교회는 어떤 모습일까? 우선 세상을 가슴 뛰게 하는 교회는 교인과 교인의 가족이 믿음 안에서 성장하도록 성경의 원리에 따른 신앙교육을 제공하는 지역공동체이다. 곧 신앙이 성장하는 교회이다. 두 번째는 회심자가 나타나고 사람들의 삶이 변화되며, 깨어진 가정이 회복되는 변화의 열매가 있는 교회이다. 세 번째는 그 공동체의 일원이 되고 싶은 마음이 생기게 하는 교회이다. 그 외에도 오래 다니고 싶은 교회, 주위에 말하게 되는 교회, 완벽하지는 않지만 성장하는 교회, 곧 서로 있는 그대로 용납하여주며 실수를 통해 배우며 성장하는 교회이다. 또한 기분 좋은 도전을 주는 교회, 곧 삶에 필요한 새로운 방법을 가르치고 동기를 부여하며 힘을 주는 교회이다.[112]

이런 일반적인 이야기를 전제하며 웨인 코데이로는 뉴 호프 오아후 교회를 목회하면서 30년 동안 연구하고 적용하며 경험했던 세상을 가슴 뛰게 하는 교회, 즉 하나님이 기뻐하시고 사람들이 다니고 싶어 하는 교회의 12

가지 특징을 제시하고 있다. 그는 세상을 가슴 뛰게 하는 교회를 이렇게 설명한다. 즉 세상을 가슴 뛰게 하는 교회는 사람들을 하나님께로 인도하고 사람들의 삶을 개선하며 사회에 선한 영향력을 끼치는 일을 위해 성령이 사용하시는 도구이다. 세상을 가슴 뛰게 하는 교회는 하나님을 향한 삶에 집중하고 준비하여 세상에 나가 그 삶의 목적대로 살게 하는 교회, 세상을 변화시킬 만한 가슴 설레게 하는 교회이다. 이제 그가 말하는 12가지 특징들을 살펴보자.

첫째로, 하나님이 축복하시는 매력적인 교회는 하나님의 임재에 굶주린 교회이다. 세상을 가슴 뛰게 하는 교회는 무엇보다 하나님의 임재를 갈망한다. 그들은 넓은 예배당, 최신 프로그램, 수많은 교인, 넘치는 재정보다 하나님의 임재를 갈망한다. 하나님의 임재에 대한 굶주림이란 무엇일까? 그것은 하나님을 더 크게 인식하고 싶어 하고, 하나님의 임재를 더 깊이 느끼기를 갈망하는 것이다. 하나님의 임재를 갈망할 때 성도는 그분의 성령으로 충만하게 채워지기를 갈망하고, 특정한 때에 특정한 일을 하기 위해 특별한 기름부음을 간구한다. 하나님의 임재를 경험한다는 것은 감정적이거나 광적인 영적 경험한다는 것을 의미하지 않는다. 그것은 죄를 증오하고 예수 그리스도의 인성을 존중하며 의로움을 사랑하는 마음을 일으킨다. 그러면 하나님의 임재가 느껴지지 않는 교회라면 어떻게 해야 할까? 첫째로, 제일 먼저 해야 할 일은 교회의 현실을 파악하는 것이다. 성령의 9가지 열매가 구체적으로 나타나고 있는가? 하나님의 말씀을 강조하고 있는가? 영적인 갈망이 있는가? 영혼을 살리려는 갈망이 있는가? 사람들을 훈련시켜 세상에 영향력을 끼치는 사람들로 세상에 내보내고 있는가? 그리스도에게 얼마나 순종하고 있는가? 등의 질문을 통해 현실을 파악해야 한다. 둘째로 해야 할 일은 모든 교인의 마음을 하늘에 맞추는 것이다. 컴퓨터에 스마트폰을 동기화하듯 하늘에 마음을 동기화해야 한다. 하나님이 보시는 것을 우리도 보고 하나님이 중요하게 여기시는 일을 우리도 중요하게 여기는 것이다. 셋째로 할 일은 우리의 마음이 하늘과 일치할 수 있도록 교회 환경을 꾸미는 것이다. 예컨대 하나님의 임재에 대한 갈망이 일어나도록 교회의 '사명선언서' 같은 것을 벽이나 봉투나 웹사이트에 게시하는 것이다. 하나님의 임재를 경험하는 방법은 다양할 수 있다. 어떤 방법을 사용하든 중요한 사실은 우리가 예수님께 시선을 고정하고, 예수님을 사랑하고 섬기며, 하나님의 임재를 경험해야 한다는 점이다.**113)**

둘째로, 하나님이 축복하시는 매력적인 교회는 '정체성을 제대로 인식하는 교회'이다. 계 21:9~10에 따르면 교회는 신랑되신 그리스도의 신부 곧 어린양의 아내이고, 벧전 2:9에 따르면 교회는 "택하신 족속이요 왕 같은 제사장들이요 거룩한 나라요 그의 소유가 된 백성"이다. 다시 말해 교회는 아주 소중하고 영광스러운 존재라는 것이다. 그러므로 교회가 자신의 정체성을 바로 인식하고 자신의 정체성대로 살게 된다면 교회는 세상을 가슴 뛰게 하는 매력적인 교회가 될 수밖에 없다.

그러나 문제는 교회, 곧 우리가 자신의 정체성을 자주 잊어버린다는데 있다. 정체성을 망각한 교회는 어떻게 될까? 우선 정체성을 망각한 교회는 엉뚱한 일로 바쁘다. 교회에서 일은 많이 하는데 영적인 변화가 없다면 엉뚱한 일에 에너지를 쏟고 있는 것이다. 다음으로 정체성을 망각한 교회는 자신을 스스로 목적으로 삼는다. 교회는 존재의 목적이 자신에게 있지 않다. 그럼에도 불구하고 교회 건물 안으로 더 많은 사람을 끌어 모으는 것이 교회의 유일한 사명인 것처럼 되어 있다면 그것은 뭔가 근본적으로 잘못되어 있는 것이다. 그도 그럴 것이 교회의 진정한 목적은 세상에 영향을 끼쳐서 사람들이 그리스도에게 돌아와 그들의 삶이 변화되게 하는 것이기 때문이다. "성경은 우리를 그리스도의 거울, 그리스도의 얼굴, 그리스도의 형상마 5:14~16, 고후 3:18 참고으로 부른다. 그리스도가 빛이라면 우리는 어두운 세상에 그 빛을 반사하는 역할을 하는 것이다. 하나님이 우리를 그리스도인으로 초청하신 이유는 우리가 어두운 세상에 그리스도의 빛을 비추게 하기 위함이다. 세상이 우리를 보지 않고 그리스도를 보게 하는 것이 목적이다. 그것이 바로 교회의 부르심이다."[114]

셋째로, 하나님이 축복하시는 매력적인 교회는 '온 마음과 정성을 다하는 교회'이다. 뉴 호프 오아후교회의 초기에 그들의 마음은 열정으로 가득했다. 열여섯 명의 안내위원들은 교회에 들어오는 모든 사람들을 포용을 하며 맞이하였다. 그들은 전심으로 찬양했고, 마음을 다해 섬겼다. 임시로 빌린 공간에서 예배를 드릴 때 그들은 "하나님, 우리의 소유의 의자와 음향, 사무실을 허락해주십시오."라고 기도하였고, 얼마가 지나 그들은 의자와 악기를 구입하였고, 음향시설과 차량도 구입했다. 그들은 마침내 목표를 달성했다. 그런데 어느 날 한 자매가 "우리 교회에는 재능 있는 연주자도 많고 예배도 훌륭하지만 저는 아무 것도 없는 옛날이 생각납니다. 분명히 지금도 있는 것 같기는 한데 잘 보이지는 않아요. 우리의 마음은 대체 어디 있죠?"라고 말했다. 이 때 웨인 코데이로는 마음의 중요성, 곧 교회가 영적으로 성장하기 위해서는 마음을 다해야 한다는 원칙의 중요성을 다시금 깨달았다. 그래서 그는 마음보다 이미지를 중시하는 계획이나 프로그램을 모두 중단했다. 성품보다 재능에 초점을 둔 프로그램도 중지했다. 진실한 마음이 보일 때까지 모든 것을 수정했다. 그도 그럴 것이 사람들의 삶이 그리스도를 향한 삶으로 변하게 되는 것은 프로그램을 통해서가 아니라 진실과 열정을 다하는 마음을 통해서 이루어지는 것이기 때문이다. 만약 우리가 목숨을 걸고 마음을 다한다면 우리는 세상을 가슴 뛰게 하는 교회가 될 것이다. 마음을 다해 사는 삶은 몇 가지 특징이 있다. 첫째로, 마음을 다해 사는 사람들은 타인의 결점과 약점을 눈감아 준다. 둘째로, 마음을 다해 사는 사람들은 출처가 누구이든 건설적인 비판을 겸손히 수용하고 교정한다.

셋째로, 마음을 다해 사는 사람들은 하나님의 계획에 자신의 계획을 기꺼이 내어드린다. 성령께서 일하시도록 나를 내려놓는다.

넷째로, 하나님이 축복하시는 매력적인 교회는 감사하는 교회이다. 세상에서 매력적인 교회가 되기 위해서는 모든 조급함과 분주함을 버리고, 바쁜 걸음을 멈추어야 한다. 잠시 걸음을 멈추고 잠잠히 주위를 둘러볼 때 감사하지 않을 수 없게 되기 때문이다. 잠시 걸음을 멈추고 가만히 있을 때, 그리고 주변을 둘러보게 될 때 우리는 하나님이 창조하신 창조물이 얼마나 아름다운 것인지를 보게 되고, 부족한 우리들에게 주어진 것들이 얼마나 아름다운 하나님의 선물인지를 보게 됨으로 우리는 더욱 감사하게 된다. 감사의 유익은 무엇일까? "감사는 우리가 모두 은혜로 구원받은 죄인이며 오직 하나님만이 완벽하다는 사실을 깨닫게 해준다. 감사를 의식적으로 실천하면 인간관계와 의사소통에 아름다운 여유가 생긴다. 감사는 당위성보다 가능성에 귀를 기울이며 우리를 소망으로 인도한다. 또한 감사는 우리를 온전한 영광의 하나님께 집중하게 해준다. 감사는 기뻐 춤추는 나날을 누리는 관문이며, 우리가 상상할 수도 없는 은사들, 자격 없는 우리에게 주어진 친구들, 값없이 받은 은혜를 기억하게 한다."[115] 이렇게 감사하는 삶은 우리를 아름답게 만들어주며, 우리의 교회를 매력적인 교회가 되게 한다.

다섯째로, 하나님이 축복하시는 매력적인 교회는 '서로 끈끈한 관계를 맺는 교회'이다. 어떤 크기와 어떤 형태의 교회이든 매력적인 교회들에는 한 가지 공통점이 있다. 그것은 교인들이 서로의 차이를 극복하고자 끊임없이 노력하며 건강한 관계를 맺는다는 점이다. 이런 교회는 사람들이 함께 있기를 좋아한다는 특징이 있다. "교인들이 사랑 안에서 연합할 때 교회는 건강해진다. 그러나 교인 모두 동일한 의견을 갖고 있다고 해서, 교회에 문제가 전혀 없다고 할 수 있는 것은 아니다. 다만 그런 교회의 교인들은 문제가 발생했을 때 시간을 들여 적절히 해결한다. 오히려 교회에는 문제가 생길 수밖에 없다고 인정하면 마음이 편하다. 문제가 없는 교회는 없으며, 그것은 가능한 일도 아니다."**116)**

여섯째로, 하나님이 축복하시는 매력적인 교회는 '언제 어디서나 배우는 교회'이다. 일반적으로 "교회는 변화보다는 안정을 추구한다. 모두 동의하는 암묵적인 목표를 말하자면 좋은 곳에 정착하는 것이다. 성도들은 익숙한 프로그램을 좋아한다. 작년이나 재작년, 심지어 10년 전에 활용했던 프로그램을 다시 사용한다." 그러나 세상을 가슴 뛰게 하는 교회는 지속적으로 배우고 조정한다. 끊임없이 변하는 사회에서 통용되는 화폐는 바로 '변화'이다. 이들은 늘 변화를 추구한다. 과거에 효과 있던 방식이라고 해서 오늘날에도 효과적일 것이라고 장담할 수는 없기 때문이다. 이것은 변화를 위한 변화를 추구하는 것을 의미하지 않는다. 오히려 그것은 하나님이 그분의 유익을 따라 변화라는 도구를 사용하심을 기억하며 그분을 따라 변화를 선택하라는 의미이다. 새로운 일을 배우려 하지 않는 사람은 성장하지 못한다.

앨빈 토플러는 "21세기 문맹은 읽지 못하고 쓰지 못하는 사람이 아니라 새로운 일을 배우려고 하지 않는 사람"이라고 했다. 교인의 임무가 바로 이것이다. 변화하는 사회에 접근하려면 교인들 역시 계속 변화하고 적응해야 한다. 하나님이 원하시는 사람이 되려면 배우고 또 배워야 한다. 이에 따라 뉴 호프 오아후 교회는 끊임없이 배우는 문화를 추구했다. 새로운 일을 시도하고 새로운 사역에 도전하며 참신한 일을 담대하게 추진하고 있다. 그런데 웨인 코데이로는 배우는데 유용한 최고의 도구는 바로 실수라고 말한다. 실수를 통해 지혜를 배울 수 있다는 것이다. 그러나 실수의 경험만으로는 지혜를 배울 수 없다. 우리가 실수의 경험에서 교훈과 지혜를 배우는 것은 경험자체에서라기 보다는 그 경험에 대한 성찰에서 오는 것이기 때문이다. 웨인 코데이로는 이것을 "경험+성찰=통찰"이라고 표현한다. 깊이 성찰하는 삶을 통해 잘 배울 수 있다는 말이다.

항상 배울 것을 강조하는 그는 "교회의 역사가 얼마가 되었든 계속 새로운 것을 배우기로 결단하라. 대인기술, 조직관리 기술, 실행기술, 팀 관리 기술을 개발하고 갈등을 해결할 방법을 배우라" "새로운 기술을 배워서 능력을 키우고 하나님의 영광을 드러내며, 더 많은 사람을 그리스도께 인도하는 사람이 되기보다는 현재 상태를 유지하려는 마음이 강한 것이다. 배우는 일을 중단하지 마라. 자신과 하나님에 대해 새로운 진실을 탐구하라. 솔직한 자기반성을 두려워하지 마라. 자신을 깊이 들여다보면, 배운 내용은 더 나은 미래를 위한 자양분이 될 것이다."117) 라고 권면한다.

일곱째로, 하나님이 축복하시는 매력적인 교회는 '영적 공급을 스스로 잘 받는 교회'이다. 웨인 코데이로는 기독교인이 된지 얼마 지나지 않았을 때 목사님의 설교가 어려워서 하나님께 불평하며 기도한 적이 있었다. 그때 그가 깨달았던 것은 영적으로 성장하고 성숙하게 되는 일은 목사나 리더의 책임이 아니라 전적으로 나의 책임이라는 사실이었다고 그는 고백한다. 시 46:10에는 스스로 영적인 공급을 잘 받는 놀라운 방법과 초청이 담겨져 있다. "너희는 가만히 있어 내가 하나님 됨을 알지어다." 하나님 됨을 알기 위해 해야 하는 것은 '가만히 있음' 곧 고독이다. "고독은 영혼에 묻은 때를 벗기고 인생의 나침반을 재조정하는 기회가 된다. 이렇게 홀로 보내는 시간이 없으면, 충분한 성찰이 없는 혼란 속에서 영적인 굶주림에 휩쓸리기 쉽다."118) 그러나 규칙적으로 주님과 홀로 만나는 시간을 가지게 될 때 상처 난 영혼이 치유를 받게 되고, 피곤한 마음이 새로운 활력과 생기를 얻게 된다. 주일날 예배설교를 통한 한 번의 맛좋은 영양공급도 중요하지만, 그보다 더 중요한 것은 날마다의 규칙적인 영양공급이다. 그래서 웨인은 "매일의 식사는 많은 변화를 가져온다. 이처럼 하나님의 말씀을 규칙적

으로 먹으면 건강하고 튼튼한 성도, 세상을 바꾸는 그리스도인이 될 수 있다.”고 말한다.119)

여덟째로, 하나님이 축복하시는 매력적인 교회의 특징은 ‘모든 것이 영혼 구원과 연결된다.’는 점이다. 뉴 호프 오아후 교회는 교인들이 야유회, 캠프, 회식, 야구팀, 친교, 안내, 커피봉사 등 무슨 일을 하든 그 모든 사역들은 잃어버린 영혼을 구원하는 일과 그들이 신앙 안에서 성장하도록 돕는 일과 어떤 식으로든 연결되어 있고, 또 연결되어 있어야 한다는 사실을 교인들이 늘 인식하도록 일깨워주었다. 예를 들면, 웨인 코데이로는 예배준비를 위해 매주 대형스피커를 설치하는 사람에게 말하기를, “형제님은 사실 스피커를 설치하는 일 이상으로 훨씬 많은 일을 하고 있어요.” “어쩌면 누군가가 평생 처음 듣는 것인지도 모를 복음을, 선명하고 잡음 없이 들을 수 있도록 섬기고 계시는 거잖아요. 형제님의 노력 덕분에 그 사람이 그리스도께 반응하고, 하나님의 용서와 구원을 받아들인다면 우리 모두에게 기쁜 일이죠. 저 혼자 사람들을 그리스도께 인도하는 게 아니라 우리 모두 함께 하는 일이랍니다…. 사람들을 그리스도께 인도하는 일에 동참해주어서 고마워요”라고 말해주었다. 이렇게 그는 교회의 모든 일이 영혼구원과 제자로 성장하는 일에 연결되어 있고, 또 그래야 함을 강조한다.

아홉째로, 하나님이 축복하시는 매력적인 교회는 ‘지역 사람들을 사랑’하고 그들에게 ‘복음을 전하도록 부름받은 교회’이다. 웨인이 육상 팀에 들어가서 좋은 기록을 내기 위해서는 어떻게 해야 하냐고 육상 팀 코치에게 물었을 때 그가 해주었던 말이다. “네가 말한 것좋은 신발을 사거나 좋은 츄리닝을 사는 것 등과는 전혀 상관없어. 가장 필요한 건 달리기를 사랑하는 거야, 밖에 나가서 이른 아침에 해가 뜰 때나 저녁에 해가 질 때 기분 좋게 달리는 거지. 신선한 공기를 마시면서 전에는 그냥 지나쳤던 공원에도 가보는 거야. 경기에서 이기겠다는 생각만으로 달리면 금방 싫증나지만 달리기가 좋아서 하면 누가 시키지 않아도 달리고 또 달리게 될 거야." 웨인은 이 원리는 그리스도인의 삶에도 똑같이 적용된다고 말한다. 교회는 모든 사역을 무엇보다 그리스도에 대한 사랑으로, 그 다음은 지역을 향한 사랑과 그 지역의 사람들을 향한 사랑으로 해야 한다고 그는 말한다. 하와이에서 교회를 개척하려고 생각 중이라는 사람과 대화를 하면서 웨인은 그에게 이렇게 말했다. "이곳에는 하와이 사람들을 사랑하기로 선택한 기독교 리더들이 필요합니다. 제 생각은 이렇습니다. 섣불리 교회를 시작하지 마십시오. 먼저 벽에 하와이 지도를 붙여 놓고 이 도시를 위해 기도하십시오. 여러 거리들을 직접 걸으며 거리 이름을 어떻게 읽는지 익히세요. 시간을 내어 사람들을 사귀고 그들을 있는 그대로 사랑하는 방법을 배우세요. 그들이 먹는 음식, 그들의 관습, 그들의 생활방식도 사랑하셔야 합니다. 하와이로 오시겠다면, 그리스도의 이름으로 이곳 사람들을 사랑하겠다는 동기가 있어야만 합니다. 일하기 위해서, 또는 교단의 기대에 부응하기 위해서, 또는 날씨 때문에 오시면 안 됩니다. 만일 목사님이 그저 사람들을 사랑하기 위해 오신다면 사람들 역시 목사님께 사랑을 표현할 겁니다."[120] 우리의 교회를 하나님이 축복하시고 세상을 가슴 뛰게 하는 매력적인 교회로 만들기 위해서는 마 22:37의 말씀대로, "하나님을 사랑하라. 이웃을 사랑하라"는 이 단순한 진리가 모든 일의 기본이 되어야 한다는 것이다.

사랑으로 교회와 지역의 어려운 사람들을 섬겨왔던 웨인은 어느 날 한 교인으로부터 잊을 수 없는 익명의 편지를 받았다. 이 편지는 목회자의 모습이 어떠해야 되는지를 잘 보여준다. "당신이 마음에 예수님을 모셨기에 지금의 제가 있습니다. 당신이 그 부르심에 순종했기에 지금의 제가 있습니다. 당신이 배우자에게 충실했기에 지금의 제가 있습니다. 당신이 숱한 싸움 중에도 하나님의 승리를 믿었기에 지금의 제가 있습니다. 당신이 타협을 거부했기에 지금의 제가 있습니다. 오직 '나'만을 외치는 교인들을 위해 당신의 삶을 바친 것에 감사합니다. 그 노력을 멈추지 마십시오, 당신은 우리에게 모범을 보이셨습니다."

열 번째로, 하나님이 축복하시고 매력적인 교회는 '위험을 감수하는 교회'이다. 웨인의 말을 들어보자. "여기서 말하는 위험이란 교회가 하나님 나라를 세우기 위해 믿음의 걸음을 내디디며, 하나님이 인도하시는 대로 순종하는 일을 말한다. 교회가 새로운 일을 시작하려고 할 때 일부 교인들은 불만이나 불편한 마음을 표현한다. 왜 굳이 안정과 편안함을 포기하느냐고 반문한다." 그러나 "위험을 감수하지 않는 교회는 성장하지 못한다. 하나님 나라를 세우기 위해 편안함과 안정을 기꺼이 포기하면 영적으로 성장한다. 위험을 감수하는 교회는 살아있는 믿음이 무엇인지 안다. 우리의 소명은 안정이 보장된 목적지에 도달하는 것이 아니라, 끊임없이 성장하고 변화를 추구하면서 여행하는 것이다. 믿음으로 살려면 삶의 안정을 기꺼이 포기하는 용기가 필요하다." "우리가 말하는 위험은 성령의 인도에 대한 반응이다. 성령은 우리에게 '이 사람들에게 전도해라. 이 방법을 시도해 봐라. 더욱 큰 영적 영향력을 위해 이 프로그램을 없애라. 전보다 더 깊이 나를 배워라'라고 말한다. 위험은 제자도의 행위이며, 하나님을 사랑하고 섬기며 경배하고, 순종하며 따르는 행위다."**121)**

그러면 하나님의 인도를 분별하는 방법은 무엇일까? 우선 위험을 감수해야 하는 모든 일은 하나님의 말씀에 나오는 원칙들과 일치해야 한다. 그다음 직감으로 분별해야 한다. 예를 들면 "성령은 우리가 앞으로 나가도록 지금 있는 곳을 불편하게 만드신다. 현 상태가 불안하게 느껴지고 무언가에 대한 갈망이 커진다. 특정 사람들이나 지역, 단체와 일하고 싶다는 강한 열망이 생긴다. 노숙자에 대한 마음이 부어지거나 사회정의에 대한 열정이 생긴다. 우연으로 넘기기에는 심상치 않은 일이 벌어진다. 누군가를 위해 기도하는데 갑자기 그 사람에게 전화가 온다거나 기도해왔던 내용이 담긴

편지나 메시지를 받는다." 또 어떤 경우 "그들은 성공이 보장된 일, 그리고 분명한 공식과 계획을 원한다. 그러나 주님은 우리에게 성경의 가르침을 따라 그분의 임재를 직감적으로 감지하라고 말씀하신다. 주님은 우리가 날마다 그분과 깊이 교감하기를 원하신다. 매일 성경을 읽고 기도하며 묵상하는 시간이 개인의 신앙생활에서 필수적인 이유가 여기에 있다…. 위험을 감수하는 교회는 그리스도와의 진정한 관계를 바탕으로 성령의 인도를 따른다."122)

교회가 위험을 감수하려면 다음의 다섯 단계를 거쳐야 한다. 1단계는 "기대하라"이다. 우리가 믿는 하나님은 "우리가 구하거나 생각하는 모든 것에 더 넘치도록 능히 하시는" 분엡 3:20임을 마음에 새기고 앞으로의 일을 기대하며 큰 꿈을 꾸어야 한다. 예컨대 가족에 대해, 결혼에 대해, 교회학교에 대해 최상의 시나리오를 생각해야 한다." 2단계는 구체적인 "그림을 그리라"이다. "꿈을 현실로 이루기 위해서는 많은 도움이 필요하다. 주위를 둘러보라. 그리고 지금 당신에게 주어진 것을 보라. 가능성 있는 리더, 진행 중인 프로그램이나 사역, 할 일이 필요한 사람들, 이미 알고 있는 연락처, 아직 쓰지 않은 예산이나 시설 등을 사용하면 된다. 지금 당장 사용할 수 있는 자원을 총동원하라" "사람들을 모으라 성령이 새로운 지경을 허락하시도록 기도하자."고 웨인은 주문한다. 3단계는 "믿음의 드림팀을 구성하라"이다. "비전은 홀로 이루는 경우는 드물다. 우리는 그리스도의 몸에 속한 지체이므로 나는 믿음의 동역자들을 모아서 그들과 함께 비전을 나눈다." 그러나 "꿈을 죽이는 사람들을 팀에 포함하지 않도록 주의하라"고 웨인은 말한다. 4단계는 "행동 방향을 정하라"이다. 주님 안에서 기다리는 것도 필요하지만 "어느 순간이 되면 행동해야 한다. 주님의 뜻을 구하면서 앞으로 나가는 것이다." "행동에 박차를 가하여 위험을 감수하고 마음을 쏟으라. 나가서 행동하라"고 웨인은 주문한다. 5단계는 "계속 행동하라"이다. 시간이 지나가면서 결단할 때의 감정이 사라질 수 있다. 그래도 점검하고 평가하면서 계속 행동하라고 웨인은 말한다. 위험을 감수하는 교회의 특징을 마무리하면서 그는 "걸음마를 떼는 아이처럼 위험을 감수하지 않으면 교회는 성장하지 않는다. 하나님나라를 위해 편안함과 안정을 기꺼이 유보할 때 영적인 성장이 일어난다."고 말한다.

열한 번째로 하나님이 축복하시고 매력적인 교회의 특징은 '겸손'이다. "겸손이란 하나님이 어떤 분이신지 알고 우리가 누구인지를 기억하는 것이다…. 우리는 하나님을 섬기며 의미 있는 일에 삶을 헌신하도록 부름을 받았다….우리는 그리스도를 대표하여 그리스도의 빛을 내며 그분의 대사로서 그분의 생각대로 생각하고 그분이 말씀하시는 대로 말하도록 초청받았다. 우리의 소명은 하나님이 원하시는 일을 하면서 그분을 섬기는 것이다." "겸손은 그리스도를 섬기고 높이는 행동이다." 반면, 겸손의 반대인 교만은 "우리가 실제보다 자신을 더 낮게 생각하거나 자신의 성공이 자신에게 달렸다고 생각하는 것, 그리고 자신이 세상의 중심이라고 생각하는 것"이다. 벧전 5:5~6의 말씀대로 하나님은 겸손한 자에게 은혜를 베푸시며 때가 되었을 때 그를 높이시는 분이지만, 교만한 자는 대적하시는 분이심을 기억해야 한다. 어떻게 겸손을 개발할 수 있을까? 첫째 방법은 드러나지 않게 섬기는 것이다. 묵묵히 행하는 친절은 하나님과 동역하는 행동이다. 아무도 모르게 섬기면 우리의 행동에 하나님의 역사가 추가되어 놀라운 결과를 얻게 된다. 두 번째 방법은 자신에게 주어진 사명을 기억하고 잊어버리지 않는 것이다. "자신을 겸손히 낮추는 행위에서 가치를 발견하는 사람에게는 더욱 위대한 일을 할 수 있는 새로운 문이 열린다." 세 번째 방법은 사람들로부터 받은 인정을 다스릴 줄 하는 것이다. "남에게 인정을 받는 것은 좋은 일이지만, 스스로 인정을 취하거나 가로채는 것은 위험하다."

열두 번째로 하나님이 축복하시는 매력적인 교회는 '공동의 목표를 세워

나아가는 교회'이다. 즉 "하나님의 인도를 열심히 간구하고 그분이 인도하시는 대로 계획을 세워 담대히 실천하는 교회다. 이런 교회는 교회가 나아갈 방향을 알고 있다. 일단 계획을 세웠어도 하나님이 그때그때 계획을 바꾸신다는 점도 안다." 그런데 하나님이 인도하시므로 계획을 세워서는 안된다고 생각하는 사람들이 있다. 계획이 없이 진행하는 행동이 더 영적이라고 생각하는 경우도 있다. 그러나 성경은 우리에게 하나님의 주권을 인정하고 신중하게 계획을 세우라고 가르친다. 바울이 계획을 세웠지만 주님의 말씀에 민감하게 반응했듯이 우리도 그렇게 해야 한다.

이처럼 하나님이 축복하시고 세상을 가슴 뛰게 하는 교회는 하나님을 향한 삶에 집중하고 준비하여 세상에 나가 그 삶의 목적대로 살게 하는 교회이며, 사람들을 하나님께로 인도하고 사람들의 삶을 개선하며 사회에 선한 영향력을 끼치는 일을 위해 성령의 인도하심에 전적으로 순종하는 교회이다.

참고문헌

Tucker, Ruth A. 최요한 역. 『하나님이 기뻐하시는 작은 교회』. 고양: 스텝스톤, 2008.

Cordeiro, Wayne. 장택수 역. 『세상을 가슴 뛰게 할 교회』. 서울: 예수전도단, 2012.

13
영성과 사회적 책임의 결합을
이뤄낸 선진적 성령운동교회들

기독교인의 인구분포가 북반구에서 적도의 남쪽, 곧 남반구로 이동하고 있다. 세계기독교백과사전에 따르면 "1900년에 유럽인과 북미인들이 전 세계 기독교인의 80%를 차지하였다. 그러나 오늘날에는 60%의 기독교인들이 아시아, 아프리카, 라틴 아메리카에 살고 있다."고 한다. 기독교가 미국을 제외한 대다수의 나라에서는 위축되고 있는 반면, 개발도상국에서는 확장되고 있는데, 남반부에서의 기독교의 폭발적인 성장을 주도하고 있는 것은 바로 오순절 성령운동파이다.[123)]

일반적으로 오순절 성령운동하면 개인구원을 강조하며 내세지향적인 성격을 띠고 있는 것으로 이해되고 있는 게 사실이다. 그러나 최근 새롭게 출현하고 있는 성령운동 집단은 통전적이고 전인적인 복음을 추구하고 있는데 도날드 밀러교수는 이러한 성령운동을 선진적 성령운동이라고 부른다. "선진적 성령운동은 그리스도의 재림을 강조하면서도 동시에 크리스천이 지역사회의 사회적 필요를 채워주며 좋은 이웃이 되도록 부름 받았다고 믿는다는 사실을 강조"한다.[124)] 이들 새롭게 출현하고 있는 선진적 성령운동교회들은 영적인 체험을 강조하면서도 동시에 지역사회의 개혁과 변화를 추구하고 있다는 점에서 쇠락의 길을 걷고 있는 미국교회와 한국교회에 새로운 방향을 제시하는 하나의 이정표가 될 수 있다고 본다. 도날드 밀러와 테쓰나오 야마모리는 아시아, 아프리카, 남미, 동유럽의 20개국을 방문하여 300명이 넘는 사람들과 인터뷰하면서 생생하게 경험했던 선진적 성령운동교회들의 실상을 『왜 섬기는 교회에 세계가 열광하는가?』라는 책을 통해 보고한 바 있는데 영성과 사회적 책임의 결합을 이뤄낸 선진적 성령운동교회들의 특징을 살펴보면 다음과 같다.

첫째로, 선진적 성령운동교회들은 성서의 근거를 가지고 성령의 감동을 따라 사회참여 사역을 다양하게 실천하고 있다. 이들은 예수님이 병자를 고치고, 창녀들을 돌보며 눈먼 자를 보게 하러 오셨음을 강조하면서 예수님의 사역모델을 따라 사람들의 영적인 문제뿐만 아니라 육체적인 문제까지 돌보아야 한다고 주장한다. 이들이 펼치는 사회참여유형을 보면 다음과 같다. "음식과 옷 그리고 주거지의 제공, 마약 재활 프로그램, 에이즈 방지와 의료봉사, 소규모 사업에 대한 대부 사업, 직업 훈련, 교도소 사역과 수감자의 가족을 위한 지원 사역, 이혼 방지 및 부모-자녀 관계의 회복, 임신 상담, 윤락 여성에 대한 사역, 치의료 사역, 노인과 장애인과 편부모에 대한 봉사, 교회에 유치원을 세우는 것부터 아이들과 청소년들에게 학비를 대주는 교육 사역, 거리의 아이들과 고아들을 위한 주거지 제공. 인종 차별과 기타 차별에 대한 방지 사역 등이다." 어떤 교회들은 이런 사회봉사 프로그램을 한 두 개 정도만 수행하기도 하고, 다른 교회들은 거의 모든 것을 실행하기도 한다.

다양한 사역 프로그램들을 유형별로 나누어 보면 8가지 유형으로 나누어 볼 수 있는데 ① **긍휼사역**: 음식과 옷과 주거지를 제공하는 것, ② **긴급 비상사역**: 홍수와 기근과 지진에 대처하는 것, ③ **교육사역**: 아이들을 돌보고, 학교를 설립하고, 학비를 보조하는 것, ④ **상담사역**: 중독자와 이혼자,

낙심자들을 돕는 것, ⑤ **의료지원 사역**: 진료소와 치과를 세우고, 심리적 지지를 제공하는 것, ⑥ **경제개발 사역**: 소규모 사업 대부, 직업 교육, 주택 제공, ⑦ **예술 사역**: 음악, 춤, 드라마 교육, ⑧ **사회정책 변화 사역**: 부패를 막고, 부정선거를 감시하며, 최저임금제를 지지하는 것 등이다.

많은 성령운동교인들은 자신의 에너지를 주로 직접적인 사회봉사활동, 예를 들면, 사람들에게 음식을 주고, 옷을 입히고, 홍수, 지진과 같은 재난 상황에 가서 돕는 일에 쏟는다. 오순절교회의 많은 사회참여 사역은 주로 자선활동에 머무는 경우가 많지만, 어떤 교회에서는 개발지향적인 사회참여를 추구하기도 하고, 또 어떤 교회에서는 지역사회를 재조직화 하려고 함으로써 지역사회의 변혁을 추구하기도 한다.

여기서 볼 수 있듯이, 전통적인 성령운동교인들은 육체와 영혼을 이분법적으로 구분하고 영적인 측면에 우선권을 두었던 반면, 선진적 성령운동교인들은 인간의 영적인 요구와 물질적, 경제적 필요, 내면의 변화와 사회적 변화를 분리시킬 수 없는 것으로 이해한다. 그래서 "많은 선진적 성령운동교인들은 사람들이 배고프고, 집이 없고, 아픈 상황인데 영혼에 대해서만 설교하는 것은 무책임한 것이라고 말한다. 그러나 단지 사람들의 물질적 필요만을 채워주는 것으로는 장기적인 관점에서 볼 때 문제가 해결되지 않는다고 지적한다. 음식이나 약이 떨어진다면, 그들은 처음 구제 물품을 받던 때와 같은 상황으로 되돌아갈 것이기 때문이다."[125]

둘째로, 선진적 성령운동교회들은 거리의 아이들과 청소년들을 살리고 세워가는 사역을 실천하고 있다. 우간다에서 에이즈는 2백만 명의 고아들을 양산했다. 이 문제를 해결하기 위해 캄팔라 오순절교회는 고아원을 짓는 대신 혁신적인 시도를 구상했는데 여러 채의 집들을 지어 마을을 건설한 것이다. 한 마을의 경우 25개의 집을 지어 200명의 아이들을 수용했는데 이 마을의 모든 가정에서 과부나 이혼한 여성이 가장이기 때문에 교회는 1주일에 한번 아버지의 역할을 할 사람들을 보내어 아이들과 대화도 해주고, 숙제를 돌봐주기도 하고, 아이들의 미래를 열어주는 일을 하게 했다. 또 1주일에 한 번씩은 의사가 그 마을에 와서 진료활동을 펼침으로써 각 가정들의 든든한 후원자가 되고 있다. 캄팔라교회의 담임목사인 스키너 목사와 그의 아내는 1년에 4개월 동안 18명의 고아들을 데리고 북미와 유럽으로 다니면서 공연을 한다. 케냐의 나이로비 오순절교회 역시 버려지는 거리의 아이들을 위해 "기숙사를 짓고, 교실을 마련하며 직업교육을 위한 워크숍을 개최하고, 진료소를 개원하며, 예배당과 사람들이 즐길 수 있는 모임 장소 등을 마련하는 일에 대대적인 투자를 했다."[126] 거리의 아이들이나 청소년들을 세워가는 이런 사역들은 인도, 요하네스버그, 카이로, 베네주엘라의 카라카스, 마닐라 등의 여러 교회들에서도 발견할 수 있는데 오순절교회를 포함하여 여러 교회들이 연합하여 아이들의 권리를 보호하는 일에 매진하는 것을 볼 수 있다. 이들 교회들은 아이들과 청소년들을 섬기는 다양한 프로그램들을 가지고 있는데 이런 프로그램들은 개개인에게 초점을 맞추면서도 지역사회라고 하는 더 큰 범위에 영향을 미치는데 관심이 있었다. 다시 말해 이들 교회들은 단순히 구호활동 정도로 만족하는 것이 아니라 아이들에게는 사랑받고 존중받아야 할 권리가 있고, 교회는 아이들이 노력하면 성공할 수 있는 사회 환경을 만들어주어야 한다고 주장함으로써 지역사회 전체를 재조직하는 식의 구조적인 접근을 하고 있다고 볼 수 있다.

셋째로, 선진적 성령운동교회들은 개인과 사회를 변화시키는 사역을 하고 있다. 우선 마약중독에서 벗어난 사람들의 공동체인 성 스데반 공동체는 오직 성령의 역사하심과 무조건적인 사랑을 통해서 마약중독자들이 변화되는 역사가 일어나는 공동체이다. 여기서 "사람들은 예배 중에 마약중독자들에게 다가가 팔을 벌려 안아 준다. 다른 사람들은 부드러운 록 음악

풍의 기독교 멜로디를 부르면서 치유와 고백을 위한 분위기를 만들어 준다. 마약중독자들은 고백할 것이 많이 있다. 그들은 마약을 하게 되면서 다른 사람들은 물론이요 가족들과의 관계가 깨어졌다. 그들은 친구와 사람들에게서 많은 것을 탈취했고, 여성들은 마약 습관을 지탱하기 위해서 종종 매춘에 빠져들었다."127) 그러나 중독자들은 예수가 자신과 같은 죄인들을 위해서 죽었고, 죽은 후에 부활이 가능하다는 메시지를 들으면서 커다란 위로를 받게 되고, 또한 누군가가 팔로 감싸거나 그 사람 위에 손을 얹고 조용히 기도를 하게 될 때 그들은 울거나, 몸을 떨거나, 방언을 하는 경우가 대부분인데 바로 이런 경험들을 통해 그들은 성령의 체험을 하게 되고, 고통 없이 마약을 끊게 되었다고 고백한다.

또한 다니엘 루피나티의 경험으로부터 시작된 죄수와 정신질환자들을 위한 사역에 대해 살펴보자. 그는 부에노스 아이레스에 있는 감옥의 정신병동에서 5년을 지냈다. "그곳에서 그는 정신의학자들에 의해서 편집성 정신분열환자로 낙인찍혔다. 은행을 폭탄으로 날려 버리겠다고 위협한 것을 포함하여 무장 강도행위로 감옥에 갇혀 있는 동안 그는 놀라운 개종을 경험했다. 한 맹인 감옥 동료가 그에게 성경을 읽어달라고 요청했다. 그래서 다니엘은 창세기부터 읽기 시작했고 매일 큰 소리로 58페이지를 읽었다. 그러기를 나흘 째 했을 때, 다니엘은 그 방에서 하나님의 존재를 느꼈다고 말했다. 그는 거짓 우상들에게 경배하는 것을 기록한 신명기 13장을 읽고 있었다. 그는 자신이 살아왔던 삶과 히브리 예언자들이 기술한 하나님을 따르는 삶 중 하나를 택할 수밖에 없음을 느꼈다. 그래서 다니엘을 16일 동안 혼자서 성경을 읽었고, 마침내 신약을 다 읽게 되었다. 이 때 다니엘은 '형언할 수 없는 기쁨'을 경험하였다고 말했다. 그는 이 기간 중 담배를 끊었고, 자신에게 투여되는 약물도 중단하게 되었다. 그는 목욕을 하고, 깨끗한 의복을 입고, 자신이 읽은 성경구절에 대해 일련의 맹세를 하면서 자신이 내적으로 '새로운 사람'이 되었음을 느낄 수 있었다. 이윽고 다니엘은 동료 죄수들에게 설교를 하기 시작하였다. 그리고 그와 다른 개종자들은 감옥을 청소하고 약하거나 아픈 죄수들을 돌보기 시작하였다. 1달도 채 지나지 않아 절반가량의 죄수들이 그의 모임에 참석하거나 기독교로 개종하였다."[128]

이런 개인적인 변화를 포함하여 선진적 성령운동 교회들은 사회적 변화에도 관심을 가진다. 그래서 "단기간의 자선 행위보다 경제적 발전에 관심을 갖는 교회들은 지역사회를 실질적으로 변화시킬 수 있는 경험과 자원을 갖고 있는 비정부기구와 협력하는 일이 늘고 있다."[129] 또한 정치 참여를 회피하였던 전통적인 성령운동 교회들과는 달리 선진적 성령운동 교회들은 정치에도 참여하고 있는데 이는 성령운동이 성숙해가고 있음을 보여주는 것이다. 이에 대해 도널드 밀러교수는 평가하기를, "기독교의 매력은 이 세상의 고통을 피하여 천국으로 가는 여권을 약속하는 것에 있지 않다. 오히려 그들은 예수의 삶을 깊숙이 살펴보고 그의 가르침이 치유 속에 구현되어 있으며, 가난한 사람, 창녀, 아이들을 위한 동정 속에 드러남을 발견한다. 선진적 성령운동 교회 신자들의 일부는 심지어 정의의 추구를 예배의 전제조건으로 보는 구약의 예언적 전통을 발견하고 있다."[130]

넷째로, 선진적 성령운동교회들은 섬김을 낳는 살아 숨 쉬는 예배를 드리고 있다. 사회학자 에밀 뒤르케임에 따르면, 인간 집단은 공동체를 유지하기 위해서 제의적 활동을 필요로 한다. 즉 그는 종교의 제의적 활동은 집단의 구성원들 속에서 공동체를 하나로 묶어주는 가치를 강화시키는 사회적 기능을 가지고 있다고 보았다. 뒤르케임이 말하는 이러한 종교적 제의의 역할에 어느 정도 수긍을 하면서 도널드 밀러는 성령운동 교인들의 사회참여의 뿌리는 공공 예배의 경험에 뿌리가 있다고 본다. 말하자면 하나님과 만나는 체험이 성도들로 하여금 주변의 이웃을 돕도록 하고, 지역사회를 만들어나가는 다양한 일에 나서도록 하였고, 또한 하나님과 만나는 경험이 성도들을 겸손하게 만들며, 다른 사람을 위한 종으로 일하는 것을 가능케 하였으며, 하나님과 만나는 체험이 자신의 이익을 따라 살지 않고 자신을 하나님의 대리자로 바라보며, 자신의 삶을 향한 하나님의 뜻을 수행하기 위해 노력하도록 하였다는 것이다.

도날드 밀러의 보고에 따르면, 오순절교회의 예배에서 음악을 하는 방식은 나라마다 다르지만, 대부분의 교회에서 전자기타, 드럼세트, 키보드, 그 외 여러 악기들이 사용되는데 대부분의 연주들은 프로급의 수준이었다. 음악의 목적은 하나님을 친밀한 방식으로 임재하시도록 하여 사람들이 성령의 만지심을 느끼게 하는 것이었고, 음악팀의 역할은 사람들이 하나님의 임재를 경험하는 기쁨을 누리도록 하는 것이었다.

오순절교회의 예배 모습을 전하는 밀러의 말을 들어보자. "과거에 마약 중독자였던 어떤 홍콩 사람은 예배 때는 하나님이나 예수 그리스도에 대해서 노래하는 것이 아니라 하나님을 직접 '만지는' 것이라고 말했다. 그녀는 어떤 때는 예배 때 아무 이유 없이 운다고 한다. 그녀는 하나님의 임재의 즐거움을 그냥 만끽하는 것이다. 오순절교회의 예배는 신학적 명제를 지적으로 인정하는 자리가 아니다. 그것은 하나님의 임재를 체험하는 것이고, 바로 이런 이유로 인해 예배는 모든 몸을 동원하여 표현되는 무언가가 된다. 사람들은 찬송을 부르면서 손을 든다. 그들의 몸은 리듬에 맞춰 흔들린다. 어떤 사람은 춤을 추기도 한다…. 오순절교회의 예배는 특정한 리듬을 따른다. 시작 음악은 대개 활기차고 격렬하다. 사람들은 자리에서 일어난다. 그 뒤로는 점점 차분한 음악 쪽으로 넘어간다. 축제적저이거나 들뜬 분위기가 아니라 이런 노래들은 기도하기 좋고 진지한 분위기를 연출하여 성령이 각자의 삶에 오시도록 하는 효과가 있다…. 그 때는 사람들이 하나님과 교제하는 시간이고 사람들은 하나님이 자신에게 개인적으로 말씀하시기를 간절히 기다린다. 시간은 다르지만 대략 30분이나 45분 정도가 지나면 예배 인도자가 같이 기도하자고 제안한다. 어떤 때에는 중간에 잠깐 방언하는 것이 끼어들고, 그 뒤로 많은 노래들, 헌금, 성경봉독, 설교, 치료나 구원받기 원하는 사람들을 앞으로 불러내는 것이 이어지고, 밴드가 다시 나타나 사람들이 축제적인 느낌의 찬송들을 합창한다."131) 이러한 오순절교회의 예배에 대해 도날드 밀러는 "예배의 목적은 일상의 속된 세상으로부터 하나님을 만질 수 있는 성스러운 시간으로 옮겨간 후, 다시 속세로 돌아와서 일과 제도와 생산의 삶으로 돌아가는 것"이었다고 분석한다.

오순절교회에서 예배의 음악의 가사나 리듬은 예배 참여자들의 문화적 취향이나 특성을 반영하였는데 예를 들면, "일요일 아침에 여러 번 예배를 드리는 교회들은 매 예배에 참석하는 특정한 그룹에 맞는 음악을 구사한다. 그래서 나이로비에 있는 한 교회는 아침 8시 30분에 예배를 드리는데 그 때는 활발하고 재미있는 음악으로 대학생들을 사로잡았다. 10시 예배는 가족을 위한 예배인데 부모들이 나이가 많기 때문에 음악은 더 전통적이고 공식적이다. 12시 예배는 젊은 전문인 층에 호소하는데 음악은 한가롭고 편안하다. 이 교회는 매 예배에 맞는 음악팀을 구성하였고, 연령층에 맞는 음악을 제공한다. 어떤 때는 같은 음악이 다양한 예배에 연주되지만, 템포는 다르다."132)

춤도 많은 오순절교회에서 예배의 중요한 요소였다. "사람들은 성령에 감동되어 자신을 육체적으로 표현한다…. 함께 모여 드리는 예배는 마음과 육체와 영혼의 통일성을 깨닫는 장소이다. 감정이 자유롭게 표현되고 기쁨의 눈물과 슬픔의 눈물과 치유의 눈물이 서로 뒤섞인다." 이렇게 오순절교회는 사람들로 하여금 마음과 육체를 하나로 융합시킴으로써 감정적인 표현과 육체적인 표현 모두를 예배의 중요한 요소로 간주한다.

오순절교회의 예배에서 기도 역시 매우 중요한 요소인데 "그들의 기도에는 원초적이고 친밀한 느낌이 있다. 그들의 기도는 가슴에서 우러나오며 찬송의 감정과 마음의 깊은 슬픔을 동시에 표출하기도 한다. 어떤 때는 이런 기도는 개인의 필요에 집중하기도 하고, 다른 때에는 사랑하는 사람과 전체교회와 지역사회와 세계의 필요에 초점이 맞춰진다." 모든 오순절교회의 예배에서 성령의 은사가 나타나는 것은 아니지만, 많은 오순절교회의 예배에서 방언이 말해졌고, 죽었던 사람이 살아나는 등의 신유의 역사와 귀신을 아내는 역사가 나타났다.

한마디로 말해 오순절교회의 예배는 하나님의 임재를 체험하는 것으로, 이 체험으로 인해 교인들은 기쁨과 환희를 맛보게 되고, 삶의 새로운 변화를 맛보게 되는데 이러한 영적인 변화가 타인을 향한 사회봉사로 이어지고 있는 것이다.

다섯째로, 선진적 성령운동교회에서는 많은 신자들이 삶의 변화와 아울러 경제적 신분상승과 같은 삶의 윤택함을 경험한다. 그도 그럴 것이 "성령운동 교인들에게 '그리스도 안에서 새로운 피조물'이 되는 것은 도박, 음주, 혼외정사 등을 하지 않는 것이며, 하찮은 것에 돈을 낭비하지 않는 것을 의미"하는 것으로 이해되고 있기 때문이다. "새로운 피조물의 의미를 긍정적인 관점에서 말한다면, 항상 올바르며, 자신의 인간관계와 사업관계에서 정직하고 투명하며, 신이 자신에게 맡겨준 일을 성실하게 수행하며, 부모 및 배우자로서의 책임감을 가지고, 예수의 행동을 때라 교인이건 아니건 간에 모든 사람들에게 자비롭게 대하는 것을 말한다."[133]

그래서 성령운동교회에서는 예수님을 영접하며 회심을 경험한 이후 경제적 신분상승을 경험하는 사람들이 많이 있다. 예를 들면, 나이로비 근처의 한 빈민가의 편모 밑에서 자란 존가명은 어머니의 기도로 예수를 믿게 되었는데 그 이후 마약과 술과 혼외정사를 끊었고, 근면의 가치를 깨달으며 매점을 열었고, 기술을 배우기도 하고, 수출업과 자동차 판매에도 뛰어들면서 경제적인 신분상승을 경험하였다. 이렇게 성령운동이 경제적 향상으로 연결되는 데는 몇 가지 요인들이 작용하고 있다. 도널드 밀러에 따르면, 첫째로 성령운동교인들은 하나님의 형상을 따라 만들어졌기 때문에 하나님 앞에서 동등한 가치를 지닌다고 주장한다. 이러한 인간의 존엄성과 자존감의 회복이 그들로 하여금 희망을 갖게 하고, 삶의 환경을 바꾸게 만드는 동기로 작용하고, 나아가 경제적 신분 상승을 가능하게 한다. 둘째로, 성령운동의 강점은 활기차고 생기 있는 분위기의 신앙 공동체를 개인들에게 제공한다. 셋째로, 성령운동 교회 안에서 경험하는 셀그룹은 교인들이 어려움을 당했을 때 안전망의 역할을 한다. 넷째로, 많은 대형 성령운동교회들은 잘 발달된 사회봉사프로그램과 교육 시설을 제공함으로써 교인들이 비교인들보다 경쟁적 비교우위에 있도록 한다. 다섯째로, 악령으로부터 풀려난 이후 개종자들은 삶을 더 합리적으로 살아가게 된다. 그리고 성령운동의 다른 요소들과 결합하면서 이 '해방'은 경제적 상승 이동에 잠재적으로 이바지한다. 여섯째로, 금식, 철야기도, 성욕절제 등과 같은 다양한 영성실천과 관련된 규율이 세속적 노동생활에도 필연적으로 적용된다.

성령운동교회들은 베버의 종교유형으로 분석할 때 신비적 종교, 금욕적 종교, 현세 지향적 종교, 내세 지향적 종교의 네 가지 특성을 모두 지닌다고 볼 수 있다. 우선 성령운동교회들은 성령에 대한 의존을 강조한다는 점에서 신비주의적 특성이 있고, 동시에 그들은 금욕적인 삶의 방식을 추구하며, 죽음 이후의 삶을 믿는다는 점에서 내세 지향적이면서 동시에 예수가 사람들을 치료한 것을 본받는다는 점에서 현세 지향적이다. 말하자면 선진적 성령운동가들은 다소 금욕적인 삶의 스타일을 실천하면서 기쁘게 살아가는 현세지향적인 신비가들이다. "그들은 성령을 믿는다. 그러나 천국만을 강하게 소망한 나머지 이 세상에 발을 붙이지 않는 것은 아니다. 그들의 도덕적인 삶은 절제되어 있고, 다소 청교도적인 방식으로 금욕적이다. 동시에 그들은 예배를 집단적으로 드리든 개인적으로 드리든 모든 감각을 작동시켜 예배를 드리면서 기쁨을 얻는다."[134]

역사적으로 볼 때 성령운동은 특히 가난한 사람들과 친화성이 있어왔다. 그러나 최근에는 점점 많은 성령운동 교인들이 중간 계급에서 나오고 있는데 이는 두 가지 관점에서 설명될 수 있다. 하나는 하층계급의 사람들이 중간계급으로 상승이동한 점이고, 다른 하나는 성령운동이 중간 계급의 사람들에게 매력을 주는 방식으로 자신을 쇄신했다는 점이다. 예를 들면 새로운 성령운동 교회들은 의복과 화장과 관련된 율법주의적인 금지를 떨쳐 내고 현대적인 음악을 수용했다는 점이다. 아프리카, 인도, 남미 등지에서 성령운동은 특히 하층계급에게 매력을 주고 있는데 첫째가는 매력은 하층민들에게 인간의 존엄성과 자존감을 제공한다는 점이다. 동아프리카의 대규모 교회연합체의 회장은 성령운동이 현재 아프리카에서 가장 빠르게 성장하는 운동이 된 제일의 원인에 대해 말하기를, "오랫동안 억압당해온 사람들에게 한낱 물물교환의 대상처럼 다뤄졌던 사람들에게, 사회에서 주변인의 자리를 맴돌던 사람들에게, '우리는 도대체 누구인가?'라는 질문을 제기해온 사람들에 '당신은 중요한 존재이며, 당신은 왕이며 왕자이고 왕비이다.'라고 말해주는 복음이 나타났다."고 말하였다.[135]

성령운동은 다양한 갈래를 갖는 복합적인 현상이다. 성령운동은 종종 반민주적이고 억압적인 정부와 동맹을 맺고 있다는 비판을 받아 온 것이 사실이기는 하지만, 성령운동의 근본이념 중에는 만인제사장설과 같은 평등주의 정신이 있고, 그래서 민주주의 발전에 기여하는 측면이 있음을 부인할 수 없다. 앞에서 지적하였듯이, 성령운동은 자본주의체제 안에서 경제적 신분 상승을 가능하게 하는 힘을 가지고 있다는 점에서 긍정적인 측면이 많이 있지만, 다른 한편으로는 현재까지의 성령운동은 글로벌 자본주의 체제 안에서 부의 공정한 분배의 문제나 사회정의의 구조적인 문제에 대해서는 아무 문제도 제기하지 못하고 있다는 점에서 분명한 한계가 있다고 할 수 있다.

여섯째로, 성장하는 선진적 성령운동교회들은 평신도를 리더로 세우며, 모든 성도들로 하여금 은사를 발견케 하여 교회 전체의 유익을 위해 그 은사를 사용하도록 하고 있다. 많은 경우 목회자들은 매우 극적인 회심의 경험을 가지고 있었고, 매일 하나님을 찾는 것을 습관화하여 성령께서 자신의 사역에 힘을 주시도록 기도하는 모습을 보였을 뿐만 아니라 성도들의 필요, 욕구, 꿈을 이해하였으며, 지역사회의 필요도 매우 잘 이해하였는데 이를 토대로 그들은 성도들에게 창조적인 비전을 제시하였고, 그것을 실천하는 것은 바로 평신도들의 몫이었다.

많은 성령운동교회들이 일반 성도들로 하여금 일하게 하는 시스템을 만들기 위해 도입한 것이 있는데 바로 셀 그룹이다. 성장하는 많은 성령운동교회들이 왜 셀 그룹을 도입하였을까? 첫째 요인은 셀 그룹 구조가 성장을 다루는 방법이기 때문이다. 셀 그룹 구조는 사역의 책임을 평신도들에게 나눠준다. 두 번째로 셀 그룹은 리더십을 기를 수 있는 실험실과도 같다. 성장하는 교회에서는 셀 그룹이 분할되고 새로운 리더가 채용됨에 따라 리더십의 상향 이동 현상이 활발하다. 이것은 대부분의 피라미드형 조직을 이끄는 정체된 리더십과는 너무도 거리가 먼 것이다. 세 번째로 셀 그룹은 기독교인의 정체성을 형성하는 중요한 장이다. 셀 그룹에서 모든 사람은 자유롭게 이야기하는 기회를 얻는다. 네 번째로 셀 그룹은 도시에서 사는 사람들의 문제들 곧 공동체성의 결여, 삶의 불확실성, 가치관의 혼란 등의 문제를 해결하는 데 도움을 준다. 다섯째로, 셀 그룹은 사람들이 사랑과 돌봄과 관심을 받기 원하는 욕구를 채워준다.

"한 셀 그룹에 적정 인원은 7~10명이다. 셀 그룹이 15명 이상으로 자라나면, 분리해서 새로운 그룹을 만들어야 한다. 대부분의 셀 그룹은 한 명의 리더와 한 명의 부 리더가 있다. 셀 그룹이 분리되면, 부 리더가 새로운 그룹을 맡게 되고 기존의 리더는 계속 기존 그룹을 돌본다. 셀 그룹이 계속 분할될 것이라는 전망 속에서 부 리더들이 선택되고, 실제로 어떤 셀 그룹은 몇 명의 인턴을 두어서 나중에 부 리더, 리더로 성장하도록 돕고 있다…. 정기적으로 감독자는 개별 셀 그룹 리더들과 미팅을 갖는다. 어떤 교회에서는 단지 일어난 문제들을 조정하는 정도에 그친다. 다른 교회에서는 셀 그룹 리더들이 함께 모여 목회자와 멘토링의 관계를 맺는다. 목회자는 셀 그룹 리더에게 일주일 동안 그들이 가르칠 내용을 전달한다. 셀 그룹 모임은 대개 집에서 행해진다."[136]

이 외에도 성장하는 많은 성령운동교회들의 중요한 특징으로는 담임목사가 부목사들의 재능을 개발시키는 일을 사명으로 여기고 있다는 점이다. 예컨대 나이로비의 성장하는 교회의 담임목사는 자신의 사역이 복사되고 확장될 수 있도록 하는 일에 우선순위를 두고 있었는데 자신은 오직 설교를 절반만 하고 나머지는 부목사들이 설교를 개발할 수 있는 기회로 활용하였고, 그렇게 부목사들을 훈련시킨 후 다른 교회를 개척하여 그 교회의 담임목사로 파송함으로써 사역을 확대해 나갔다.

이처럼 선진적 성령운동교회들은 여러 가지 특징들이 있지만 가장 중요한 특징을 한 가지로만 말하자면, 새로운 성령운동은 복음전도와 사회참여의 균형을 추구한다는 점이다. 다시 말해 선진적 성령운동이란 예수의 삶과 성령으로부터 영감을 얻은 사람들로서 지역사회 주민들의 영적, 육체적, 사회적 필요를 종합적으로 채워주기 위해 노력하는 사람들의 운동이다. 선진적 성령운동가들에게 힘을 불어넣는 가장 중요한 요소가 무엇이냐고 물으면, 그 대답은 예배 때 느끼는 활기와 영혼의 기쁨이다. 그리고 그들의 사회봉사 사역을 추동하는 힘은 예배 때 그들이 체험하는 성령의 역사이다. 이런 체험을 통해 그들은 역동적인 사회봉사사역을 수행하고 있는데 그들의 다양한 사회참여의 범위는 가뭄, 홍수, 지진과 같은 재난에 대한 긴급구호 활동 뿐 아니라 질 좋은 교육을 제공하는 사역, 경제발전 프로젝트, 의료서비스 제공, 상담 시행 등이 포함될 만큼 아주 광범위하다. 이러한 장점에도 불구하고 선진적인 성령운동교회는 사회문제에 대한 구조적인 비판에는 참여하지 않거나 체계적인 수준에서 문제를 해결하려고 하지 않는 약점이 있는 것은 사실이다. 그러나 선진적 성령운동교회는 예수님의 모범을 따르고자 하며, 성령체험을 강조하면서도 동시에 지역사회의 개혁과 변화를 추구하고 있다는 점에서 통전적이고 전인적인 복음을 추구하는 건강한 교회의 한 모델이 된다는 사실을 부인할 수 없다.

참고문헌

Mille,r Donald E. 야마모리 데쓰나오. 김성건, 정종현 역. 『왜 섬기는 교회에 세계가 열광하는가?』. 서울: 교회성장연구소, 2008.

14

교회체질의 변혁: 유기적 교회운동

한국교회든 미국교회든 오늘날 교회의 위기상황은 매우 심각한 수준이다. 조지바나연구소가 실시했던 2008~2014년 사이의 연구조사는 미국교회가 얼마나 심각한 상황에 직면해 있는지를 잘 보여준다. 미국에서 교회에 참석하는 사람들은 전체 성인의 49%이고, 1년에 몇 번 비정기적으로 아주 가끔 교회에 참석하는 사람들은 전체 성인의 8%이다. 반면 21세기 미국에는 교회 밖의 사람들의 비율이 계속 증가하고 있는데 1990년대 초반 교회 밖 사람들은 성인 10명 중 3명이었으나 10년이 지난 후에는 전체 인구의 3분의 1로 늘었다. 현재 미국 전체 성인의 10%는 교회와 무관한 사람들이고, 전체 성인의 33%는 한 때 교회에 출석했지만, 지금은 출석하지 않는 사람들이다. 전체 성인의 3분의 1이 교회를 떠난 것이다.[137] 닐 콜이 말한 대로 지금 미국교회가 죽어가고 있다.

어쩌다가 이렇게 되었을까? 그 이유에 대해 기존교회가 지나치게 복잡하고 어려운 괴물로 변질되었기 때문이라고 닐 콜은 대답한다.[138] 다시 말해 교회가 기업화되고, 제도와 기관으로 변질되었다는 것이다. "지난 수십 년 동안 미국을 비롯한 세계 많은 나라의 교회들은 마치 사업체를 운영하듯 교회를 운영해왔다. 기업 운영의 원칙을 교회성장과 목표달성에 적용하여 목사는 최고경영자가 되고 교인들은 영적 소비자가 되었다. 많은 교회가 어둡고 죽어가는 세상에 빛과 생명을 전하기보다 시장점유율에 더 큰 관심"139)을 보여 왔다고 말하는 닐 콜의 이야기를 부인하기 어렵다.

닐 콜의 비판을 계속 들어보자. "일반적으로 교회들이 무엇에 중점을 두고 있는가? 대부분 주일예배다. 어느 요일을 주일로 정하고 일주일에 몇 번 예배를 드리고 하는 문제를 떠나 중요한 관건은 오직 예배다. 교회 지도자들의 시간과 노력은 소비자들이 감동할 만한 거창한 행사를 만들어 내는 일에 집중된다. 심하게 말하면 영적인 상품과 서비스를 창출해서 영적 시장에 공급하고 소비시키는 일에 전념한다는 것이다. 교회들은 다른 교회와 경쟁하기 바쁘다…남의 고객을 붙잡아서 시장점유율을 높이겠다고 경쟁하는 교회는 그리스도의 몸이 아니라 신앙을 갖고 장사하는 파렴치한 장사꾼이다. 자원과 재력이 풍부한 대형교회일수록 그런 일을 할 가능성이 높아진다."140)

얼마 전 미국 남침례교단은 미국교회들의 4%만이 교회를 개척한다고 발표했다. 미국의 기존교회들의 96%가 번식을 하지 않는다는 말이다. 이런 현실에 대해 닐 콜은 교회가 자기 본분을 망각한지 오래되었고, 자기본분이 무엇인지조차 기억하지 못하는 치매를 앓고, 뇌사상태에 빠져 있다고 말한다.141) 왜 이렇게 되었을까? 교회가 그리스도의 몸의 기능을 다하지 못하고 회사처럼 운영되면서 교회의 체질이 변질되었기 때문이다. 교회가 사업체로 변질되고, 조직화된 기관으로 변질되고, 일주일에 한 번씩 참석하러 가는 주간 행사장, 주일마다 종교 쇼를 벌이는 행사장으로 변질되고, 영적 상품과 서비스를 소비자에게 판매하는 회사로 변질되었다는 것이다.142)

그렇다면 어떻게 교회의 잘못된 체질을 바꿀 수 있을까? "교회가 건강해지고 성장해지기 위해서는 기존의 것들을 바꾸기에 앞서 건강한 DNA를 주입받아야 한다. 예수 그리스도의 보혈에 들어 있는 DNA만이 교회를 활성화시키는 유일한 처방이다.” “건강한 몸이 되기 위해서는 건강한 DNA가 필요하듯, 교회가 건강한 유기적 교회가 되어 그리스도의 몸이 부활하기 위해서는 교회 안의 모든 교인이 건강한 DNA를 주입받아야 한다.”[143]고 닐 콜은 대답한다. 교회의 생명력을 살리는 교회의 DNA는 무엇인가? 닐 콜에 따르면 교회의 DNA는 우리를 새로운 피조물로 변화시키는 하나님의 말씀인 거룩한 진리Divine truth, 변화된 마음으로부터 흘러나오는 사랑의 관계Nurturing relationships, 만국을 제자 삼는 사도적 사명Apostolic mission이다.[144] 그리스도의 몸의 DNA는 이렇게 세 가지 요소로 되어 있는데 “순수한 DNA에는 나날이 강력해지는 운동력이 내재해 있다. 신성한 진리의 힘으로 변화된 인생은 육신의 낡은 것을 벗고 그리스도의 새 방식을 입는다.고후 5: 17 그러면 변화된 마음으로부터 사랑이 흘러나오기 시작하면서 이 크리스천의 사적 관계가 바뀐다. 진리와 사랑으로 새 힘을 얻은 이 크리스천은 세상을 변화시키고픈 열정을 감출 수 없어 주님의 명령에 따라 복음을 전파하게 된다.”[145] 이런 점에서 교회의 “DNA는 우리 안에 영적 성장을 일으키는 원동력이다.”[146]

교회는 살아 움직이는 그리스도의 몸이다. “교회 안에 거하시는 예수님이 그 생명력이다. 머리가 없는 몸은 무엇인가? 죽은 시체다. 신랑이 없는 신부는 누구인가? 과부다. 나무에 붙어 있지 않은 가지는 무엇인가? 땔감이다. 기초를 놓지 않은 건물은 무엇인가? 돌조각이다. 목자가 없는 양 떼는 무엇인가? 늑대의 호화정찬 코스요리다. 신약에 나와 있는 교회에 대한 비유들은 하나같이 예수님과의 원활한 교류가 교회에 필수불가결한 요소임을 보여준다.”[147] 요컨대 교회의 생명력의 핵심은 예수님이다. 이에 따라 닐 콜은 “교회는 이 세상에서 예수님의 뜻을 실현하기 위해 그분의 영적 가족으로 택하심을 받은 백성 가운데 거하시는 예수님의 임재다.”[148] “이 땅에서 예수님의 소명을 추구하는 영적 가족 안에 예수님이 임재하신 것"[149] 이라고 정의한다.

그러므로 교회는 바로 예수님으로부터 시작된다. 예수님이 말씀하시는 올바른 교회의 특성에 대해 살펴보자.[150] ① 교회는 예수님이 세우신다. 우리가 세운 교회는 진정한 교회가 아니다. 오직 예수님만이 교회를 세우실 수 있다. ② 교회의 주인은 예수님이시다. ③ 교회는 성장하게 되어 있다. 따뜻한 피가 도는 생명체는 일정한 수준까지 성장했다가 번식을 한다. 이것이 그리스도의 몸이 성장하는 방식이다. ④ 성장하는 교회는 반대에 부딪힌다. ⑤ 예수님이 세우시는 교회는 누구도 막을 수 없다.

이런 사실을 전제로 하여 닐 콜은 유기적 교회가 되기 위해 교회의 체질을 바꾸는 과정을 다음과 같이 설명한다.[151] ① 변화를 원하는 주체는 반드시 교회의 체질 변화 가능성을 보아야 한다. 아울러 그리스도의 몸인 교회가 유기적 상태가 되어 머리이신 그리스도와 일체로 움직인다는 목표를 세워야 한다. ② 그리스도 몸의 건강이 회복되기 위해서는 건강한 DNA를 심어 줄 사람들이 체질변화를 간절하게 원해야 한다. 그래야 그들이 교인들을 변화시키는 데 필요한 과정을 끝까지 인내하면서 밟아 갈 수 있다. 지도자의 가슴에 열정이 타오르면 그 열정은 자연히 교인들에게 옮겨 붙는다. ③ 변화에 대한 강한 열정을 가지고 변화를 위해 간절하게 기도해야 한다. ④ 변화에는 치러야 할 대가가 있다. ⑤ 변화는 하루아침에 이루어지는 게 아니라 단계적으로 이루어지는 것이다. 처음에는 보잘것없고 더딜지라도 꾸준히 정확한 궤도로 나아간다면 언젠가는 속도가 붙어 놀라운 체질 변화가 이루어진다. 중요한 것은 지도자가 교인들에게 권하기에 앞서 자신부터 모범을 보여야 한다는 사실이다. 교회 변화보다 개인의 변화가 선행되어야 한다. 지도자가 몸소 실천하면서 삶으로 보여 주어야 한다.

그러면 교회의 체질을 바꾼 모범적인 사례들에 대해 살펴보자.[152] ① 오하이오 주 신시내티의 빈야드 센트럴교회: 첫째로, 교회 지도자들은 하나님의 음성에 귀를 기울이며 언제든 그분의 뜻에 순종할 자세를 갖추고 교회를 위해 자신을 희생하며 교인들의 본이 되려고 했다. 둘째로, 건물이나 조직이 아닌 교우 관계로 사역의 중심을 이동시켰는데 이것은 교회가 유기적 형태로 체질이 변화되고 있다는 증거이다. 셋째로, 빈야드 센트럴 교회는 복음 전도의 사명을 감당하기 위해 기꺼이 대가를 지불했고, 그것만이 바람직한 체질변화의 유일한 길임을 보여주었다.

② 캘리포니아 주 롱비치의 로스앨터스 그레이스 교회: 첫째 사실은 이 교회의 체질 변화 역시 담임목사가 먼저 체질변화의 필요성을 인식했다는 점이다. 다음으로 이 교회는 교회 밖의 사람들을 불러들이려는 노력보다 교인들이 주님의 제자가 되고 한 가족으로 성숙하게 하는 일에 집중했고, 그 결과로서 지속적인 불신자 전도가 이루어졌다. 교인들 간에는 교회를 하나의 기관이나 조직으로 생각하던 것에서 교회를 하나님의 가정으로 생각하는 관점의 전환이 이루어졌다. 지도자들 간에는 교회가 유기적 방식으로 운영되어야 한다는 공감대가 이루어졌으며, 그에 따른 희생을 기꺼이 치르려고 했다.

③ 애리조나 주 피닉스밸리의 밸리라이프 그레이스교회: 하나님은 웨이큰 목사가 원하는 대로 그와 그의 교회를 변화시켜 주었다. 그가 먼저 변화에 솔선수범하자 하나님은 그의 교회도 달라지게 하셨다. 그런 변화는 적지 않은 반발에 부딪치기도 했지만, 시간이 지나면서 새로운 사고방식이 자리를 잡아갔다. 권위적이고 지시만 내렸던 지도자들도 다른 사람에게 권위를 위임하는 방식의 획기적인 변화가 일어났다. 교인들도 각자 주님과 동행하는 법을 배웠고, 그로 인해 교회 전체에 새로운 활력과 생동감이 충만해졌다. 건강한 DNA를 가진 건강한 제자들을 양산함으로써 DNA가 교회의 중심핵이 된 것이다.

그런데 살아 있는 생명체로서의 유기적 교회가 되기 위한 교회의 체질 변화의 과정에서 가장 중요한 것은 무엇일까? 그것은 바로 "죽음만이 살 길"이라는 사실이다. "예수님이 십자가를 지고 우리를 대신해 돌아가셨듯이, 우리도 그분의 십자가를 지고 그분을 위해 죽어야 한다. 자기 자신을 죽이기란 결코 쉬운 일이 아니며 인간의 본능에 반하는 것이지만, 그것만이 살 길이므로 우리에게는 선택의 여지가 없다."[153] 예수님은 단호하게 말씀하셨다. "자기 목숨을 얻는 자는 잃을 것이요 나를 위하여 자기 목숨을 잃는 자는 얻으리라"마 10:39 그래서 닐 콜은 죽음DEATH의 신학을 껴안아야 된다고 말한다. Dying죽기: 자신의 존재와 욕구에 대하여 날마다 죽는다. Empowering돕기: 자기 자신이 아닌 다른 사람을 돕고 역량을 키워주는 것이 우리의 생명이다. Accepting risk위험을 무릅쓰기: 위험 감수를 당연하게 여긴다. Theology is not just knowledge but practice지식이 아닌 실천: 신학은 단순한 지식이 아니라 실천이다. Holding Christ그리스도를 붙잡기: 그리스도만 붙들고 다른 모든 것은 놓아 버린다.[154]

여기서 아무래도 중요한 것은 우리가 죽어야 한다는 것이다. 모든 변화는 죽음에서 시작된다. "죽으려 하지 않는 한 우리는 절대로 살 수 없다. 아주 간단한 이치다. 죽음이 생명으로 가는 길이다. 반대로 생명에 매달리는 것은 죽음으로 가는 길이다. 우리가 자기 자신에게 죽어야 하는 이유는 오직 예수님을 위해 살기 위함이다. 우리에게는 단 한 명의 주인밖에 없다. 우리 자신을 위해 살거나 예수님을 위해 살거나 둘 중의 하나일 뿐이다. 그렇기에 날마다 자기 자신을 죽음으로 몰아넣어야 한다."[155] "자기 자신에게 죽는다는 것은 자신의 야망과 포부를 죽이고 거듭난 삶 속에서 주님의 뜻만을 따르겠다는 의미다." 이렇게 할 때 "옛 교회는 죽고 새로운 교회가 탄생하는 것이다."[156]

우리의 몸의 원리도 마찬가지다. 수많은 세포들로 구성되어 있는 우리의 몸은 각 지체의 세포들이 계속 번식함으로써 유지되는데 오래된 세포들이 죽고 새로운 세포들이 태어남으로써 우리가 살아가는 것이다. 우리의 몸은 늘 새로운 세포들로 대체되고 있다. 이렇게 본다면 우리는 몇 달에 한 번씩 새로운 사람이 되는 셈이다. 만약 우리의 손의 세포들이 번식을 중단한다면 어떻게 되겠는가? 얼마 못 가 손이 오그라들 것이다. 반면 오래된 세포가 죽지 않은 채 새로운 세포만 계속 만들어진다면 어떻게 되겠는가? 우리 몸이 거인이 되어 건강하게 살아 갈 수 없을 것이다. 사람이 죽으면 세포번식은 중단되고, 세포번식이 중단되면 사람은 죽게 된다. 이렇게 죽음과 생명, 죽음과 번식은 밀접하게 연결되어 있다. 영적인 측면에서 말하자면, 죽는 것이 사는 길이고, 배가는 죽음으로 시작된다는 사실이다. "연어는 강물을 거슬러 헤엄쳐 가서 모래 속에 알을 낳고 나면 죽는다. 배가를 위해 살다가 배가를 위해 죽는 것이다. 곡식도 마찬가지다. 죽어야 배가가 이루어진다."**157)** 그래서 주님은 우리들에게 자기 자신을 부인하고 십자가를 지고서 예수님을 따라야 한다고 말씀하신 것이다.

이제 긴 내용이지만, 닐 콜의 교회로스앨터스 그레이스 형제 교회에서 이루어졌던 유기적 교회의 건강한 번식의 사례에 대한 그의 이야기를 들어보자. "현재 내가 목회하고 있는 유기적 교회는 12년 전 한 마약 거래상이 주님을 영접하면서 시작되었다. 그가 회심하고 나자, 그에게서 마약을 구입하던 사람들과 주변 친구들까지 주님을 영접하고 새 삶을 살기 시작했다. 우리는 처음에 그 마약상의 집에 모여서 예배를 드렸다. 그 후 지금까지 우리 교회에서는 50명이 넘는 교회 개척자들이 파송되어 많은 지역에 새로운 유기적 교회들을 세웠다. 그렇게 세워진 자교회들은 또 다시 자신들의 자교회들을 개척했다. 인디애나 주, 포틀랜드 시, 샌프란시스코 시, 프랑스의 파리 시 등지에는 우리 교회가 세운 자교회들이 있다. 개척한 지 5년 정도가 지난 시점에서는 우리 교회에서 개척한 교회들이 다섯 개의 교회 네트워크를 이루었고, 다섯 개의 도시에 걸쳐 교회들이 세워졌으며, 다섯 세대의 교회 증식이 이루어졌음을 확인할 수 있었다. 이 과정에서 세워진 교회는 총 75개였으며, 이들 모두 열매가 풍성한 신앙의 가족으로 성장해 가고 있다. 그 교회들이 갖고 있는 다양성도 놀라울 정도였다. 언젠가 세어 보니 전체 교회 안에서 사용되는 언어 수만 해도 70가지에 이르렀다. 한때 우리 교회에는 연세가 많은 어르신 몇 분을 비롯해 휠체어를 쓰는 장애인 세 명, 미혼 남녀, 유아들이 출석했고, 예배 시간에는 기타, 콩가아프리카에서 사용하는 큰 북과 같은 타악기, 봉고아프리카에서 사용하는 작은 북과 같은 타악기, 쉐이커통 안에 좁쌀이나 쇠구슬 등을 넣고 흔들어 연주하는 라틴 악기의 일종, 색소폰 등의 다양한 악기가 동원되었다. 사전 연습이나 정해진 찬양 곡은 없었지만, 즉흥적으로 찬양을 부르면 그 찬양에 맞추어 연주가 시작되었다. 더욱이 우리가 부르는 찬양 곡 중 절반은 우리 교인들이 직접 작사 작곡한 노래들이었다. 나는 지금 자랑을 하려고 이런 이야기를 하는 게 아니다. 독자들이 실제로 우리 교회에 와 보면 별 것 아니라고 실망할지도 모른다. 지난 수년간 우리 교회는 점점 더 규모가 작아졌고, 눈에 뛸만한 특별한 면도 없다…. 현재 우리 교회의 예배에 참석하는 사람들은 약간 장애가 있는 청년 두 명과 근위축증에 걸려 휠체어를 타는 명석한 청년, 자녀 세 명을 둔 미혼모, 치료받고 있는 중인 마약 중독자, 그리고 배불뚝이 담임목사인 나 닐 콜이다. 그럼에도 우리 교회는 지난 2년 동안 네 개의 교회를 개척했고, 니카라과, 매사추세츠 주, 애리조나 주에 선교사를 파송했다. 교회가 생긴 이래 우리 교회의 교인 수는 스무 명을 넘은 적이 없었고, 요즘도 여덟 명 정도의 교인이 전부다. 그럼에도 나는 이처럼 왕성하게 배가되는 교회를 본 적이 없다."[158]

이렇게 인력도 부족하고 재정도 부족한 교회가 어떻게 이처럼 놀라운 배가운동을 수행할 수 있을까? 그 비결이 무엇일까? 이 질문에 대해 닐 콜은 "우리 교회의 비결은 형태나 전략이나 비전이나 지도력에 있는 게 아니라 바로 교인들 안에 있는 DNA에 있다."[159]고 대답한다. 그렇다면 복음이 4세대까지 확장되어지는 교회의 배가운동이 일어나지 않는 이유가 무엇일까? 교회 안에 DNA를 가진 사람들이 없기 때문일 것이다. 닐 콜은 이에 대해 분명하게 말한다. "배가가 일어나지 않는 근본적인 이유는 결국 제자가 없기 때문이다. 주님을 전심으로 사랑하는 헌신적인 제자들을 양육해서, 그 사랑을 이웃과 세상에 전하지 않고는 견딜 수 없는 교인들을 만들어야 한다. 그런 교회만이 배가할 수 있고, 하나님은 그런 교회만이 세상에 퍼지기를 간절히 원하고 계신다."[160]

여기서 중요한 사실은 배가운동의 능력이 사람에게 있지 않고 하나님에게 있다는 사실이다. 닐 콜은 교인들에게 나가서 전도하라고 말하지 않는다. 왜냐하면 하나님의 말씀DNA의 씨앗이 좋은 땅열린 마음에 떨어지기만 한다면 누가 배가하라고 말하지 않아도 자발적으로 성장하고, 자발적으로 열매를 맺을 것이기 때문이다. 목사들은 자신들이 나서서 전도하라고 말하고, 전략을 세우고, 방법을 훈련시켜야 한다고 생각하지만, 이것은 자발적 성장을 일으키는 것이 아니라 오히려 방해하는 것이라고 닐 콜은 말한다. 전도하라고 지나치게 강조하다보면 오히려 반발심만 일어나게 할 것이기 때문이며, 또한 성장이나 배가란 사람이 할 수 있는 것이 아니기 때문이다. 그러므로 지도자는 복음의 씨앗인 하나님의 말씀이 이미 능력을 가지고 있다는 사실을 기억하면서 "복음의 씨를 넓게 뿌리고 물을 준 뒤에 그 씨가 어떻게 자라는지를 지켜보라. 그러면 그 뒤의 일들은 성령의 능력을 받은 DNA가 알아서 처리해 줄 것이다."라고 닐 콜은 말한다.[161]

신약의 복음전파 방식에 대해 살펴보자. 신약에서 복음이 퍼져나가기 위한 최적의 출발점은 관계, 즉 오이코스의 관계였다.[162] 오이코스란 기본적으로 한 사람의 가정이나 식구를 뜻하지만, 폭 넓게 보자면 한 사람이 가진 관계망을 의미하기도 하고, 하나님의 가족 또는 하나님의 집으로서의 온 세상을 의미하기도 한다. 닐 콜은 이 단어를 그의 유기적 교회론에서 주로 한 사람의 가정이나 한 사람이 가진 관계망의 의미로 사용하는데 바로 이 오이코스를 통한 전도방식이 신약에서 가장 자주 등장하는 복음 전파방식이다. 예수님의 복음전파 방식도 오이코스를 통한 전도방식이었다. 이에 대해 닐 콜은 말한다. "예수님은 단번에 세상 전체를 변화시킬 능력이 있으시다. 하지만 예수님은 대중 전도보다는 번식하고 퍼져나갈 수 있는 오이코스 관계 구축에 주력하셨다. 오늘날 교회들의 전도방식은 화려한 말솜씨로 복음에 관한 대화를 이끌어 내거나 상대의 까다로운 질문에 명쾌하게 대답하는 것에 초점을 맞춘다. 그러나 예수님의 패턴에서는 관계가 중심이며, 복음 전파의 열쇠가 오늘날 교회들과 사뭇 다르다. 오이코스가 중심이며, 다음과 같은 것들이 복음 전파의 열쇠다."[163]

그는 복음 전파의 열쇠를 다섯 가지로 설명하는데 이 다섯 가지 내용을 한마디로 말하자면 바로 관계전도방식이다. ① 시간과 어울림: 중요한 관계를 쌓으려면 시간이 든다. 요즘 전도 방식이 효과를 거두지 못하는 이유 중 하나는 서로를 깊이 알려는 노력보다는 메시지를 논리적으로 설명하는 데만 관심을 두기 때문이다. ② 변화된 삶: 그리스도 안의 새로운 삶은 전염성이 있다. 세상은 이런 삶을 갈망한다. 우리의 변화된 삶은 우리의 오이코스 안에서 즉시 열매를 맺기도 하지만, 때로 열매를 맺기까지 평생이 걸리기도 한다. 하지만 그리스도 안에서 변화된 삶 외에 그 무엇도 변화를 일으킬 수는 없다. ③ 친절: 변화된 삶과 하나님나라의 가치관은 우리의 일상에서 그대로 드러난다. 친절은 더 깊은 관계로 나아가기 위한 최선의 도구이다. ④ 영적 직감: 남들의 말뿐 아니라 성령님의 말씀에 귀를 기울여야 한다. 판에 박힌 전도 문구를 읊기보다는 남들의 말과 성령님의 이끄심에 귀를 열면 훨씬 많은 전도의 열매를 맺을 수 있다. ⑤ 후히 베푸는 마음: 이 세상에서 후한 마음만큼 쉽게 눈에 띄는 인격적 요소도 드물다. 사람들은 후

하고 기쁘게 베푸는 사람에게 끌리기 마련이다.**164)**

닐 콜은 마 10장과 눅 10장 말씀에 근거해서 다시금 증식 가능한 교회를 열기 위한 원칙 다섯 가지를 말한다. ① 기도: 증식 가능한 교회를 열려면 주님에게 추수할 새 일꾼들을 보내달라고 기도해야 한다.눅 21:36, 행 8:22, 고후 5:20 본래 교회 증식은 주님의 계획이다. 그런데 주님이 "주인에게 청하여 일꾼들을 보내어 주소서 하라"고 말씀하셨다. 그러므로 일꾼을 보내달라고 기도해야 한다. 기도는 교회 증식을 일으키기 위한 첫 번째 단계이다. 먼저 기도하고 나중에도 기도하고 도중에도 열심히 기도해야 한다. ② 관계: 예수님은 제자들을 둘씩 묶어 여러 도시와 마을로 보내시며 평화의 메시지에 귀를 여는 잃은 양들의 집단을 찾으라고 하셨다.눅 10:1 다시 말해 마음이 열린 오이코스를 찾으라고 하셨다. 어떤 사람이 많은 사람을 그리스도에게로 인도했던 팀에게 그 비결이 무엇이냐고 물었다. 그의 대답은 간단했다. "비결은 한 마디에요. 찾아 가세요."**165)** 하나님나라 확장의 열쇠는 건물을 세우는 것이 아니라 하나님나라를 갈망하는 사람들 속으로 들어가는 것이다. 예수님의 방식대로 복음이 들어가지 않은 집단을 찾아 관계를 맺고 그곳에 하나님나라 복음의 씨앗을 뿌려야 한다. 그렇게 해서 변화된 사람이 나오면 그들을 통해 교회가 탄생하게 된다. ③ 왕의 힘: 예수님은 제자들을 보내시면서 그들에게 하나님의 일을 할 권세가 있다고 말씀하셨다. 마 10:7~8과 눅10: 10~12의 말씀대로 제자들의 임무는 남들이 수긍하든 수긍하지 않든 하나님나라가 가까웠다고 말하는 것이었다. 그리고 제자들은 "하늘과 땅의 모든 권세를 가지신" 예수님으로부터 "내가 세상 끝 날까지 너희와 항상 함께 있으리라"는 약속을 받았다. ④ 평화의 사람: 예수님은 평화의 메시지에 귀를 여는 사람을 찾으라고 하셨다. 이런 사람을 찾으면 함께 머물면서 그의 집 전체오이코스를 변화시켜야 한다. 새로운 오이코스 안에서 한 사람이 그리스도를 영접하면 이 사람을 평화의 사람으로 보아야 한다. 평화의 사람은 세 가지 특징이 있는데 a. 마음이 열린 사람이다. b. 관계가 풍부한 사람이다. c. 좋은 평판이든 나쁜 평판이든 평판이 있는 사람이다. 이런 평화의 사람은 복음을 잃어버린 사람의 공동체로 흘려보내는 통로가 된다. 예를 들면, 루디아는 바울과 실라를 만나 예수님 이야기를 들은 후 제자가 되었고, 그 이후 그녀의 온 집오이코스이 구원을 받았고, 고넬료도 베드로의 복음을 전해들은 후 그의 관계망 전체오이코스가 그리스도를 영접했다.행11:11~18 ⑤ 목적의 사람들: 복음전파의 마지막 원칙은 목적이 있는 사람을 찾는 것이다. 예수님은 평화의 사람을 통해 일단의 무리를 개심시킨 후 그들과 함께 머물면 그 비옥한 토양에서 교회가 일어난다고 말씀하셨다.마10:11~13 평화의 사람이 그의 관계망 안에 있는 사람들 중 몇 명을 그리스도에게로 데려오면 교회가 탄생하게 되는데 이런 과정에서 변화를 경험하고 이웃과 열국의 수확을 위해 태어난 이들이 바로 목적의 사람이다. 이들은 예수님을 따르면서 예수님이 자신의 가족과 친구, 나아가 온 세상을 구원해주시기를 갈망한다.**166)**

하나님의 나라를 위해 조금이라도 의미 있는 일을 하고 싶어 하는 사람들에게 "먼저 주님의 음성에 귀를 열고 그분의 인도하심을 따르라" 그리고 "실패를 허용하고, 사람들을 재빨리 회복시키는 분위기를 창출하라" "도전하고 실수하기를 두려워마라"고 말하는 닐 콜은 "만약 다시 시작한다면 어떻게 하겠느냐?"는 질문에 대해 이렇게 대답한다. "첫째 수확 속에서 작게 시작할 것이다. 이미 구원받은 크리스천들과 함께 시작하지 마라…. 변화된 인생들 속에서 탄생한 교회가 더 건강하고 더 빠르게 번식한다. 교회의 모델이 아니라 변화된 인생이 관건이다. 둘째, 하나님이 다른 사람들 속에서 교회를 일으키시도록 맡길 것이다. 당신의 집에서 시작하지 말고 평화의 사람을 찾아 그 집에서 시작하라. 셋째, 처음부터 남들에게 권한을 나눠줄 것이다. 너무 나서지 마라. 새 신자들이 자유롭게 하나님 일을 하도록 내버려두라. 당신의 지식과 설득력이 아닌 새로운 인생의 열정 속에서 운동이 탄생하도록 놔두라. 넷째, 내 가정생각이 아닌 성경이 이끄는 대로 맡길 것이다. 하나님 일과 관련된 당신의 모든 가정을 성경에 비추어 점검해보라. 용기와 믿음으로 그렇게 하라. 하나님의 말씀과 우리 안에 계신 성령님 외에는 그 무엇도 절대적이지 않다. 당신이 얻은 경험이나 지식, 전통이 아닌 말씀에 이끌려 나가라. 다섯째, 리더의 자질에 관해 다시 생각할 것이다. 크리스천의 삶은 과정이다. 하나님 일의 리더가 되기 위해 꼭 통과해야 할 성숙의 단계는 없다. 새로운 신자를 즉시 투입하고, 잠시만 그와 동행하라. 리더 영입은 망하는 지름길이다. 같은 연못에서 자꾸 퍼내면 연못은 자꾸만 얕아진다. 우리에게 필요한 것은 리더 양성이다…. 훈련의 목표는 지식 축적이 아니라 예수님을 위해 목숨까지 버릴 수 있는 순종의 삶이다. 여섯째, 세례를 받자마자 순종할 길을 열어줄 것이다. 재빨리 또 공개적으로 세례를 베풀고 전도자에게 세례를 베풀도록 허용하라…. 사람들에게 지상대명령을 알려주면서 그것에 순종하지 못하도록 만드는 것은 도무지 앞뒤가 맞지 않는다. 일곱째, 주인자리를 내놓을 것이다. '당신의' 교회 개척이 성공할지 여부를 걱정하지 마라. 애초에 그 일은 당신의 것이 아니다. 우리가 맡기기만 하면 주님이 알아서 좋은 열매를 맺어주실 것이다."[167]

이러한 유기적 교회에 대한 닐콜의 이야기는 교회를 개척하고 목회하는 일, 세례주는 일 등을 전적으로 목회자의 임무인 것으로만 생각해왔던 전통적인 교회론의 관점에서 보면 너무 파격적인 이야기라고 생각될지 모르나, 그의 유기적 교회론은 교회의 본질에서 너무도 멀어진 기존 교회로 하여금 교회의 머리이신 예수님에게로 돌아가게 하고, 성경으로 돌아가게 하고, 또한 교회의 본질로 돌아가도록 도전하고 있다는 점에서 그 의미가 크다고 본다. 특히 유기적 교회론은 교회개척, 그러면 건물을 지어야 하는 것으로 생각하고, 그래서 돈이 있어야 개척을 할 수 있다고 생각하는 오류를 성서적으로 교정해주고, 교회직분의 계급화와 목사중심의 성직주의를 교정해주는 역할을 한다는 점에서 교회갱신에 기여하는 바가 매우 클 것이라고 본다. 바라기는 유기적 교회론을 통해 오늘의 교회가 교회의 체질을 혁명적으로 바꿈으로써 진정한 예수님의 교회로 거듭나는 아름다운 역사가 일어나기를 희망한다.

참고문헌

Cole Neil. 정성묵 역. 『오가닉처치』. 서울: 가나북스, 2006.

Cole Neil. 안정임 역. 『교회트랜스퓨전』. 고양: 스텝스톤, 2014.

Barna George, Kinnaman David. 장택수 역. 『처치리스』. 고양: 터치북스, 2015.

15

가장 오래된 새 교회: 가정교회

미국교회, 한국교회의 위기를 극복할 수 있는 대안으로 주목받는 교회가 있다. 바로 가정교회이다. 미국에서 교회나 성당과 같은 종교기관에 참여하지 않으면서 가정교회와 같은 대안 신앙 활동에 참여하고 있는 사람들이 미국 전체 인구의 1.4%인 4백만 명에 이른다고 한다. 적지 않은 사람들이 전통교회로부터 멀어지는 대신 하나님께 가까이 가는 방편으로 가정교회를 택하고 있는 것이다. 사람들이 기존 교회를 떠나 작은 가정교회를 택하는 이유는 무엇일까? 그 이유 중 하나는 타인과의 친밀한 영적 교류의 결핍 때문이다.[168] 그러면 우선 가정교회의 실태를 간단히 살펴보자. 최영기 목사에 따르면 미국에서 가정교회는 조금씩 늘어나는 추세에 있고, 한국에서는 상당히 확장되고 있다고 한다.[169] 미국에서 전체 성인의 9%가 가정교회에 참여하고 있다고 말하는 조지 바나는 2006년 그의 연구소 자료를 통해 가정교회의 실태를 다음과 같이 보고한 바 있다. 가정교회의 80%는 매주 만나는데 모임이 가장 많은 날은 수요일27%, 일요일25%이지만, 20%는 주중의 각기 다른 날 모임을 갖는다. 가정교회의 모임은 주로 2시간 정도이고, 평균 인원은 20명이다. 대부분의 전통 교회들이 매주 같은 형식을 따르는데 반해, 38%의 가정교회는 만날 때마다 융통성 있게 형식을 달리한다고 한다. 모임에서 하는 영적인 활동은 다음과 같다. 93%가 소리를 내서 기도한다. 90%가 성경을 읽는다. 89%가 그룹 밖의 사람들을 도와준다. 87%가 사람들의 개인적 필요나 경험을 나눈다. 85%가 모임 전후 음식을 먹고 이야기를 한다. 83%가 성경공부와 토론시간을 갖는다. 76%가 형식을 갖춘 교육시간을 갖는다. 70%가 음악이나 찬양시간을 갖는다. 58%가 예언이나 방언의 시간을 갖는다. 52%가 참여자들로부터 헌금을 받아서 특정 사역에 도움을 준다. 51%가 성만찬을 한다. 41%가 교육의 일환으로 비디오 자료 등을 본다.**170)**

미션 리서치 센터를 이끌고 있는 에드 스태저는 가정교회를 코이노스 교회라고 표현하면서 "코이노스 교회는 사람들이 정말로 같이 살아갈 만큼의 친밀한 관계 형성에 집중하는 교회"라고 말한다.**171)** 그는 가정 교회의 특징을 일곱 가지로 설명한다. ①가정교회는 신념의 공동체이다: 가정교회에서 사람들은 다른 신앙인들의 특정 가치나 태도를 주고받음으로써 자연스럽게 교회의 일원이 된다. ②가정교회는 배움의 공동체이다: 공동체의 본질은 서로 공유하는 경험을 통한 하나됨이다. 공동체는 모든 그리스도인이 자신의 경험과 생각 등을 나누고, 축복해주고, 축복을 받는 상호 교류의 과정을 통해서 성립된다. ③가정교회는 믿음으로 형성된 공동체이다: 신약에서 믿음을 명사와 동사로 표현하는데 명사로 쓰일 때는 교리적 믿음, 사람 안에 내면화되는 믿음을 뜻하지만, 동사로 쓰일 때는 행동을 의미하며 하나님을 믿고 말씀에 순종한다는 뜻을 지닌다. 둘 다 필요하지만 공동체를 자라나도록 양육하는 살아 있는 믿음이 보다 중요하며, 새 신자들의 믿음은 공동체 안에서 다른 사람의 영향을 받아 형성되기도 하고 길러지기도 한다. ④가정교회는 가치 중심적 공동체이다: 공동체가 새 신자에게 중요한 존재가 됨에 따라서 공동체에서 우선시되는 가치들, 예컨대 하나님에 대한 순종, 섬김, 진실, 정의, 사랑, 평화 등과 같은 가치들이 사람들에게 전염된다. ⑤ 가정교회는 멘토링 에이전시다: 새 신자는 관찰이나 비언어적 경험과 대면적 관계를 통해서 기독교적 가치 체계에 융화된다. 이런 특성은 가정교회가 하나의 멘토링 기관이 된다는 것을 의미한다. ⑥ 가정교회는 공동체에 소속 된다: 가정교회는 새 신자들에게 그들이 있는 그대로 인정받고 있다는 느낌을 주기도 하지만 새 신자들에게 공동체 안에서 앞으로 변화될 수 있다는 기대감도 준다. ⑦ 가정교회는 자기정체성을 부여 한다: 가정교회가 거듭남을 통해 형성된 신앙공동체라고 하더라도 가정교회의 모든 사람들이 다른 신자들의 의견에 동의하는 것은 아니다. 다만 그들은 거듭남으로 시작되는 기독교인으로서의 정체성이 우선적으로 중요하다고 생각하며 그 생각을 자연스럽게 공유하게 된다. 따라서 공동체는 서로의 개성과 개별성을 이해하고 존중하면서 함께 한다.[172]

이런 특성들을 가진 가정교회는 기존교회들이 가진 문제점들을 해결할 수 있게 해준다는 점에서 장점이 있다. ① 많은 교회들이 관계 형성이 없는 빡빡한 프로그램이나 교회성장을 위한 사업 운영 등에 치중하면서 진정한 공동체의 모습을 상실해가고 있는데 반해 가정교회는 교회의 본질인 공동체성을 중요시 한다. ② 많은 교회들이 교회건축, 교회 성장을 위한 장단기 계획, 관료화된 위계구조, 재정문제 등으로 매우 복잡하게 되어 있다. 그러나 가정교회는 제자를 만드는 단순한 공동체가 되려고 한다. ③ 많은 교회들이 무기력증에 빠져 있다. 이렇게 기존교회의 생명력이 소진해가고 있는 상황 속에서 하나님은 가정교회를 사용하고 계신다고 교회분석 전문가들은 말한다. 가정교회의 출현은 무엇보다도 현재의 기관화된 교회의 모습이나 목회자는 목회계획을 수립하고, 평신도는 목회자의 지시에 수동적으로 따라만 가야하는 목회자 중심의 교회의 모습은 성경적인 교회의 모습에 부합하지 않는다는 사실을 보여줄 뿐만 아니라 가정교회는 목사와 성도들이 함께 교회를 세워나간다는 점에서 장점이 있다. 이처럼 가정교회는 기존교회의 특징인 건물, 목회자, 프로그램 중심의 틀콘스탄티니안 모델 교회을 거부하고 교회의 본질인 공동체성을 중시한다는 점에서 성경적인 교회관에 근접할 수 있는 장점이 있기는 하지만 가정교회에도 몇 가지 약점이 있다. 예컨대, 이상한 신학적 믿음을 가진 기독교인들이 유입될 수 있는 가능성, 신약성경이 장로와 목사, 집사의 역할에 대해 설명하는 리더십 지침과 신앙의식과 서약 등을 소홀히 할 수 있는 가능성 등이다.[173]

그런데 이러한 약점들을 최소화하면서 가정교회의 모델이 되고 있는 교회가 있다. 바로 미국의 휴스톤 서울교회이다. 담임목사였던 최영기 목사는 14년 된 교회에 3대목사로 부임해서 10개월 간 준비하고, 1993년 10월에 가정교회를 출범시켜 20년 간 목회를 하고, 2012년 은퇴하였다. 그가 목회하는 20년 동안 120~150명이던 장년 출석 인원이 1,000명 어린이와 영어회중을 합치면 약 2,000명을 넘겼고, 23개로 시작한 가정교회가 180개가 넘었다. 그가 기존교회를 가정교회로 전환하면서 비신자 영혼 구원이 지속적으로 일어났는데 한인인구가 많지 않은 휴스톤에서 매주일 평균 1명씩 예수님을 영접하고 세례를 받기 시작하여 은퇴할 무렵에는 매주일 평균 3명씩 예수님을 영접하고 세례를 받게 되었다. 그는 이러한 영혼구원의 열매는 성경적

인 신약교회를 회복했을 때 얻어진 결과라고 말한다.**174)**

　최영기는 미국에서 박사 학위를 받은 이후 실리콘 밸리에 있는 반도체 분야의 배리언 중앙연구실에서 근무하였는데 평신도 시절 장년 주일학교 교사로서 섬기는 동안 장년 주일학교 전문가가 되어 장년 주일학교 세미나 강사로 활동하던 중 41세에 목회자로 소명을 받았다. 신학훈련을 받은 이후 교육목사로서 사역을 하면서 그는 '성경에 있는 교회와 오늘의 교회의 모습은 왜 이렇게 다를까?' '왜 목회자들은 성경에 있는 방법대로 목회를 하지 않을까?' '왜 성도들은 성경에서 가르치는 삶을 살지 않을까?' 하는 의문들을 가지게 되었다. 그도 그럴 것이 그가 예수님을 영접한 이후에는 예수님이 인생의 주인이라는 신앙고백을 가지게 되었고, 이에 따라 성경이 그의 삶과 그의 목회의 기준이라고 생각했기 때문이다. 그의 또 하나 고민은 평신도로서 장년 주일학교 사역을 하는 12년 동안 신구약을 한 번 반 가르치게 되었지만, 거기에 상응하는 삶의 변화가 없었다는 것이다. 예수 믿고 첫 2~3년 동안은 성경공부가 삶의 변화를 가져 오지만 그 후에는 머리만 커지는 것을 그는 느끼게 되었다. 그러는 동안 그는 목회자로 부르심을 받았고, 소명을 받은 이후 평신도 시절 성경과 현실의 괴리로 인해 고민했던 경험을 바탕으로 그는 자연스럽게 주님의 음성에 귀를 기울이고 순종하는 것을 사역의 목표로 삼았고 그러기 위해 그는 새벽에 3시간씩 기도하기로 작정하고 그 시간을 지키려고 노력하였다고 고백한다. 주님이 원하시는 성경적인 교회를 세우는 것을 그의 첫째 소원으로 삼았다.

　그래서 휴스턴 서울교회에 부임하면서 그는 신약에 나오는 일반적인 교회의 모습인 가

정교회 세우는 것을 목표로 삼았다. 그는 가정교회를 가리켜 "평신도가 지도자가 되어 가정집에서 6~12명이 매주 한 번 이상씩 모여 교회의 본질적인 기능예배, 교육, 교제, 전도와 선교을 다하는 공동체" "신약교회의 원형을 회복하기 위해 평신도가 지도자가 되어 가정집에서 6~12명이 매주 한 번 이상씩 모여 교회의 본질적인 기능예배, 교육, 교제, 전도와 선교을 다하는, 기초 공동체인 목장으로 이루어진 지역교회"175)라고 정의한다. 가정교회의 기초공동체는 각 가정에서 모이는 목장이다. 작은 교회에는 적은 수의 목장이 있고, 큰 교회는 많은 수의 목장이 있게 될 텐데 그 목장들이 함께 합쳐져서 하나의 연합교회를 이루게 된다. 예컨대 휴스턴 서울교회에는 약 180개의 목장이 있는데 이들이 합쳐져서 '휴스턴 서울교회'라는 연합교회를 이루게 된다. 가정교회와 연합교회는 저마다의 역할이 있다. "가정교회는 주중에 모여 하나님의 임재를 체험하는 예배를 드리지만, 주일에는 모든 성도가 모여 하나님의 거룩함을 체험하는 예배를 드린다. 목장 모임에서는 비신자가 지식을 제공하는 데 초점을 맞춘 간단한 성경공부를 하고, 연합교회에서는 주중에 성경 공부반을 만들어 심도 있는 성경공부를 시킨다. 가정교회에서는 선교사 가정을 기도와 물질로 후원하고, 연합교회에서는 성도들을 훈련시켜 하기, 단기 선교봉사를 보낸다. 일반 교회에서 행해지는 모든 사역이 가정교회에서 이루어지지만, 성찬, 세례, 권징은 연합교회에서 이루어진다."176)

2011년 11월에 선포한 가정교회 사명 선언문을 소개하면 다음과 같다. ① 신약교회의 회복을 추구한다. 조직, 활동행2:42, 사역방법행2:46~47, 리더십 스타일마 20:26~27을 가능하면 신약성경에 가깝게 만들어 보려고 노력한다. ② 교회 성장보다 영혼 구원에 우선순위를 둔다. 모든 사람이 다 구원받기를 원하는 것이 하나님의 소원이라고 믿기 때문이다.딤전2:4 ③ 비신자를 전도하여 제자 만드는 것에 교회의 존재 목적을 둔다. 이것이 주님이 교회를 세우신 목적이라고 믿기 때문이다. ④ 지식 전달보다는 능력 배양에, 교실 교육보다는 현장 실습에, 말로 가르치기 보다는 행동으로 보여 주는 방법을 제자훈련의 방법으로 선호한다. 이것이 예수님의 방법이라고 믿기 때문이다.^{막3:14~15} ⑤ 목회자와 평신도 각자가 본연의 사역을 되찾도록 한다. 목회자는 성도를 온전하게 하는 일^{엡4:11~12}, 기도와 말씀선포^{행6:2~4}, 리더십 발휘에 집중한다.^{행20:28}. 성도들은 목양과 교회를 세우는 일을 한다.^{엡4:12} ⑥ 셀 그룹이나 소그룹이 아닌, 신약적 원형교회를 추구한다. 가정교회의 기초공동체인 목장이 신약적인 공동체가 되기 위해 다음 사항을 준수한다. 매주일 모인다^{행20:7}. 남녀가 같이 모인다^{롬16:3~5}. 신자와 비신자가 같이 모인다^{고전14:23~25}. ⑦ 직제, 성례, 설교권 등 제반 사항에 관해서는 각개 목회자의 신학적 배경과 소속된 교단의 전통을 존중해준다.**177)**

그는 신약성경에서 발견되는 교회가 가정교회이기 때문에 가정교회를 하는 것이지, 가정교회 자체가 목표는 아니라고 말한다. 신약에서 가정교회에 모인 사람들은 가정에 모여 밥을 먹고 하나님을 경배하며 삶을 나누었다. 그런데 중요한 것은 가정교회를 이끄는 사람은 평범한 그리스도인이었다는 사실이다. 그러기에 그는 "성직자와 평신도를 구분하는 것은 4세기 콘스탄틴 대제가 기독교를 공인하면서 제국주의 시스템이 들어와 생긴 것이다."**178)**라고 말하면서 목양하고 교회를 세우는 일이 본래 성도들의 일이었음을 강조한다. 이런 관점에서 평신도들이 목회자들의 목회를 위해 존재하는 것처럼 되어 있는 많은 교회들과는 달리 가정교회인 휴스톤 서울교회에서는 평신도들의 사역을 돕기 위해 목사가 존재한다. 말하자면 평신도인 목자들은 일종의 목사의 역할을 하는데 목자는 평신도들이 사역을 잘 할 수 있도록 섬기기 위해 존재하고, 목사는 목자들의 사역을 섬기기 위해 존재한다.

"일반적으로 미국인들에게 가정교회는 교단, 직분, 교회 건물조차 인정하지 않는 급진적인 공동체를 의미한다."179) 또 가정교회라고 이름붙인 소그룹들도 많이 있다. 이런 가정교회와 구분하기 위해 최목사는 자신이 추구하는 가정교회를 '3축과 4기둥에 기초한 가정교회'라고 부른다. 그는 가정교회의 진정한 원칙은 3축과 4기둥뿐이라고 말한다. 3축은 목장모임, 삶 공부, 주일연합예배의 3가지 하드웨어를 말하고, 4기둥은 교회의 존재목적, 보여주는 제자훈련, 교회 사역 분담, 종의 리더십의 4가지 소프트웨어를 말한다. "'목장모임'은 인간의 정적인 부분을 만져주는 곳이다. 안 믿는 사람은 목장 모임에서 예수 믿는 사람들이 살아가는 모습을 보고 교회에 대한 두려움과 거부감이 사라진다. 예수를 영접한 사람들은 목장을 이끄는 목자 혹은 목녀나 목장 구성원이 되는 '목원'들이 목장을 섬기는 모습에 감동하여 자신도 섬김을 따라 하면서 제자가 된다. '삶 공부'는 말 그대로 삶에 대한 공부다. 인간의 지적인 면을 만족시켜 주는 삶 공부는 복음에 대한 정확한 정보를 제공하고 신앙의 근거를 마련해 준다. 다섯 개의 필수 과정과 여러 개의 선택 과정이 있다. '주일연합예배'는 모든 목장 식구들이 함께 모여 드리는 주일예배를 의미한다. 하나님의 임재를 체험하며 하나님 앞에서 결단과 결심을 하게 만드는 의지적인 면을 만족시켜 준다. 가정교회를 통해 전도가 잘 되는 이유는 이 세 개의 축이 맞물려 잘 돌아가기 때문이다."180) 다시 말해 가정교회의 3축은 "감성을 건드려 주는 소그룹목장 모임, 복음과 그리스도인의 삶에 관한 정보를 제공해주는 성경 공부삶 공부, 헌신의 결단과 결심을 이루어 내는 예배주일연합예배"181) 이 세 가지를 말하는데 이 3축을 꽉 잡아주는 것이 바로 담임목사의 리더십이다.

가정교회를 받치고 있는 네 개의 기둥은 가정교회의 핵심가치와 같다. 각 기둥은 교회가 존재하는 목적, 제자를 만드는 방법, 평신도와 목회자의 사역분담, 종의 리더십으로 구성된다. ① 교회의 존재 목적: 마 28:19~20에 근거하여 "가정교회는 교회의 존재 목적을 '영혼 구원하여 제자 만드는 것'

에 두고 있다. 비신자를 전도하여 이들을 다른 비신자를 전도하는 제자로 만드는 것이다."**182)** ② **가르치기보다 보여주는 제자훈련:** 막 3:14~15에 근거하여 "가정교회의 제자훈련은 기존의 제자훈련과는 달리, 지식 전달보다는 능력 배양, 교실 교육보다는 현장 실습, 말로 가르치기보다는 행동으로 보여 주어 제자를 만들려고 한다. 이것이 예수님의 방법이기 때문이다."**183)** "가정교회의 제자훈련은 목장에서 이루어진다. 같이 밥 먹고, 삶을 나누고, 인생 문제로 같이 씨름하며 아파하고 기도하면서, 서로를 보고 배운다. 목원들은 특별히 목자와 목녀가 섬기고 희생하는 모습을 보면서 자연스럽게 그리스도인의 삶을 배운다. 예수님의 제자들이 예수님과 '함께 있으면서' 삶과 사역을 배웠던 것처럼 말이다."**184)**

③ **성경적인 교회 사역 분담:** 가정교회는 성직자, 평신도 구별 없이 모두 성도라고 불렸던 성경에 근거하여 평신도나 성직자에 대한 구분이 없다. 그리고 엡 4:11~12에 근거하여 목회자 성도와 평신도 성도가 할 일을 다음과 같이 이해한다. 최목사는 11~12절의 의미를 성경 원문을 통해 "성도를 온전하게 하여"의 주어는 11절에 나오는 말씀 사역자이고, "봉사의 일"과 "그리스도의 몸을 세우려 하는 것"의 주어는 성도라고 해석한다. 이런 의미가 잘 드러나고 있는 새 번역 성경은 "성도들을 준비시켜서, 봉사의 일을 하게 하고, 그리스도의 몸을 세우게 하려고 하는 것"이라고 번역하였는데 여기서 봉사란 말은 KJV에서 ministry로 번역되어 있다. 최 목사는 이 뜻을 목양이라고 해석하면서 목양하는 것은 성도의 몫이라고 말한다. 결국 "목사는 성도들을 온전하게 해서 그들이 목양하도록 하고, 그리스도의 몸, 즉 교회를 세우도록 해야 한다"**185)**는 것이고, 목양하고 교회를 세우는 일은 성도의 몫이라고 주장한다.

이렇게 성도들이 사역을 다 하면 목사가 할 일은 무엇일까? 이미 말했듯이 목사의 일은 성도들을 온전하게 하는 일이다. 또한 기도와 말씀 선포^행

6:2~4, 리더십 발휘행20:28이다. 가정교회를 하는 목사들은 보통 하루에 2~4시간 동안 기도한다고 한다. 또 말씀 준비에 많은 시간을 사용하고, 더 많은 성경공부를 인도한다. 이렇게 하다 보면 이전보다 더 바빠지기도 하지만 행복감이 충만해진다고 한다. 물론 "성도들도 교회 생활에 활기가 넘친다. 본연의 사역을 되돌려 받았기 때문이다. 가정교회에서는 목자가 심방도 하고 상담도 한다. 무척 바쁘다. 그러나 가치 있는 영원한 일에 자신을 드리고 있다는 것 때문에 기쁘다. 영혼 구원하는 일에 헌신함으로써 영원한 멸망에 빠질 사람을 영생을 누리는 사람으로 변화시키는 영향력 있는 삶을 살고 있다는 사실에 행복해 하는 것이다."186)

④ 다른 사람을 성공시켜 주는 종의 리더십: 막 10:43~45의 말씀대로 예수님의 리더십은 종의 리더십이다. 여기서 최 목사는 '종'을 시키는 대로 하는 사람이 아니라 남을 성공시켜주는 사람으로 이해하며, 바로 이러한 종의 리더십이 목사와 목자와 성도들이 가져야 할 종의 자세라고 말한다. 이에 따라 가정교회의 목회자들은 목자와 성도들을 사역의 도구로 생각하지 않는다. 오히려 자신이 목자와 성도들을 성공시켜 주는 도구라고 생각한다.187)

휴스톤 서울교회의 목장모임에 대한 소개의 글을 보면 다음과 같다. "저녁식사를 같이 하고, 자녀들과 함께 시간을 갖는다. 자녀들과 찬양을 한두 곡 부르고 감사거리와 기도제목을 나눈 후 기도해 주고, 아이들끼리 목장모임을 하거나 놀도록 한다. 그 다음에 어른들끼리 모여 다시 찬양 시간을 갖고, 20분 정도의 짤막한 성경 고부를 한 후에 지난 주일 주보에 실렸던 광고를 나눈다…. 이 순서를 통해 주일연합예배에 참석하지 않고 목장 모임에만 참석하는 VIP비신자들에게 목장은 더 큰 연합체의 일부라는 메시지를 전달한다. 그 다음에 지난 모임에서 나누었던 기도제목이 얼마나 응답받았는지를 점검하고, 이어서 지난 주에 있었던 감사한 일 한가지씩을 돌아가며 나눈다. 그러고는 서로를 위해 중보기도를 한다. 마지막으로 선교사에게서 온 편지를 읽거나 VIP 근황을 보고한 후 그들을 위해 기도하고 모임을 마친다. 저녁식사로 시작된 목장 모임은 밤 10시 이후에 끝나는 것이 보통이다."**188)**

목장 모임에서 반드시 지켜야 할 것은 같이 밥 먹는 일이다. 가정교회에서 식탁은 그냥 밥 먹는 자리가 아니라 "하나님의 임재 가운데 가족의 하나됨을 즐기는 자리"라고 여겨지기 때문이다. 예수님의 사역에서도 식탁은 중요했다. "예수님에게 식탁이라는 자리는 그저 음식을 먹는 장소가 아니었다. 하나님 나라를 가르치는 자리, 하나님의 은혜를 맛보는 자리, 하나님의 가족이 되었음을 선포하는 자리였다."**189)** 또한 행 2:46에 있는 대로, "신약교회의 교인들은 집집마다 다니며 음식을 먹고 떡을 떼었으며, 공식 예배와 식탁 교제를 구분하지 않았다."**190)** 이렇게 하나님의 백성들에게 있어서 식탁 교제는 신앙생활의 중심에 있다고 보기 때문에 가정교회는 목장이 진정한 하나님 나라의 가족공동체가 되기 위해서 같이 밥 먹는 일이 중요하다고 생각한다.

"가정교회는 교회의 존재 목적을 '영혼 구원하여 제자 만드는 것'에 두고 있다."고 하였다. 따라서 목장 모임의 궁극적인 목표도 전도와 선교이다. 가정교회의 목장은 지역교회와 같은 역할을 한다. 예배, 교육, 친교, 선교가 모두 이루어지는 하나의 작은 교회이다. 특히 목장 모임의 목표를 따라 모든 목장은 기도와 헌금으로 선교사 한 명을 지원한다. 목장 수가 180여 개인 휴스턴 서울교회의 경우, 180여 명의 선교사를 후원하고 있다. 목장 이름도 후원 선교사의 사역지 이름을 붙이고, 기도편지를 목장에서 공유하고 선교사의 기도제목을 놓고 다 함께 기도한다. 후원은 처음부터 물질 후원을 하는 것은 아니다. 후원을 시작하기 전에 선교사에게도 기도후원이 주가 되고 물질 후원은 2차적이라는 것을 알린다고 한다. 선교비를 지원할 때는 매칭제도를 시행하고 있는데 이는 목장에서 선교비를 송금하는 액수만큼 교회에서 지원하는 제도이다.[191]

이렇게 영혼 구원하여 제자 만드는 교회, 전도하고 선교하는 교회가 되기 위해서는 "담임목사가 VIP[비신자]에게 진정으로 깊은 관심을 가져야 한다."고 말하는 최 목사는 첫째로, 담임목사가 VIP를 위해 기도해야 하고, 각 목장마다 5명의 VIP를 정하여 집중적으로 기도해야 하며, 둘째로, 예수 영접 모임에 목숨을 걸어야 한다고 말한다. 예수 영접 모임은 한 달에 한 번 예수님을 믿기로 결심한 사람들을 모아 복음을 제시하고 예수님을 영접하도록 하는 모임을 말하는데, 영접한 후에는 목자가 '확신의 삶'[6주간 일대일 양육을 하는 프로그램] 공부로 인도하고, 연합목장교회에서 '삶 공부'에 참여하도록 인도한다.[192]

가정교회를 받치는 세 개의 축 가운데 하나인 '삶 공부'에는 여러 개의 과목이 있다. '생명의 삶'[교재: 최영기 저, 『가정교회 삶 공부-첫 단계』], '새로운 삶'[교재: 랄프 네이버 저, 『새로운 삶의 실천』], '경건의 삶'[교재: 리처드 포스터 저, 『영적 훈련과 성장』], '확신의 삶'[교재: 랄프 네이버 저, 『매일 영적 성장 가이드』], '하나님을 경험하는 삶'[교재: 헨리 블랙가비 저, 『하나님을 경험하는 삶』]은 필수 과정이고, '말씀의 삶' '부부의 삶' '부모의 삶' '예비부부의 삶' '교사의 삶' '목자, 목녀의 삶' '기도의 삶' '일터의 삶' 등은 선택 과정이다. 이 중에서 '생명의 삶'은 절대적으로 필요한 과목이다. '생명의 삶' 공부는 제자로서의 첫 걸음을 내딛는 과정으로 세 가지를 목표로 한다. 첫째, 믿지 않는 사람들은 예수님을 영접하도록 하고, 이미 믿는 사람들에게는 구원의 확신을 심어준다. 둘째, 스스로 성경을 읽는 능력을 배양해주기 위하여 성경해석의 원리를 가르친다. 셋째, 성경에 관한 제반 질문에 답을 준다.[193] 이처럼 가정교회에서 강조하는 핵심가치는 '성경대로'이다. 그런데 가정교회에서 성경공부를 '삶 공부'라고 부르는 데는 이유가 있다. 성경공부의 목적이 지식을 전달하는 데 있는 것이 아니라

삶을 바꾸는 데 있기 때문이다.**194)**

　이외에도 가정교회의 독특한 문화 중의 하나로 주목할 것은 '세겹줄 기도회'이다. 휴스톤 서울교회의 경우 새해를 세겹줄 기도회1월 초 10일간로 시작하는데 새벽 5시 15분에 시작하는 이 기도회는 "찬송과 안수집사 대표기도에 이어 설교자가 15~20분 동안 메시지를 전한다. 메시지는 일반적인 설교를 하지 않고 책을 한 권 정해서 교인들이 읽도록 하고, 이 책의 순서를 기초로 하여 설교를 만든다. 주제는 기도, 선교, 치유, 금식, 섬김, 성령, 그리스도, 하나님 등으로 다양했는데 책 읽을 시간이 별로 없는 성도들에게 1년에 적어도 책 한 권을 읽을 기회를 주었고, 다양한 주제의 책을 선정함으로써 성도들의 영적 시야를 넓히고 특정주제에 대한 깊이 있는 이해를 쌓게 해주었다. 말씀이 끝나면 세 명의 기도 짝이 둘러 앉아 10분 동안 목소리를 높여 서로를 위해 기도한다···. 10분 통성기도가 끝나면 자유롭게 개인기도를 하고 돌아가도록 한다. 휴스톤 서울교회에서는 세겹줄 기도회에 전교인의 70% 이상이 참여한다."**195)** 이 기간 동안 온 교인은 저녁 금식을 하면서 기도회를 갖는데 놀라운 기도응답들을 받는다고 한다. 이처럼 가정교회 사역의 기본은 기도이다.

　최영기 목사는 가정교회로 교회성장을 이룬 목회자들에게는 한 가지 공통점이 있다고 말한다. 바로 '치열한 목회'다. "교회성장 비결을 찾아내기 위해 큰 교회 200개를 방문한 끝에 가정교회를 만났다는 목사, 가정교회로 체질화되기 위해 2년마다 정기적으로 휴스톤 서울교회에 연수를 가는 목사, 원조 가정교회를 봐야 한다며 직장생활로 바쁜 성도들을 설득해 휴스톤을 몇 번씩을 방문한 목사, 문제가 생길 때마다 금식으로 해결하느라 1년에 150일을 금식하는 목사, 새벽기도회 외에도 매일 아침, 저녁 2시간씩 기도하는 목사, 사모의 동의 아래 매일 밤 교회에서 철야하는 목사 등 가정교회를 제대로 세우기 위해 치열하게 사는 이들이 많다."는 것이며, "신약교

회 회복을 목표로 하는 가정교회라면 이런 치열함이 있어야 한다."는 것이다.196)

가정교회 운동은 전부를 바칠 정도로 가치 있는 사역이라고 말하는 최목사는 신약교회의 회복을 꿈꾸는 목회자들에게 네 가지를 주문한다. 첫째, 신약교회의 회복은 결코 만만한 일이 아니다. 끝까지 버텨라. 가정교회는 주님이 원하시는 교회이기 때문에 괄목할만한 성장이 당장 보이지 않는다 하더라도 끝까지 버티는 게 필요하다. 오랫동안 버티면 마침내 빛을 본다. 둘째, 성도들에게 큰 그림을 보게 하라. 목장 사역에 올인하는 목자들에게 그들의 사역은 주님이 원하시는 교회를 회복하는 거룩한 운동에 참여하고 있는 것이라는 큰 그림을 보여 주어야 한다. 셋째, 가정교회를 문화로 정착시켜라. 주중에 한 번 가정집에서 남녀가 같이 모이는 목장모임, 목장 식구들과 같이 나누는 식사, 다섯 개의 필수 삶 공부, 예수 영접 모임, 섬기는 리더십, 숙식을 제공하며 진행되는 세미나, VIP에게 최우선순위를 두는 것, 기신자 등록을 받지 않는 것들은 가정교회의 고유한 원칙이자 문화이다. 넷째, '성경대로'의 원칙을 붙들라. 가정교회가 붙들고 나가야 할 가정교회 정신의 핵심은 '성경대로'이다. 이 '성경대로'를 구체화시킨 3축과 4기둥에 따라 자신과 자신의 사역을 끊임없이 점검해야 한다.197)

국제가정교회사역원 북미 총무인 성승현 안수 집사가 휴스톤 서울교회에서 집사로 안수받는 사람에게 준 다음의 권면의 말은 교회가 쇠락하고 있는 상황 속에서 가정교회의 의의가 무엇인지를 의미 있게 표현해주었다고 본다. 길지만 그 중 일부를 소개한다. "이 땅에 주님이 교회를 세우신지, 2천 년이 넘는 세월이 흐르는 동안 교회와 세상은 아주 미묘한 관계 속에 지내 왔습니다. 초대교회사에서 교회는 세상의 무시무시한 핍박을 받은 까닭에 제국과 천국은 양립할 수 없는 적대 관계가 되어 지내 왔습니다. 그러다가 4세기 초, 그리스도인 황제 콘스탄틴 대제가 로마 황제로 등극하면서,

제국과 천국은 퓨전이 되어 버렸고, 그 이후 천 년이 넘는, 소위 교회를 타락시켰고, 교회는 제국을 병들게 하고 말았습니다. 그 이후 16세기 초, 교회는 종교개혁을 단행하면서 스스로를 정결케 하기 위해 세상으로부터 탈피를 선언했고, 그때부터 세상과 교회 사이에 건너기 힘든 골이 파여 갔습니다. 세상은 교회의 종교적인 위선을 질타했고, 교회는 세상의 죄성을 단죄하였습니다. 그러다가 현대에 와서 '세상과 구별되지 않는 교회' '세상과 전혀 소통하지 못하는 교회' '세상에 영향력을 행사하지 못하는 교회'라는 비난의 소리를 듣게 되었습니다. 이 때 이런 세상에 돌을 던지거나 이런 세상으로부터 도피하기보다 하나님께서 세상을 포기하지 않으셨기에 세상을 사랑하기로 결심하고 세상 한가운데로 뛰어들어 세상을 부둥켜안은 교회가 있습니다. 세상 안에서 녹고, 부서지고, 썩어지기를 소원하며, 비록 세상에서 교회가 신뢰와 영향력을 잃어가고 있지만, 하나님의 소망은 여전히 교회에 있음을 확신하고 이를 이루기 위해 세상 한가운데로 들어간 교회가 있습니다. 그 교회가 바로 가정교회입니다."**198)**

참고문헌

최영기.『가장 오래된 새 교회 가정교회』. 서울: 두란노, 2015.

Towns, Elmer L. 외. 이대숙 역.『뉴 패러다임 시대의 11가지 교회모델』. 서울: 요단출판사, 2011.

http://blog.daum.net/sysy50/7352258

16
삶의 변화를 체험하는 공동체 교회: 노스포인트교회

최근의 미국교회를 보면, 한편에서는 오랜 전통과 역사를 가진 주류교회들의 쇠퇴하는 현상이 있는 반면, 다른 한편에서는 교회를 떠나갔던 사람들을 다시 불러들이며 불신자들도 결신하게 하는 새로운 교회운동이 있음을 보게 된다. 모두가 동일한 하나님의 교회인데 한쪽은 쇠퇴하고, 다른 한쪽은 성장하는 이유가 무엇일까? 모두가 주님의 교회인데 한쪽은 무기력하고, 다른 한쪽은 생명력이 살아나는 이유가 무엇일까? 아틀란타에 있는 노스포인트교회의 앤디 스탠리는 그 이유를 설명하기를, 교회가 무기력상태에 빠지게 되는 것은 교회가 무엇이고 교회의 존재이유가 무엇인지 모르기 때문이라고 말한다.

엔디에 따르면, 처음에 교회는 하나님의 영감으로 사명과 명령을 받은 운동, 즉 예수 그리스도의 진리를 세상 구석구석에 전하는 일에 헌신한 운동이었다. 처음에 "메시지는 레이저처럼 초점이 명확했고, 사명은 온 세상을 품었다. 교회를 이끈 사람들의 원동력은 그들이 믿은 내용이 아니라 목격한 사건이었다."[199] 교회가 생겨난 이후 300년 동안 기독교인들은 황제를 신으로 받아들이지 않았다. 그들은 로마황제가 아닌 예수를 왕이며 구원자라고 주장했다. 그래서 기독교는 불법이었고, 지독한 박해를 받았다. 그러다가 교회가 합법화되면서부터 교회는 더 이상 운동이 아니었다. 교회가 조직화된 제도로 바뀐 것이다. 313년 이전에는 기독교의 예배에 엄격한 격식이 없었다. 신자들은 가정에 모여 음식을 나누며, 식사 후에는 찬송을 부르며 성경을 읽고, 신앙이야기를 나누고 성찬을 나누었다. 그런데 콘스탄티누스가 기독교를 공인하고 난 이후 향불, 화려한 복장, 행렬, 성가대, 거창한 장식 등 황제숭배의 의식들이 기독교 예배에 섞여들었다. 예배에 격식과 위계가 생겨났고, 회중은 그저 구경꾼으로 전락했다. 세상을 향해 복음을 전하던 교회가 내부로 함몰하는 위계적이고 의식화된 제도로 변하게 되었고, 특수한 목적을 위해 불려나온 사람들의 모임이라는 의미의 에클레시아로서의 교회가 의식儀式을 위한 모임장소를 의미하는 장소로서의 교회로 바뀌게 되었다.

그러나 성경이 강조하는 것은 장소로서의 교회도 아니고, 건물로서의 교회도 아니고, 전통과 의식과 위계를 중시하는 제도로서의 교회도 아니다. 성경이 말하는 교회는 장소나 건물이나 제도가 아니라 하나님의 영감으로 사명을 받아 예수 그리스도의 진리를 세상 구석구석에 전하는 일에 헌신하는 운동인 것이다. 그러므로 엔디는 이렇게 질문한다. "우리는 운동하고 있는가? 아니면 그냥 모이고 있는가?" "우리는 지역사회에 가시적 변

화를 이루어내고 있는가? 아니면 그냥 예배를 수행하고 있는가?" "우리는 사명을 중심으로 조직되어 있는가? 아니면 이전 세대로부터 물려받은 낡은 사역모델을 중심으로 조직되어

있는가?" "우리는 예수께서 정말 세상의 소망이신 것처럼 자원을 배분하고 있는가? 아니면 교회문화의 타성에 이끌려 예산을 책정하고 있는가?" "우리는 에클레시아인가? 아니면 건물이나 모임장소에 안주하고 있는가?" 엔디의 이 질문들은 쇠퇴하는 교회와 성장하는 교회, 무기력한 교회와 생명력 넘치는 교회의 차이가 어디서 결정되는지를 잘 보여주고 있다고 할 수 있다.

또 하나 중요한 질문이 있다. 그것은 바로 "교회는 누구를 위해 존재하는가?"이다. 첫째는 교회는 교인들을 위해 존재한다는 생각이다. 교회는 구원받은 사람들을 위해 만들어진 것이라고 생각하는 사람들의 교회에는 위선자들로 가득하게 되는 문제점이 있고, 은혜에 인색해질 위험이 있다고 엔디는 말한다. 둘째는 교회는 만인을 위해 존재한다는 생각이다. 교회는 만인을 위해 존재한다고 생각하는 사람들의 교회에는 진리가 약해질 위험이 있다. 전자가 진리뿐인 교회모델, 즉 진리에 치중하고 은혜에 인색한 교회라고 한다면, 후자는 은혜뿐인 교회모델, 즉 은혜에 치중하고 진리가 취약한 교회이다.

그러나 예수님은 은혜와 진리가 충만한 교회를 교회의 모델로 제시하셨고,요 1:14,17 초대교회는 은혜와 진리를 둘 다 교회의 핵심으로 지키고자 노력했다. 그 대표적인 사례 가운데 하나가 행전 15장의 예루살렘 공의회이다. 유대교 기독교인들이 유대인의 전통을 모르는 이방인 기독교인들을 불편하게 생각하며 문제를 제기하게 되었을 때, 야고보는 비유대교인 신자들도 유대교로 회심하지 않고도 신앙공동체 안에 받아들여져야 한다고 믿었기에 "이방인 중에서 하나님께로 돌아오는 자들을 괴롭게 하지 말라"행전 15:19고 결론을 내렸다. 이에 따라 기존신자들을 위한 교회가 아니라 비신자들이 다니고 싶어하는 교회를 만드는 것을 비전으로 가지고 있는 엔디는 "21세기의 교회는 온갖 부류의 문제를 지닌 온갖 부류의 사람들이 예수님의 이름으로 모여 회복과 수용과 은혜를 누리는 곳이 되어야 한다."**200)**고 주장한다.

엔디 스탠리는 교회를 다니지 않는 사람들이 와서 삶을 변화시키는 진리_{예수 그리스도가 그들의 죄를 위해 돌아가셨으며 그들을 돌보신다}를 들을 수 있는 교회를 만들고 싶은 꿈을 가지고 노스포인트 커뮤니티교회를 개척했다. 1995년에 개척한 교회가 지금은 아틀란타 지역의 일곱 개 교회에 주일마다 33,000명이 넘는 성도들이 예배를 드리고 있다고 한다. 그는 교회를 개척하면서 마 28장에 근거해서 교회의 사명선언문을 만들었는데, 거기서 엔디는 "우리의 사명은 사람들을 이끌어 예수 그리스도와의 관계에서 성장하도록 돕는 것이다."라고 말한다. 그렇다면 사람들을 주님과의 관계에서 성장하게 하는 것은 무엇일까? 다시 말해 사람들의 믿음이 자라가게 하는 것은 무엇일까? 이런 물음을 가지게 된 그는 사람들에게서 구원으로부터 시작된 신앙의 여정에 대해 이야기를 들으면서 그들의 신앙 이야기에 다섯 가지 요소들이 공통적으로 등장하고 있음을 발견했다. 사람들의 신앙 이야기에서 엔디가 뽑아 낸 신앙 성장의 필수요소는 실제적 교육, 개인적 훈련, 직접적 사역, 섭리적 관계, 중추적 환경이었다.**201)**

믿음의 성장을 위한 첫 번째 촉매제는 사람들을 움직여 행동하게 하는 실제적 교육이라고 엔디는 말한다. 이것은 하나님이 우리의 믿음을 키우시는데 사용하시는 주된 방법 중의 하나라고 엔디는 말한다. 신앙이 성장하게 된 중요한 계기를 말할 때 사람들이 빼놓지 않고 말하는 것이 있는데 그것은 그들이 학교에서든, 교회에서든, 가정에서든 성경공부를 하면서 성경의 내용을 처음 이해하기 시작했던 때의 경험을 이야기한다는 것이다. 중요한 것은 성경 내용에 대한 단순한 지적인 동의가 아니라 성경이 새로운 의미로 다가왔다는 것이며, 더 나아가 말씀이 그 사람을 움직여 행동하게 했다는 것이다. 예수님도 청중의 반응을 목적으로 가르치셨다. 단순한 정보를 나누어 주려는 것이 아니라 삶의 변화가 목적이었다. 따라서 하나님의 말씀을 가르칠 때 중요한 것은 지식이 아니라 실천이며, 지식의 축적이 아니라 삶의 변화여야 한다는 사실이다. 그래서 엔디는 성경을 책별로 가르치기보다는 주제별 설교나 시리즈 설교를 선호하고 있고, 각 메시지와 시리즈를 마칠 때마다 구체적인 행동을 제시하고 있다고 말한다. 뿐만 아니라 교회의 어린이사역에서도 그 주에 가르치는 덕목이나 원리를 중심으로 온 가족을 위한 활동을 만들어내고, 중등부와 고등부 설교자들은 매주 설교를 마칠 때마다 적용 중심의 서너 가지 질문을 미리 던져주면 아이들은 그 질문들을 가지고 소그룹 인도자와 함께 토의한다고 말한다. 이 모든 방법을 통해 노스포인트교회의 모든 설교자들과 교사들은 행동지향적 교육을 실천하고 있다.202)

민음의 성장을 위한 두 번째 촉매제는 개인적 훈련이다. 혼자서 기도하고, 성경을 탐구하며, 암송하기도 하고, 때로 금식도 하며 개인적인 경건의 생활을 하는 사람은 하나님을 향한 확신이 깊어지고, 기도의 응답을 받기도 하면서 믿음이 굳건해지는 것을 경험하게 된다. 따라서 엔디는 예배 때마다 늘 사람들에게 성경을 읽으라고 권하며, 시리즈의 내용에 맞는 4~8개의 본문을 골라 성경암송카드를 만들어 회중에게 나누어준다. 또한 그는 헌금의 중요성을 대놓고 강조하기도 한다. 교육부의 경우 유·초등부 학부모들에게 매달 '부모카드'를 보내는데 이 카드는 매일 자녀의 경건생활을 이끌도록 부모를 돕는 간단한 지침이다. 중등부와 고등부는 개인적 경건 훈련의 중요성에 중점을 둔 커리큘럼이나 주말행사를 만든다. 또 고등부에서는 '하나님의 음성을 들으려면 숨바꼭질을 하라'는 주제로 전체 주말 동안 경험해야 할 계획을 짜기도 했다. 학생부의 모든 캠프에는 매일의 스케줄 속에 전자기기가 없는 '고요한 시간'이 들어 있는데 모든 학생은 묵상교재를 받아 혼자 앉아서 30분 동안 읽고 묵상하고 기도해야 한다. 여름마다 이루어지는 행사 중에 놀라운 것은 8~9백 명의 고등학생이 해변에 쫙 흩어져 성경을 읽고 공책에 적고 기도하는 모습을 보는 것이라고 엔디는 말한다.

이처럼 믿음의 성장에 있어서 개인의 영적 훈련이 매우 중요하다고 생각하는 엔디는 비신자들에게도 성경을 읽고 기도하는 것의 중요성을 강조한다. 그 중요성에 공감하도록 하기 위해서 설교자는 성경에 매력을 느끼게 해주어야 하고, 성경을 가깝게 느끼도록 해주어야 한다고 그는 말한다.**203)**

믿음의 성장을 위한 세 번째 촉매제는 직접적 사역이다. 사람들의 믿음을 넓혀주고 키워주는 것이 있는데 그것은 준비되지 않았다고 느껴지는 사역 환경에 뛰어드는 것이다. 사람들은 첫 사역의 경험을 말할 때 흔히들 말하기를, 어떤 사람은 단기선교에, 어떤 사람은 어린이 소그룹의 사역 현장에 본의 아니게 내던져졌다는 이야기를 한다. 자신이 준비되지 않았고, 한없이 부족하다고 느껴졌을 때 그들은 하나님을 전적으로 의지했는데 하나님이 자신의 입에 할 말을 주셨고, 자신의 과거를 통해 다른 사람의 성장을 돕게 하셨다는 고백을 한다. 이렇게 사역 덕분에 의식적으로 하나님을 의지하게 되고 그리하여 믿음이 굳건해진다.

성경에도 그런 사례들이 많이 나오는데 그 중에 하나가 오병이어 사건이다. 저녁 무렵이 되자 무리를 위해 먹을 것을 구하게 하시라고 예수님에게 이야기하던 제자들에게 주님은 "갈 것이 없다. 너희가 먹을 것을 주라"고 말씀하셨다. 제자들의 믿음이 시험받는 순간이다. 제자들이 말하기를 "여기 우리에게 있는 것은 떡 다섯 개와 물고기 두 마리뿐입니다." 그러자 주님이 말씀하시기를 "그것을 내게로 가져오라" 다시 말해서 "네게 있는 것을 내게로 가져오라. 내가 그것을 가지고 일하겠다. 네 부족한 교육과 모자란 경험을 가져오라. 두려움과 불안감도 함께 가져오라. 그리고 내가 어떻게 하는지 보라."는 것이다. 이런 이야기는 모든 봉사자들도 비슷한 경험을 가지고 고백하는 이야기이다. 결과도 비슷하나. 이 이야기 끝에 엔디가 내리는 결론이다. "우리에게 있는 것을 기꺼이 하나님께 드릴 수만 있다면 놀라운 일이 벌어진다. 교회마다 사람들이 그럴 수만 있다면 상황이 끝난 후에 모두의 믿음이 커진다. 건강한 자신감이 높아진다. 우리는 임마누엘, 즉 우리와 함께 하시는 하나님을 경험하게 된다. 제자들은 분명히 그랬다. 사역에 들어서면 하나님의 능력이 우리를 통해 흘러나가는 것을 경험할 수 있다. 직접적 사역은 우리를 두렵게 하면서 동시에 성장시키는 것을 경험할 수 있다. 내 힘으로 충분하다는 생각이 싹 달아난다. 사역 덕분에 우리는 의식적으로 하나님을 의지하게 되고, 그리하여 믿음이 굳건해진다."204

사역에 동참하는 일이 믿음을 세워주는 중요한 요인이라고 생각하는 엔디는 그래서 비신자들도 사역에 동참시킨다고 한다. 비신자들에게 교육이나 예배 인도를 맡기지는 않지만 방문자, 안내, 봉사활동, 오디오와 비디오 기술, 밴드 연주, 무대 디자인과 설치, 편집, 제작, 연기, 기타 여러 가지 일을 그들에게 맡긴다. 그리고 거의 언제나 소그룹에 비신자들을 참여시킨다. 그리고 그들에게 토의를 인도할 기회도 준다. 한번은 기독교인인 아내를 기쁘게 해주기 위해 소그룹에 참여했던 존에게 엔디가 교재의 리더 지침서를 주면서 다음 주에 소그룹 토의를 인도해보겠냐고 제안했다. 제안을 수락했던 존은 철저히 준비하고 그 다음 주에 나타나 소그룹을 인도하는 첫 시간에 이렇게 말했다. "좋습니다. 리더 지침서에 보니 기도로 시작해야 한다고 하고 무릎을 꿇어야 한다고 하더군요. 그러니 무릎을 꿇읍시다. 제가 기도하겠습니다." 그런 일이 있은 후 그는 그리스도인이 되었다. 존의 사례는 논란의 여지가 많은 하나의 모험이었지만, 분명한 것은 사역은 사람들의 믿음을 성장시킨다는 사실이다.

믿음을 성장시키는 네 번째 촉매제는 섭리적 관계이다. 엔디가 만났던 사람들의 신앙이야기에는 늘 하나님이 만나게 해주신 사람들이 등장했다.

예를 들면, "그 때 이 부부를 만났다.""그 때 우연히 대학 동창과 마주쳤다.""직장 직원이 나를 교회로 초대했다.""잘 모르는 부인이 내 처지를 들었다며 어떤 도움이 필요하냐고 물었다.""어느 날 상사가 나를 사무실로 불렀다." 엔디는 이렇게 관계의 요소가 빠진 신앙 이야기를 들어본 적이 없다고 말한다. 사람들은 자신의 이야기를 할 때 하나님이 그분의 섭리로 그 개인이나 부부를 자신의 삶 속으로 인도하셨다는 확신을 이야기 한다는 것이다. 두 가지 요인이 섭리적 관계를 만들어 내는데 하나는 상대방을 통해 하나님의 음성을 들을 때이고, 다른 하나는 상대방 안에서 하나님을 볼 때이다. 이 중에 하나의 일이 벌어지면 우리의 믿음이 커진다. 엔디도 열다섯 살 때 20대 후반의 댄 디한을 만났을 때가 그런 경우였다고 말한다. 댄은 여름마다 자신의 교회의 캠프에서 가르쳤는데 그의 가르침을 통해 성경이 자신에게 살아났다고 엔디는 말한다.

그런데 이 섭리적 관계는 사람의 영역 밖의 일이다. 그러나 우리의 할 일이 있다고 그는 말한다. 섭리적 관계가 발생하기 쉬운 환경을 조성하는 일이다. 그래서 엔디 팀은 교회개척을 하면서 관계중심의 모델을 만들기로 작정했고, 사람들을 더 빨리 연결시키고 그 연결을 더 오래 지속시키는 방법을 모색했다. 그래서 그들은 교인들을 소그룹에 참여하도록 유도하였고, 개방형 그룹이 아닌 폐쇄형 그룹을 중심으로 모델을 세워나갔는데 공동체 그룹의 성인들이 2년 동안 함께 지내도록 한 것이다. 그 결과 세례받는 성인들 중 적어도 90퍼센트는 자기 그룹의 특정인에게 감사를 표한다고 한다. 이것은 신앙의 성장과 삶의 변화가 일어나는데 있어서 소그룹만큼 좋은 촉매제도 없다는 것을 보여주는 것이라 할 수 있다.

그래서 교육부 사역에서도 엔디 팀은 섭리적 관계를 유발하기 쉬운 환경을 조성하기로 했는데 초등학교 1학년 반을 인도하는 성인소그룹 리더이 그 아이들이 5학년이 될 때까지 그들과 함께 지내게 해서 장기적 관계를 통해 리더의 영향권이 예배시간 이외로까지 확대되도록 했다. 이렇게 수년간 리더와 특별한 관계를 가지면서 지내온 중·고등학생들의 부모들은 리더 때문에 자녀의 삶이 변했다는 이야기를 하는 것을 많이 듣게 된다고 엔디는 말한다. 뿐만 아니라 새신자교육과 관련해서는 새신자반을 따로 만들기보다는 '출발점'이라는 이름의 따뜻한 대화와 친밀한 관계를 경험할 수 있는 소그룹에서 교회생활을 맛보도록 하고 있고, 약혼한 커플은 결혼한 부부와 연결되어 8주 동안 만나 일련의 공부를 거치게 하는 등 다양한 소그룹 활동을 시행하고 있다고 한다.[205]

엔디 팀이 이처럼 소그룹 공동체에 교인들이 참여하는 것을 강조하는 이유가 있다. 그 이유는 진정한 삶의 변화는 바로 의도적인 관계 속에서 일어난다고 믿기 때문이며 동시에 교회의 핵심 사명이 바로 삶의 변화이기 때문이다. 그래서 "진정한 공동체가 생겨날 수 있는 환경을 만드는 것, 그것이 바로 하나님이 교회에 맡기신 사명"[206]이라고 말하는 엔디는 사역의 모든 노력을 삶의 변화를 체험하는 관계적인 공동체를 구축하는 일에 쏟았던 것이다. 그래서 노스포인트교회가 3만 명이 넘는 초대형 교회이긴 하지만 "노스포인트교회의 가장 중요한 특징은 우리가 정말로 소그룹문화를 가지고 있다는 점"207)이라고 그는 말한다.

엔디는 왜 이처럼 소그룹을 노스포인트교회의 핵심전략으로 삼았을까? 엔디 팀이 소그룹 전략을 추구하기로 결정한 첫 번째 이유는 완전한 익명성 속에서 메시지를 듣는 환경으로는 지속적인 영적 성장이 일어나지 않기 때문이다. 다시 말해 지속적인 성장은 사람들이 하나님과의 관계와 다른 사람들과의 관계 속에서 개인적으로 도전받고 격려 받을 때 일어난다는 것이다. 둘째로, 소그룹공동체가 불신자들에게 교회 등록하기 전에 신앙생활을 시작하도록 마음을 움직일 수 있는 환경을 제공해주기 때문이다. 셋째로, 소그룹이 교회의 리더십과 돌보는 사역을 분산시켜주기 때문이다. 다시 말해 소그룹 사역은 리더십에 보다 많은 사람들을 참여시킴으로써 보다 폭넓은 범위의 영적 은사들을 활용할 수 있게 되는 장점과 사람들을 가장 자연스럽고 효과적으로 보살필 수 있게 되는 장점이 있다는 것이다. 넷째로, 소그룹은 보다 많은 사람들을 예배 안내, 주차, 탁아 서비스 등의 교회 봉사에 참여시키기 때문이다. 다섯째로, 소그룹은 진정한 공동체를 형성해주기 때문이다. 여섯째로, 소그룹은 최대한의 융통성을 발휘할 수 있기 때문이다. 소그룹 시스템에서는 그룹멤버들이 자신의 개인적 스케줄을 감안해 스스로 모임 일정을 계획할 수 있다. 일곱째로, 소그룹은 교인들을 더 나은 청지기로 만들어주기 때문이다. 여덟 번째로, 소그룹은 사람들이 이웃 가정에서 모이기 때문에 공간문제, 주차문제와 같은 성장의 주된 방해요소를 제거해주기 때문이다.208) 따라서 "소그룹은 우리가 사람들의 삶에서 이루기 기대하는 것, 즉 하나님과의 친밀한 교제, 성도들과의 공동체 형성 그리고 믿지 않는 사람들에 대한 영향력, 이 세 가지 필수적인 관계를 추구하도록 정기적으로 격려할 수 있는 최상의 시스템"209)이라고 엔디는 말한다.

믿음을 성장시키는 다섯 번째 촉매제는 중추적 환경이다. 사람들이 신앙의 여정에 대해 말할 때 꼭 이야기하는 것이 있는데 바로 결정적 고비에 해당하는 사건들이다. 결정적 고비에는 결혼, 출산, 승진과 같은 좋은 일들도 있지만, 고통과 실망이 수반되는 일들도 있다. 환경이 믿음에 미치는 영향은 양면적이다. 긍정적 사건이 믿음을 굳건하게 할 수도 있고, 믿음에 악영향을 줄 수도 있으며, 삶의 고통과 시련이 믿음을 굳건하게 할 수도 있고, 식어지게 할 수도 있다. 그런데 중추적 사건 때문에 믿음의 향배가 갈리는 것은 무엇 때문일까? 뜻밖의 사건이 자신의 믿음에 미친 영향에 대해 사람들이 이야기하는 것을 들으면서 엔디는 믿음의 향배를 결정한 것은 사건 자체가 아니라 사건에 대한 해석이었다고 말한다.

예를 들어보자. 전쟁으로 폐허가 된 비아프라 지역에 사는 두 아이의 사진이 라이프지 표지에 실렸다. 비아프라는 겨우 2년 반 동안 독립 상태를 유지하다가 다시 나이지리아에 통합되었다. 그 기간 동안 내전이나 기근으로 백만 명 이상의 사람들이 목숨을 잃었다. 열 세 살이었던 스티브 잡스는 이 사진을 본 후에 교회 목사를 찾아가 따져 물었다. "제가 손가락을 편다면 하나님은 제가 어떤 것을 펼지 미리 다 알고 계시나요?" 목사는 "그럼, 하나님은 무엇이든 다 알고 계시지"라고 대답했다. 그 때 라이프 잡지 표지를 꺼내 보이며 물었다. "그럼 하나님은 이것도 알고 계시나요? 이 아이들이 어떻게 될지도 다 아시나요?" 이 대화 이후로 스티브는 다시는 교회에 가지 않았다고 한다.

그런데 비슷한 상황을 직접 목격했던 엔디의 아들들10살, 12살, 14살은 스티브와는 전혀 다른 반응을 보였다. 엔디의 아들들은 케냐의 나이로비에 있는 빈민가를 방문한 적이 있었다. 50만 명 대부분이 조그만 판잣집에서 거주하는 그곳에는 전기도 없었고, 수도도 없었다. 보통은 돈을 내고 공중화장실을 써야 하지만 돈이 없는 사람들은 비닐봉지에 대변을 모았다가 나이로비 강에 내다버렸다. 그런데 그 강은 주민들의 식수원이다. 이렇게 스티브를 경악하게 했던 비아프라 지역의 모습과 크게 다르지 않은 나이로비의 빈민가를 보고서도 엔디의 아들들은 믿음을 잃지 않았다. 오히려 자신에게 주어진 것들에 대한 감사와 뭔가 행동을 해야겠다는 의욕을 품고 집에 돌아왔다고 한다. 사건은 비슷했다. 그러나 결과는 판이하게 달랐다. 무엇이 똑같은 상황을 경험하고서도 이처럼 서로 다른 반응을 보이게 하는 것일까? 그 이유는 자신이 본 것을 서로 다르게 해석했기 때문이다. 사람은 상황을 어떻게 해석하느냐에 따라 전혀 다른 반응을 보이게 된다는 것이다.

그렇다면 "사건과 상황에 대한 우리의 해석을 결정하는 것은 무엇일까?" 그것은 두 가지 요인, 즉 ① 우리의 세계관과 ② 그 시점에 가까이 지내는 사람들에 의해 결정된다고 엔디는 말한다. 그래서 엔디는 아이들과 성인들에게 성경적 세계관을 길러주는 일과 건강한 관계(2대1 혼전 멘토링 프로그램, 성인 소그룹, 교육부 사역의 소그룹 등)를 가지는 가운데 믿음을 키워가도록 돕는 일에 힘을 쏟고 있다.

다음으로 엔디가 중요하게 생각하는 것은 사역의 환경이다. 환경은 설교 메시지 이전의 메시지라고 생각하는 엔디는 "설교는 주차장에서부터 시작된다." "사역환경의 질과 일관성 그리고 그 환경이 개개인에게 미치는 영향이 당신의 교회를 규정한다." "교회는 환경의 집합체"[210]라고 말한다. 훌륭한 환경을 조성하는 것과 관련하여 엔디는 교회의 사명과 직결된 세 가지 중요한 요소를 찾아냈다. 그는 이것을 질문으로 만들었는데 첫째 질문은 "우리의 공간은 매력이 있는가?"이다. 사역의 환경은 청중에게 매력을 주어야 한다는 것이다. 다시 말해 하나님이 시간 속에서 제일 먼저 하신 일이 매력 있는 환경을 창조하신 일이듯이 교회의 물리적 환경도 사람들을 끌어들일만한 매력 있는 공간으로 만들어야 한다는 것이다. 필자가 2015년 "미국교회 및 공동체 탐방" 프로그램을 통해 한국의 여러 목사님들과 함께 방문했던 노스포인트교회는 실제로 아이들이 한번만 방문하게 되면 다시 오지 않을 수 없게 만들만큼 교회 안의 환경을 정말 매력적인 곳으로 조성해놓았다.

두 번째 질문은 교회가 "제시하는 방법은 사람들을 끌어들이는가?"이다. 제시된 내용 못지않게 중요한 것은 제시하는 방법이라는 것이다. "20대 청년들이 교회를 버린 이유는 목사들이 성경을 버려서가 아니다. 교회가 고전하는 이유는 진리에 대한 말이 부족해서가 아니다. 우리에게 없는 부분은 사람들을 끌어들이는 제시 방법이다. 더 많은 사람들이 교회에 끌려들지 않는 이유는 우리가 그들을 제대로 끌어들이지 못하기 때문이다. 지역사회의 더 많은 사람들이 당신의 교회에 끌려들기를 원하는가? 그렇다면 그들을 더 잘 끌어들이라. 당신 기관의 모든 부서에서 사람들을 끌어들이는 제시방법에 총력을 기울이라"211)고 엔디는 말한다.

엔디는 "예수님이 얼마나 사람들을 잘 끌어들이셨는가?"라고 질문하면서 제시방법의 중요성의 근거를 예수님에게서 찾는다. 예수님은 그가 오신 목적이 잃어버린 사람들을 찾아 구원하기 위한 것이었기 때문에 진리를 말씀하시는 것만으로 만족하지 않으셨고, 그러기 때문에 예수님은 사람들을 끌어들일만한 이야기 —예를 들면, "천국은 좋은 씨를 제 밭에 뿌린 사람과 같으니" "천국은 마치 밭에 감추인 보화와 같으니" "비가 내리고 창수가 나고…. 비가 내리고 창수가 나고" 등등— 를 통해 사람들의 주의를 사로잡으셨다고 엔디는 말한다. 그러므로 어린이나 청소년들에게 성경을 제시하되 그들을 끌어들이지 못하는 방식으로 한다면, 의도와는 다르게 "성경은 지루하다. 성경은 나와 상관없다. 교회는 나와 무관하다."212)고 가르치는 것이라고 앤디는 말한다.

따라서 사람들을 끌어들이는 제시 방법은 교회의 사명을 달성하는데 핵심적 역할을 한다고 생각한 그는 노스포인트교회의 모든 부서에서 말씀을 탁월하게 제시하기로 다짐했고, 사람들을 끌어들이는 제시 방법을 노스포인트교회 사역의 특징으로 삼기로 했다. 그런데 한 사람이 내용을 만드는 일과 내용을 전달하는 일을 모두 잘 할 수는 없다. 그러기에 노스포인트교회는 사람들을 가장 잘 끌어들이는 목사나 교사를 선별해서 그들에게 훌륭한 내용물을 주어 탁월한 제시방법을 만들게 한다. 이처럼 팀으로 설교를 준비하면서 말씀을 탁월하게 제시하고 있다. 또한 말로만 하지 않고 시각 자료, 인터뷰, 사진 등의 요소를 사용하여 사람들을 끌어들이는 제시 방법에 총력을 기울이고 있는데 그 중에 하나가 광고 내용을 전달하는 짤막한 비디오다. 설교든 교육이든 어떤 경우가 되었든 중요한 것은 교회에서 뭔가를 제시하려고 하면 사람들의 마음을 끌어들이는 방식으로 해야 한다는 것이다.

세 번째 질문은 "우리의 내용은 유익한가?"이다. 이 질문은 "내용이 청중에게 유용할 것인가? 사람들의 사고방식을 바꾸어줄 것인가? 참신한 시각을 제시하는가? 청중이 내용을 들을 뒤 어떻게 해야 할지 알 수 있는가? 실천으로 연결될 수 있는가?"라는 질문으로 바꾸어 생각할 수 있다. 내용이 유익하려면 사람들에게 적어도 다음 세 가지 일, 즉 ① 성경적으로 사고하게 해주어야 한다. ② 성경적으로 행동하게 해주어야 한다. ③ 성경적 가르침을 상황화 하게 해주어야 한다. 이 세 가지 중 하나를 해주어야 한다고 엔디는 말한다.**213)** 여기서 제일 먼저 고려해야 할 것은 청중의 사고와 생각이 달라지도록 하는 것사고의 전환, 패러다임의 전환이다. 생각이 새로워지면 삶이 변하기 때문이다. 그래서 엔디는 생각이 달라지도록 돕기 위해 많은 시간을 들여 전달 내용이 마음속에 새겨질만한 간단한 문구간단명료한 결론들을 만든다. 그 다음으로 중요한 것은 적용이다. 즉, 구체적인 적용을 제시하고 뭔가를 하도록 도전하는 일이다.

여기서 노스포인트교회의 설교에 대해 다시 생각해보자. 노스포인트교회를 참석하는 사람들이면 많은 사람들이 설교에 감동을 받는다. 설교는 주로 시리즈 설교로 이루어지는데 어떻게 매 주일 감동을 주는 설교를 할 수 있을까? 그것은 설교를 팀으로 준비하기 때문이다. 먼저 본문이 정해지면 설교팀이 성경연구와 묵상을 한 후 그 본문에 대한 이야기를 나누면서 전달할 핵심 내용을 결정하게 되고, 다음으로 그 내용을 가장 잘 전달할 수 있는 삶의 경험들을 뽑아낸 후에 그 경험들을 전달하고자 하는 설교의 핵심 내용과 체계적으로 잘 연결시키는 가운데 사람들의 마음을 움직일 수 있는 한 편의 드라마와 같은 설교를 완성하게 된다. 설교에 대한 노스포인트교회 설교팀의 이러한 열정이 많은 비신자들의 마음을 움직이고 있고, 교회에 생명력을 불어 넣고 있다.

이러한 노스포인트교회의 뜨거운 열기와는 다르게 현재 수많은 교회들이 정체 내지 쇠퇴 현상에 빠져있다. 주류 교단들의 교인수가 계속 줄어들고 있다. 왜 그럴까? 여러 요인이 있겠으나 앤디에 따르면 그 주된 이유는 주류 교단들이 사역모델과 사랑에 빠져 있기 때문이고, 교회가 본래의 목적에 더 이상 부합되지 않는 사역모델, 시대 상황에도 부합되지 않는 사역모델이나 전술교회를 운영하는 방식에 묶여 있기 때문이다. 교회가 현행의 사역모델과 교회가 부름받은 사명을 구분하지 못한 채 과거의 사역모델을 답습하고 있기 때문이라는 것이다. 따라서 우리는 우리 스스로 사역 모델이나 전술의 수호자인가? 아니면 교회의 본래 사명의 수호자인가를 질문해 보아야 한다고 앤디는 말한다.

그는 교회가 사역의 모델이나 전술에 묶이지 않도록 돕기 위해 교회 사역의 네 가지 구성요소들과 그것들 사이의 관계를 다음과 같이 설명한다. 그에 따르면, 교회 사역의 네 가지 구성요소는 사명, 비전, 모델, 프로그램이다. ① 사명이란 전체 교회에 주어진 타협할 수 없는 명령들이다. 노스포인트교회의 경우 그것은 제자 삼는 일, 즉 "사람들을 이끌어 예수 그리스도와의 관계에서 자라게 하는 것"이다. ② 비전이란 전체 교회의 포괄적 사명에 기여하는 부분으로, 노스포인트교회의 경우 그것은 비신자들이 다니고 싶어 하는 교회를 만드는 것이다. ③ 모델이란 교회나 교단이 각자의 구체적 비전을 펼치기 위해 선택하거나 만들어내는 틀로, 어떤 교회는 '대형교회 따라잡기' 모델을 가지고 있기도 하고, 또 어떤 교회는 '잡탕' 모델을 가지기도 하는데 노스포인트교회의 경우, 그것은 소그룹 모델이다. ④ 프로그램은 특정한 모델을 촉진하고자 선택하거나 만들어내는 것이다. 모든 프로그램은 본래 목적을 위한 수단으로 만들어진다.

그런데 문제는 시간이 가면서 교회지도자들이 수단과 사랑에 빠지면서 본래의 목적을 망각하게 된다는 사실이다. 그러므로 지도자가 모델이나 전술과 사랑에 빠지지 않기 위해 늘 씨름해야 하는 질문이 있다고 생각하는 엔디는 노스포인트교회의 경우 사역 모델은 소그룹 모델이므로 다음의 질문들과 늘 씨름해야 한다고 말한다. 즉, ▶성인들을 소그룹에 흡수하는 최선의 방법은 무엇인가? ▶그룹 리더들을 발굴하고 훈련하는 최선의 방법은 무엇인가? ▶어린이들과 청소년들을 그룹에 흡수하는 최선의 방법은 무엇인가? ▶새로 나온 사람들에게 그룹 생활을 소개하는 최선의 방법은 무엇인가? ▶구도자들과 교회로 다시 돌아오는 사람들에게 그룹 생활을 소개하는 최선의 방법은 무엇인가? 등이다. 또한 프로그램을 평가하는 기준이 있는데 그것은 멤버들과 출석자들을 그룹 생활에 끌어들인다는 목표에 각 프로그램이 얼마나 기여하느냐하는 질문인데 구체적으로 교회가 늘 물어야 하는 질문이 있다고 그는 말한다. 즉, ▶어린이들에게 복음을 소개하는 최선의 방법은 무엇인가? ▶청소년들에게 성경적 세계관을 길러주는 최선의 방법은 무엇인가? ▶건강한 결혼생활을 가꾸어가도록 부부들을 준비시켜주는 최선의 방법은 무엇인가? ▶출석자들을 지역사회에 끌어들이는 최선의 방법은 무엇인가? ▶자녀의 영적 성장을 책임지도록 부모들에게 동기를 심어주고 훈련하는 최선의 방법은 무엇인가? ▶약혼한 커플들을 결혼생활에 준비시켜주는 최선의 방법은 무엇인가? ▶봉사자들을 모집하고 훈련하는 최선의 방법은 무엇인가? ▶출석자들에게 이 세상에 대한 책임을 소개하는 최선의 방법은 무엇인가? 등이다.214)

이와 같이 각 프로그램 또는 교회의 운영방식, 설교방식, 교육방식, 선교방식 등에 대해 "최선의 방법은 무엇인가?"라는 질문을 가지게 되면 현재의 관행과 사랑에 빠지는 오류를 범하지 않게 될 것이다. 모든 혁신에는 유효 기간이 있다고 한다. 과거에는 유익했던 아이디어였고, 혁신적인 아이디어였을지 모르지만, 어느 시점에서부터 그 아이디어 또는 그 방식은 더 이상 유익하지도 않고, 혁신적이지도 않게 되는 때가 오는 법이다. 그러므로 교회는 전통적인 관행과 사랑에 빠지기 보다는 교회의 본래의 목적 – 노스포인트교회는 "교회의 목적은 하나님을 사랑함으로써 그리고 잃어버린 세상에 그분을 알림으로써 하나님을 영화롭게 하는 것"215)이라고 고백한다.– 과 사랑에 빠져야 할 것이다.

이에 대해 앤디는 "교회의 비전은 늘 가장 중요한 자리에 두어야 하고, 프로그램은 늘 부수적인 것으로 남겨야 한다."고 말하면서 그렇게 하기 위해 올바른 질문을 던져야 한다고 그는 말한다. ① 우리는 전수할 수 있는 사명 선언문이나 비전 선언문을 가지고 있는가? ② 더 이상 효과적이지 않은데도 우리가 사랑에 빠져 있는 대상은 무엇인가? ③ 우리는 어디서 에너지를 창출하고 있는가? ④ 현재의 교역자와 당회원이 다 물러가고 외부의 그룹이 교회의 사명에 과감히 헌신한 지도자 그룹이 넘겨받는다면 그들은 어떤 변화를 도입하겠는가? ⑤ 우리는 무엇을 평가하고 있는가? ⑥ 우리는 무엇을 즐거워하고 있는가? ⑦ 우리 교회가 갑자기 없어진다면 지역사회는 우리를 아쉬워할 것인가? 등이다.216)

참고문헌

Stanley, C. Andy, Willits Bill. 이중순 역.『소그룹으로 변화되는 역동적인 교회』. 서
    울: 디모데, 2006.

Stanley, C. Andy. 윤종석 역.『노스포인트교회이야기』. 서울: 디모데, 2014.

17

변혁을 이끌어가는 선교적 교회들

한국교회이든 미국교회이든 최근의 교회동향을 보게 되면 오랜 전통을 가진 주류교회들은 점차 영향력을 잃어가고 있는 반면, 새로운 교회운동 교회들은 교회와 지역사회에 새로운 활력을 불어넣고 있다. 예배의 생명력이 살아나고, 역동적인 사역이 이루어지면서 교회를 떠난 젊은이들이 다시 교회로 모여들기 시작했다. 이들 교회들은 지역사회를 섬기며 세상을 변화시키는 선교적 교회로 거듭나고 있는 것이다. 이러한 새로운 교회운동에 주목한 이상훈교수는 북미교회를 찾아다니며 선교적 교회의 모델이라고 할만한 10개의 교회를 분석하여 그 내용을 『Re_Form Church』라는 책에 담아 출판했다. 영국과 미국의 주류교회들이 퇴조하고 있는 상황 속에서 이러한 대안적인 새로운 교회운동이 일어나고 있다는 것은 얼마나 감사한 일인지 모른다. 뿐만 아니라 이러한 새로운 교회운동은 한국사회에서 종교별 신뢰도에서 가장 불신을 받고 있는 한국교회 안에서도 일어나고 있음을 볼 수 있는데 이는 교회를 새롭게 하시는 하나님의 은총이라 여겨진다. 이제 그가 소개한 10개 교회들을 중심으로 선교적 교회들에 대해 살펴보자.

첫째로, 크리스천 어셈블리이다. 이 교회가 특별한 것은 108년의 역사를 가졌음에도 불구하고 지금까지 지속적인 성장을 보이며 영향력 있는 사역을 감당하고 있다는 점이다. 1906년 아주사 부흥운동을 일으켰던 한 집회에서 큰 은혜를 받았던 사람들에 의해 시작된 이 교회는 처음의 이름이 '이탈리안 크리스천 어셈블리'였다. 이탈리아 사람이 아닌데 예배 참석해도 되는지를 묻는 어떤 사람의 전화를 담임목사가 받은 이후 교회의 이름은 '크리스천 어셈블리'로 바뀌었고, 다양한 인종과 사람들이 모이는 공동체가 되었다. 2009년 현재 이 교회는 백인 50%, 아시아인 20%, 히스패닉 20%, 기타 6%, 흑인 4%의 비율을 보인다고 한다.

어떻게 각기 다른 민족이 융합되어 하나의 공동체가 될 수 있을까를 고민한 끝에 그들은 매일 자신과 다른 인종, 다른 세대의 사람들을 만나 식사를 하고 교제를 나누면서 서로를 아는 시간을 가지게 되었고 시간이 지나며 그들은 이탈리안 특유의 가족으로서의 교회 정체성을 가지게 되었다. "예배가 끝나면 성도들은 다른 성도들을 집으로 초대해 식사를 함께 했다. 교회는 그들에게 가족이자 집이었다. 성도들은 주일 뿐 아니라 주중에도 집을 개방하여 사람들을 만나고 함께 시간을 보냈다. 교회는 더욱 성장해 갔지만 이 정신만큼은 변하지 않았다. 그들은 관계적이며, 서로를 지지하

고 응원하며 섬기는 공동체가 되기를 원했다."[217] 이런 가족으로서의 교회 정체성을 중시함으로써 크리스천 어셈블리는 오래되었지만 새롭고, 크지만 친밀하며, 다양하지만 서로가 연결되어 있는 교회를 이루었다.

교회의 전체 분위기는 매우 밝고 자연스러웠으며, 그들은 새로운 사람에게도 따뜻했다고 전하

는 이상훈은 회중들의 찬양하는 모습에서 큰 은혜와 감동을 받았다고 말한다. 크리스천 어셈블리는 교회의 사역이 내적 사역과 외적 사역으로 나뉘어져 있다. 내적 사역은 크게 남성사역, 여성사역, 회복사역으로 나뉘며, 외적 사역은 전도와 선교, 타 교회들과의 협력을 통해 이루어지는 교회개척 사역이다. "현재 교회에는 약 220개 이상의 소그룹이 교회에서는 라이프 그룹이라 칭한다.이 있으며 아이들의 연령에 따른 학부모 그룹, 아버지 그룹, 어머니 그룹, 각종 운동과 야외활동을 위한 그룹, 다이어트를 위한 그룹, 다양한 중보기도 그룹, 커플을 위한 기도 그룹, 신학과 철학 연구와 토론 그룹, 다양한 성경공부 그룹, 홈스쿨링을 위한 가족 그룹, 입양자녀를 둔 부모 그룹, 선교적인 활동을 위한 그룹 등 다양하게 형성되어 있다."218)고 한다. 그런데 이 소그룹은 교회가 주도하지 않고 교인들이 주도하는데 소그룹라이프 그룹은 성도들이 삶을 나누고 함께 성장하는 것과 성도들이 공동체를 통해 선교적인 삶을 살게 하는 것을 목표로 한다. 특별한 것은 알콜 중독자, 성폭력 피해자, 성 중독자, 이혼 문제로 고통을 받고 있는 사람 등을 위한 약 27개의 회복 모임이들을 위한 전문 상담사들이 있다.이 라이프 그룹으로 운영되고 있는 점이다. 이 밖에도 다양한 전문가들을 초청해 분노조절, 결혼준비, 부모역할, 부부관계, 재정관리, 성문제 등 기독교인의 삶을 위한 다양한 강의도 제공된다.

크리스천 어셈블리는 성도가 사역의 주체가 되도록 하기 위해 리더를 세우는 멘토링 사역을 하고 있다. 모든 목회자들은 1년 동안 약 20명 정도의 그룹을 정기적으로 만나 그룹 멘토링을 하는데 이 사역의 목표는 성도 안에 내재된 잠재적 능력을 개발시켜 주

는 것이다. "멘토링 사역은 크게 세 가지 단계적 목표가 있다. 첫째, 예수님과의 관계를 성장시킨다. 둘째, 자기 자신을 성찰하여 사람 낚는 어부가 되기 위한 은사를 발견한다. 셋째, 하나님의 부르심을 확인하고 파송한다."219) 크리스천 어셈블리는 이런 멘토링 사역을 통해 성도들에게 삶의 자리에서 선교적인 삶을 살도록 끊임없이 도전했는데 그 결과 많은 성도들이 교회를 넘어 지역과 세상을 섬기고 있다. 이 교수는 한 여성도의 이야기를 이렇게 전한다. 교사였다가 은퇴한 후 마켓에서 일하고 있는 한 여성도는 "가정형편이 어려워 제대로 된 교육을 받지 못하는 학생들이 많음을 주목했다. 기도와 훈련을 통해 고통 받고 있는 학생들을 돕는 일임을 발견했다. 그래서 자신의 전공을 살려 일주일에 한 시간씩 학교에 찾아가 학생들을 가르치고 돌보는 멘토링 사역을 시작했다. 그렇게 시작된 사역이 이후 엄청난 파장을 일으켰다. 매년 더 많은 성도가 이 사역에 참여하면서 한 학교에서 멘토링이 필요한 거의 모든 학생이 돌봄을 받는 수준에 이르게 되었다. 이 사역이 8년 이상 지속되면서 학생뿐만 아니라 교사가 변하는 일까지 일어났다. 마침내 이들의 헌신은 비신자였던 교장선생님까지 변화시켰다."220) 세상을 섬기는 성도들의 이런 이야기들은 이외에도 무수히 넘쳐나는데 "노숙자를 섬기고, 입양사역을 하고, 중독자를 치유하고, 장애아들과 위기에 빠진 아이들을 돌보고, 비즈니스 리더들을 모아 훈련하여 보내는 마켓플레이스 사역 등 다양한 영역에서 평신도들에 의한 사역이 활발히 전개되고 있다."221)고 한다.

이 교회의 활력의 원동력은 어디에 있는 것일까? 그 원동력은 세상의 변화에 민감하게 반응하며, 다음 세대를 품고 미래리더십을 준비해가는 목사의 겸손한 리더십에 있다고 할 수 있다. 이 교회는 108년 역사 가운데 담임목사가 5명뿐이었다. 현재는 4대와 5대 담임목사가 9년 전부터 공동 목회를 하고 있다. 담임목사였던 마크_{당시 55세}가 처음에 40명이었던 청년부를 4

년 후 500명이 넘는 부서로 성장시킬 만큼 교회 청년부 사역을 탁월하게 감당했던 톰당시 35세에게 공동 담임목사직을 제안하면서 공동목회가 시작되었다. "마크는 톰의 멘토로서 그가 성숙한 목회자가 될 수 있도록 최선으로 돕고 있으며 빛이 나는 자리, 주목받는 자리에 톰을 세웠다. 같은 시간에 본당과 작은 예배당에서 드려지는 주일 예배시간에도 마크는 톰을 본당에 세우고 탁월한 예배인도자인 타미 워커를 붙여 주었다. 4년 전 할리우드 볼에서 6만 명이 모인 연합 집회가 열렸다. 마크는 그 자리에도 역시 크리스천 어셈블리의 대표 설교자로 톰을 세웠다."222)고 한다. 마크의 은퇴가 1년 남은 지금, 교회는 이들로 인해 행복감과 자긍심을 느낀다고 한다.

둘째로, 모자이크교회이다. 미국에서 가장 혁신적인 10대 교회중 하나인 이 교회는 무엇보다도 영적인 갈망을 느끼는 사람들에게 그 갈급함을 채워주는 교회가 되기 위해 몸부림쳤던 맥머너스 목사의 노력에 힘입어 4~50개 이상의 다양한 국적을 가진 수천 명의 성도가 모여 예배하는 영적 공동체가 되었다. 이런 그의 노력이 영적 공황상태에 빠져 무기력해진 교회

를 떠났던 수많은 젊은이들로 하여금 모자이크교회를 찾게 했던 것이다. 뿐만 아니라 예술가, 작가, 시인, 문화사상가, 영화제작자, 활동가, 혁신가 등 많은 수식어로 소개되는 맥머너스는 복음을 증거하는데 방해가 되는 비본질적인 장애물들을 교회에서 제거하기로 결심하고 늘 새로운 변화를 시도한다. "우리는 실험적인 교회가 되기를 원한다. 하나님 나라의 연구개발부서가 되고 싶다. 그래서 기꺼이 위험을 감수하고서라도 한 사람의 영혼을 예수님께로 인도하기 위해 더 많은 일을 시도할 것"223)이라고 말하는 맥머너스는 전통적인 교회건물을 매각하여 나이트클럽을 예배 장소로 사용하는 모험을 감행하기도 하고8000여 명의 성도가 모이는 모자이크교회는 교회를 캠퍼스로 나누어 독립시킨 후 300여명의 성도만 데리고 할리우드로 이동한 후 2년간의 사역을 통해 1000여 명이 넘는 교회로 만들었다. 시즌별 성경말씀을 예술적인 조형물로 만들어 설치하기도 하고, 문화적 콘텐츠로 개발하여 다양한 문화행사 및 축제를 벌이기도 하는가 하면, 구석구석 초와 아기자기한 공예품들을 배치해서 영성과 창조적 예술성이 어우러진 생명력 넘치는 교회 분위기를 만들어내고 있다. 교회의 이런 특성으로 인해 교회 구성원은 20~30대가 약 80%이고, 35세 이하는 20%이며, 35세 이상은 1%도 안 된다고 한다.

모자이크교회는 교회의 정체성을 이렇게 말한다. 즉 "모자이크교회는

믿음으로 살고, 사랑으로 헌신하며 이 땅에 희망의 목소리가 되기 위해 예수 그리스도를 따르는 자들의 공동체이다. '모자이크'라는 이름은 멤버들의 다양성과 더불어 깨지고 파편화

된 인류가 하나님의 예술적 손길로 다시 아름다운 작품이 될 수 있다는 의미를 상징한다. 따라서 모자이크교회는 그들의 배경에 상관없이 모든 사람을 환영한다."224)

맥머너스는 또한 모자이크교회의 비전에 대해 말하길, "모자이크교회의 비전은 세상을 변화시킬 5~10%의 사람들을 전도하는 것입니다. 만약 이들을 전도한다면 나머지 90%의 사람들에게 자연적으로 영향을 미칠 수 있습니다. 교회는 과거를 보존하기보다는 새로운 미래를 창조해야 합니다."225) 라고 말한다.

모자이크교회는 다섯 가지의 핵심 가치를 가지고 있는데, 맥머너스는 교회의 핵심 가치를 다섯 가지 상징들로 설명한다. 즉 나무, 물, 불, 바람, 흙이 바로 그것이다. 첫째는 나무이다. 이것은 교회의 모든 구조와 조직이 성령님께 복종해야 한다는 뜻이다. 포도나무 비유를 통해 예수님이 하신 말씀처럼 저가 내 안에, 내가 저 안에 거해야 한다. 둘째는 물이다. 물은 사랑의 공동체를 의미한다. 사랑이 모든 선교의 토대라는 뜻이다. 그래서 모자이크교회는 음식을 먹으며 교제를 나누는 소그룹 사역을 중요하게 생각하는데 이 소그룹을 통해 아름다운 사랑의 공동체를 만들어가고 있다. 셋째는 바람이다. 바람은 선교가 교회의 목적임을 의미한다. 모자이크교회가 존재하는 가장 근본적인 이유는 복음을 전하여 영혼을 주님께로 인도하는 것이다. 넷째는 불이다. 불은 세상문화와의 연결을 의미한다. 여기서 교회의 문화적 연관성은 교회에 대한 사람들의 접근을 용이하도록 만든다는 점에서 그것은 선택이 아니라 필수다. 수요예배는 불로 특징 지워지는데 불같은 성령의 임재를 통해 자신을 발견하게 되는 예배로 천여 명의 젊은이들이 모인다고 한다. 다섯째는 흙이다. 흙은 창의력을 의미하는데 영성의 자연스런 결과이다. 맥머너스는 영성을 가진 모든 사람에게 창의성이 있음을 강조하는데 이것은 교회가 세상에 순응하는 존재가 아니라 세상을 변화시키는 공동체가 되어야 한다는 것

을 의미한다.**226)**

맥머너스는 『코뿔소 교회가 온다』는 책을 통해 이점을 특히 강조한다. 이 책에서 그는 "예수 그리스도는 '오라, 나를 따르라'는 초청으로 공식 사역을 시작했으며 '가라, 세상 속으로'라는 마지막 말로 사역을 마감했으나 현대교회는 예수의 초청을 '교회에 와서 들으라'로, 마지막 명령을 '교회 안에 함께 머무르자'로 변질시켰다"**227)**고 지적한다. 다시 말해 오늘날 교회가 쇠락하는 이유는 교회가 세상을 향해 나아가는 교회가 아니라 자신만을 위한 교회로 변질되었기 때문이라고 진단한다.

불행히도 지난 2천년 동안 기독교는 그렇게 변해왔다. 예수님을 왕으로 섬기고 그분을 위해 살아가야 하는 사람들 곧 예수님을 열렬히 따라야 하는 사람들이 세상에 길들여진, 자신들만을 위한 '종교적인 신자들'로 변해버린 것이다. 왜냐하면 복음을 '우리가 죄인임을 고백하고 예수님을 믿기만 하면 영원한 지옥불의 공포에서 구원받고 죽어서 천국에 갈 것이다'라는 의미, 즉 죽음 이후의 천국을 보장하는 약속으로 이해했거나 아니면 하나님을 만나면 부자가 되고, 편안해지고, 안정을 얻고, 안전해지고, 건강해진다는 약속으로 이해했기 때문이다. 그러나 예수님의 부르심은 '나를 따르라'는 초청이다. 다시 말해 이 세상에서 전혀 다른 나라의 시민으로 살아가라는 것이다. 맥머너스의 표현대로 하자면 야만적 방식—희생과 섬김을 통해 표현되는 사랑의 방식—으로 살아가는 야만인이 되라는 초청이다.**228)**

야만인이 된다는 것의 의미는 무엇일까? 야만인이 되고 야만적 방식으로 산다는 것은 세련된 종교인이 되는 것이 아니라 우리의 삶을 주님께 드리고 하나님나라의 거대한 꿈과 비전을 이루기 위해 주님만 따르는 야만인이 되는 것이다.**229)** 그것은 문명에 재빠르게 적응하는 자가 되거나 문명인들의 기대에 맞추는 자가 되는 것이 아니라 문명에서 벗어나 혁신자로 변하는 것이고, 혁명가로 변하는 것이다.**230)** 또한 그것은 합리적 믿음의 종교인, 비신비적 종교인이 되는 것이 아니라 하나님께 직접 지시를 받고 하나님을 신비롭고 기적적으로 체험하는 신비의 전사가 되는 것이다.231) 또한 그것은 하나님의 이름으로 인류를 억압하고 정죄하는 종교인이 되는 것이 아니라 다른 사람을 섬기고 억압받는 사람을 도와 자유를 얻게 하고 다른 사람을 살리기 위해 목숨을 거는 사람이 되는 것이다.232) 또한 그것은 중심을 향해 움직이는 모든 사람들과 똑같아 지는 것이 아니라 하나님을 향해 열정적으로, 영적으로 미치는 것이고, 하나님 때문에 제 정신을 잃고 하나님을 위한 바보가 되는 것이고, 독특하고 근원적이며 특별하고 놀랍도록 야성적인 믿음의 사람이 되는 것이다.233) 그것은 문명에 순응하고 현실에 안주하는 문명인이 되는 것이 아니라 하나님 없이 살기로 선택한 세상에서 이방인이 되셨고 야만인으로 살다가 죽으셨던 예수님을 따라 이방인이 되고 외계인이 되고 세상의 떠돌이가 되기로 결심하는 것이다.234) 이렇게 야만인이 된다는 것은 "인류 중 완전히 종이 다른 존재"가 되는 것이다.235)

그래서 그는 말하기를, "믿음의 야성이 당신 안에서 살아 숨쉬게 하라. 주님은 우리에게 자유를 주시려고 혁명을 시작하셨다. 하나님을 향한 불붙는 마음으로 우리 안에서 불타는 열정을 자유롭게 추구하며 전진하라."236) "예수님의 부르심은 야만적이다. 위험이나 치러야 할 대가를 보여 주시면서 '나를 따르라!'로 부르신다. 사자의 입이 막히고 죽음의 힘이 꺾이는 야만인의 길로 우리를 부르신다."237) "하나님의 신비하고 기적적인 역사는 어디로 갔는가? 교리와 의식이 그 자리를 대신하고 있다. 성령께서 하셨던 일들을 교회 프로그램이 하고 있다. 그러나 하나님의 뜻은 길들여지는 것이 아니다. 그분을 향해 열정적으로 미치는 것이다."238) "코뿔소는 9미터 앞까지 밖에는 보지 못한다. 그래서 오히려 겁먹지 않고 주저하지 않고 전속력으로 치달린다. 우리도 그래야 한다. 교회는 코뿔소 떼가 되어 멈추지 말고 달려야 한다."239)고 주문한다. 이런 믿음의 야성과 하나님에 대한 열정으로 인해 모자이크교회는 모험, 희생, 창조성이라는 특징을 가진 선교적 교회, 끊임없이 변화하는 세상 속에서 혁신과 변화를 추구하는 가운데 창조적인 방법으로 도시의 변화와 잃어버린 영혼의 구원을 위해 하나님나라의 역동성을 추구하는 선교적 교회가 되었다.

셋째로, 미국 워싱턴 주 시애틀에 있는 퀘스트교회이다. 이 교회는 얼마 전 '미국 일상 영웅 50인50 EVERYDAY AMERICAN HEROES'에 선정된 바 있는 한인 2세 유진 조 목사에 의해 2001년에 시작된 다민족, 다세대교회이다. 퀘스트교회가 급성장하게 된 것은 교회 건물을 임대해준 인터베이언약교회ICC가 젊은이들이 사라지면서 급속히 노화되었을 때 퀘스트교회와의 통합을 견의하고 교회 건물 모두를 퀘스트교회에 넘겨준 ICC가 있었기 때문이다. 우선 놀라운 일은 ICC의 61세 담임목사가 36살의 젊은 목회자를 자신의 자리에 앉히고 물러났다는 점이지만 더욱 놀라운 것은 스스로 그 교회의 부목사가 되어 섬기는 결단을 내렸다는 점이다. 이를 계기로 퀘스트교회는 일천여 명의 회중이 모이는 교회로 성장했고, 아시아인 40%, 백인 40%, 흑인과 히스패닉 20%가 모이는 다인종, 다문화교회로 발돋움했다.

퀘스트교회의 비전은 무엇일까? 유진 조 목사는 "우리의 비전은 아주 간단하다. 그것은 바로 교회가 되는 것이다. 퀘스트교회는 그리스도의 사랑을 가지고 정의가 실현되고, 문화와 예술, 창의성과 다양성, 다민족을 포용

하고 지역 사회를 품고 그리스도의 사랑을 전하는 것이다."240)라고 말한다. 특히 그가 강조하는 것은 하나님의 나라와 복음에 집중하는 삶

을 사는 것이다. 이 복음은 단지 개인의 구원과 축복뿐만 아니라 온 세상을 회복하고 구속하며 화해시키려는 하나님의 일을 포함하는 것이다. 이 복음은 구원할 뿐 아니라 하나님나라를 도래시키는 복음이고, 구원할 뿐 아니라 상하고 부패한 우리에게서 인간의 존엄성을 회복시키는 복음이다. 동시에 이 복음은 단지 우리를 위한 것이 아니라 모든 사람을 위한 좋은 소식이다.241)

그런데 이 복음을 믿고 따르는 자들은 반드시 정의를 추구해야 하며 동시에 정의롭게 살아야 한다고 유진 조 목사는 강조한다.신 16:20; 미 6:8; 시 106:3 왜냐하면 우리가 믿는 하나님이 정의의 하나님이시고사 30:18 정의를 사랑시 33:5하시기 때문이다. 또한 예수님이 정의를 사랑하셨고, 정의롭게 사셨기 때문이다. 그가 말한 대로, 예수님은 나그네와 소외된 자와 나환자와 과부와 창녀와 병자를 따뜻이 맞아들이는 방식에서 정의를 보여주셨고, 자신이 그 시대의 권력자와 권력체계를 대하는 방식에서, 종교 지도자들과 맞서는 방식에서, 여자들을 보듬고 따뜻이 맞으며 그들에게 힘을 주는 방식에서, 인종적 선입견과 편견에 맞서는 방식에서 정의를 보여주셨다.242) 그에

게 있어서 예수님은 무조건적인 사랑을 베풀고, 평화를 찾으며, 소외되고 가난한 자들을 돕고, 정의롭지 못한 구조와 시스템에 도전하는 예수님이셨다. 그러므로 예수님을 따르는 자로서 우리는 반드시 정의를 추구해야 한다. 여기서 정의란 눅 4:18~19의 말씀대로, 가난한 자, 눈먼 자, 갇힌 자를 위한 정의이다.

그는 무엇보다도 세계의 다수가 고통을 당하는 가난의 현실에 주목한다. "세 사람 가운데 한 사람은 하루 2달러 미만으로 생활한다. 24억 명이 이렇게 산다. 다섯 사람 가운데 한 사람은 극도로 가난하게, 하루에 1.25달러로 생활한다. 열 사람 가운데 한 사람은 안전한 식수를 마시지 못한다. 세 사람 가운데 한 사람은 위생시설 없이 살아간다. 2분마다 한 명씩, 여성들이 임신 중에나 혹은 출산 중에 약을 먹거나 병원에 가보지도 못한 채 합병증으로 죽는다." "미국에서 생활하는 7명 중 한 사람이 가난하게 산다. 2011년 자료에 따르면 모든 미국인의 6.6%, 즉 2,040만 명이 극심한 가난 가운데 산다."[243] 유진 조 목사가 예수님의 복음이 이와 같은 전 세계의 가난한 자들을 위한 희망의 복음임을 보여주기 위해 실천한 것이 있는데 그것이 바로 원 데이즈 웨이지스One Day's Wages, 하루치 임금을 기부해서 가난한 자를 돕자는 의미가 담겨있을라는 NGO단체이다. 이 단체를 만들기 위해 그는 일 년치 연봉을 기부하는 어려운 삶을 감내했다. 그는 그것이 참된 제자의 삶을 사는 것이라고 생각했고, 그대로 실천했다. 뿐만 아니라 그는 노숙인을 돕기 위해 브릿지 케어 센터발라드 지역의 노숙자나 경제적인 어려움을 겪고 있는 사람들을 위해 임시 거처를 제공하고 있을를 세우기도 했고, 저소득층 비율이 90%나 되는 지역 학교의 가난한 학생들을 돕기 위해 지역교회들과 함께 연합기구를 만들어 돕기도 했다.

또한 그는 기독교 이후 시대를 사는 사람들에게 진정한 이웃이 되기 위해 비영리 커뮤니티 카페인 Q카페를 열기도 했다. 퀘스트교회가 어떻게 지역 주민들에게 복이 될 수 있을까? 교회가 어떻게 이 도시에 복이 될 수 있을까? 하는 것을 고민하면서 탄생한 것이 바로 Q카페이다. 시행착오도 있었지만 지금은 시애틀 안에서 몇 손가락 안에 꼽히는 카페가 되었다고 한다. 이 카페에서 퀘스트교회는 라이브 음악무대를 수백 번 이상 열었고, 미국에서 떠오르는 음악인들이 이 무대에 서기도 했으며, 전시회도 열었고, 자선 쇼를 열기도 했고, 결혼식과 파티도 열었으며, 영화도 상영했다. 그 외에도 시의원 모임 장소, 도박중독자들을 위한 모임, 알콜중독자들을 위한 모임 장소로도 활용되기도 했다.

유진 조 목사의 마지막 고백을 들어보자. "솔직히 하나님이 내가 세상을 바꾸길 원하신다고 느꼈다. 지금도 돌이켜보건대 이것은 어느 정도 사실이었다. 하지만 하나님이 나를 이 여정으로 부르신 목적은 단지 '세상을 바꾸기 위해서'가 아니라, '우리를 바꾸기 위해서'라는 것을 깨닫게 되었다. 그리고 놀랍게도 하나님은 우리를 바꾸셨다! 하나님은 지금도 우리를 바꾸고 계신다! 이것이 제자도라는 것을 거듭 배우고 있다. 세상을 바꾸길 원할 때 가장 좋은 것은 그 과정에서 우리가 바뀐다는 것이다…. 잠시 멈춰 서서 경청하며 기도하는 시간을 가져라. 자신에게 어려운 질문을 던져라. 당신이 열정과 확신을 느끼는 분야에서 전문가나 깊이 있는 사람이 되기 위해 집중하고 연구하라. 그런 후에 좀 더 기도하라…. 시간을 내어 경청하고 많은 질문을 던져라. 배우려는 자세를 가져라. 배워라…. 이것은 여전히 내게 하는 말이기도 하다."[244]

넷째로, 매튜 바넷 목사가 시작한 드림센터이다. 이 교회는 미국에서 가장 급성장하는 3대 교회 중 하나인 타미 바넷 목사의 아들인 매튜 바넷에 의해 1994년20살에 시작된 교회로, '도움이 필요한 자를 찾아서 채워주며 상처받은 자들을 찾아 치유해주자'란 슬로건 하에 지역사회를 섬기는 선교적 교회이다. 24시간, 주 7일 지역사회를 위해 존재하는 교회, 사람들의 모든 필요를 채워주는 교회로서의 정체성은 이렇게 시작되었다.

"하루는 교회 사무실 앞 길거리에다 자신의 책상과 의자를 내어 놓고 지나가는 사람들이 호기심에 물어보면 '이 근처에 새로 개척한 교회의 목사인데 우리 교회에 한 번 나와 보세요.' 라고 답하곤 했다. 어느 날 지나가던 행인에게 똑같이 답하던 매튜 목사에게 그는 '당신은 내가 어떻게 사는지 아느냐? 내가 사는 동네에 와보라'는 도전을 받고 그를 따라갔을 때 매튜 목사가 본 것은 도심에 사는 가난한 이들의 모습이었다고 한다. 대도시의 저소득층이 사는 모습에 충격을 받는 매튜 목사는 얼마 후 몇몇 안 되는 교인들과 함께 매주 토요일 오전 9시 30분이면 그들이 사는 동네에 가서 필요한 대로 봉사하기 시작했다. 먼저 거리 청소부터 시작해서 낡은 집에 새로 페인트칠하는 것, 동네 아이들과 재미있는 놀이시간을 갖는 것, 고장 난 수도파이프를 고쳐주고 노숙자들에게 먹을 것과 입을 것을 나누어 주었다…. 이러한 사역은 자연스럽게 교회에 대해 궁금증을 갖게 했으며 기독교인에 대한 새로운 시각을 가져다주어 매 주일마다 교회에 출석하는 이들의 수가 급증하기 시작했다."[245]

물론 대부분의 성도는 거리의 노숙자들과 도움을 필요로 하는 가난한 사람들이었다. 매튜는 배고픈 사람들을 먹이고, 길거리 농구대회를 개최하기도 하고, 추수감사절과 성탄절에는 이웃 주민들에게 정성스런 선물을 나눠주기도 했다. 사람들이 필요로 하는 것이면 무엇이든 채워주기 위해 노

력했다. 그러던 중 하나님께로부터 약속을 받았다. "만일 네가 '아무도 원하지 않는 사람들'에게 다가간다면, 나는 너에게 '모두가 원하는 사람들'을 보내줄 것이다." 이 약속으로 인해 그는 더욱 더 세상의 소외받고 외면당하는 사람들에게 그리스도의 사랑을 전하는 일에 자신의 인생을 걸기로 결심했다. 그 날 이후의 변화에 대해 이상훈교수는 이렇게 전한다.

"그날 이후로 그에게는 하나의 습관이 생겼다. 밤이 되면 슈퍼마켓으로 가 최대한 많은 식료품을 산다. 그리고 그것을 들고 실패와 절망에 빠져 있는 이웃의 문을 두드린다. 초인종이 울리고 문이 열리면 사람들은 예기치 않은 젊은 목회자의 방문에 놀라고, 그가 전해주는 선물 꾸러미에 또 한 번 놀란다. 작은 섬김이 누군가에게 큰 기쁨이 되는 순간인 것이다. 그뿐만 아니었다. 이웃 주민들을 위해 교회 마당에 농구장을 짓고 주차장 한 가운데 운동기구를 설치했는데 이것이 기적 같은 일을 만들어 냈다. 매일 밤 수백 명의 갱 단원들과 그 가족들이 코트에 나와 농구를 하고, 운동기구에서 운동을 하고, 벤치에서 저녁을 먹는 것이었다. 변화는 자원봉사자들에게도 일어났다. 저녁이 되고 일과를 마치면 자원봉사자들이 나와 갱 단원들과 함께 운동을 하고 그 가족들과 이야기를 나누며 교제했다! 교회는 더욱 부흥했고, 교회의 부흥은 지역 공동체에 생기가 넘치게 했다."[246]

지역사회의 어려운 사람들을 섬기는 사역에 대한 열정이 보다 구체화된 계기는 예배 후 자신을 찾은 홈리스와의 대화 때문이었다. "당신의 설교를 듣고 희망을 발견했습니다. 그렇지만 나는 오늘 밤 다시 추운 거리로 돌아가서 마약과 술의 유혹을 받으며 살아가야 합니다. 그곳으로부터 탈출해서 하나님을 위해 살 수 있는 장소를 소개시켜 줄 수 있나요?"[247] 그 후 하나님께 기도하는 가운데 주변의 16채 집을 차례로 사들여 소외되고 버려진 사람들을 위한 회복 센터로 사용하기 시작했고, 사람들이 점점 많이 찾아오게 되자 건물의 공간이 점점 비좁아졌는데 이 문제는 프란치스코수녀회

소유의 병원건물15층 빌딩을 포함해 총 9동의 건물, 시가 1,600만 달러을 수녀회로부터 390만 달러에 넘겨받음으로써 해결되었다. 이런 기적 같은 일이 어떻게 가능했을까? 이것은 수녀회가 드림센터의 특별한 꿈 이야기에 감동을 받았기 때문에 일어난 일이었다. "우리에게는 1,600만 달러의 거금이 없습니다. 그러나 우리에겐 꿈이 있습니다. 그 꿈은 도망친 매춘부들, 거리의 아이들, 집 없는 홈리스들과 마약 중독자들을 위해 24시간 열려 있는 교회입니다." **248)**

"현재 드림센터는 매년 수천 명의 자원봉사자가 찾아와 200여 개가 넘는 다양한 사역을 통해 매주 5만 명의 사람을 섬기고 있다. 또한 약 600명의 사람이 거주하면서 재활과 훈련, 봉사를 하고 있다."**249)**

로버트 크로스비가 바넷을 만나 드림센터의 소명이 무엇이냐고 물었다. 그것은 "이 지역에서 연중무휴의 늘 깨어 있는 교회가 되는 것, 즉 결코 잠들지 않고 사람들의 모든 필요를 충족해주는 교회가 되는 것입니다."**250)**라고 그는 말했다. 이 비전을 따라 드림센터는 매우 다양한 사역을 해오고 있는데 첫째는 Adapt-A-Block 사역이다. "'사람들의 필요를 발견하고 그것을 채우라. 상처를 발견하고 그것을 치유하라'는 철학 아래 매주 토요일 아침 5~600명의 봉사자가 135개 이상의 구역을 섬긴다…. 매주 약 3만 명 이상의 사람들이 이 혜택을 받고 있다. 또한 이처럼 정기적인 사역은 주민들과 봉사자들 사이에 신뢰를 형성하여 약 천 오백 명 이상의 비신자가 복음을 받아들이는 열매로 나타났다."**251)** 둘째는 홈리스 사역이고, 셋째는 가난한 사람들에게 음식을 제공하기 위한 구제사역푸드 채플, 푸드 트럭, 푸드 뱅크 사역 등이며, 넷째는 이동 의료사역, 직업이 필요한 사람들이 필요로 하는 커리어 개발 사역, 아동위탁사역, 가정회복사역, 마약중독자들과 출소자들의 재활을 돕는 사역 등을 포함하는 아웃리치 프로그램이고, 다섯째는 인신매매 피해자 갱생 사역이며, 여섯째는 홈리스들, 중독자들, 폭력전과자들의 변화에 철저하게 초점을 맞춘 제자훈련 과정, 일곱째는 학교부적응 학생들을 위한 대안학교 과정, 여덟째는 섬김 사역에 참여한 젊은이들을 전문적으로 훈련시키는 리더십 학교 등이다. 이런 사역을 통해 과거 가장 범죄율이 높던 지역이 가장 살기 좋은 50개 도시 중 하나로 변모하게 되었으니 그야말로 세상을 변화시키는 아름다운 교회가 아닐 수 없다.

다섯째로, 매트 카터가 세계적인 CCM 찬양사역자인 크리스 톰린과 함께 개척한 오스틴 스톤 커뮤니티 교회이다. 2002년 15명으로 시작된 이 교회는 현재 5개 캠퍼스에서 매주 10번 8,000명 정도의 성도들이 예배를 드리고 있다. 처음에 개척을 하고자 했던 곳은 시 외곽의 개발 지역이었다. 그러나 하나님은 톰린을 통해 카터의 마음을 돌리셨는데 그곳은 동성애와 홈리스가 넘쳐나는 곳이었다. 그들을 새롭게 하시려는 하나님의 계획이 있었기 때문이다. 목회자들의 열정, 뜨거운 예배, 다양한 프로그램으로 인해 교회

는 몇 년이 안 돼 수천 명이 모이는 교회로 성장했다. 교회가 성장하고 있었지만 카터는 한 달 동안의 안식월을 통해 하나님과 깊은 교제의 시간을 가졌다. 그

러는 중에 그는 자신을 포기하는 기도를 드리며 하나님이 원하시는 교회가 되게 해달라고 기도했다. 그의 기도 후에 하나님은 오스틴 스톤 커뮤니티 교회를 가난하고 연약한 자들을 품는 교회가 되도록 이끄셨다.

교회가 크게 성장하면서 고등학교 강당을 빌려 예배를 드리는 방식을 탈피하여 모든 성도가 함께 예배드릴 수 있는 건물을 지으려는 것이 교회의 가장 큰 관심사가 되었다. 그러나 카터는 하나님 앞에서 자신의 모든 계획을 내려놓는 기도를 드렸다. 기도하는 가운데 카터는 기존의 교회 건축계획을 변경했다. 거대한 교회를 짓는 대신 빌려 쓰던 학교강당을 그대로 사용하기로 하였다. 모이는 교회가 아니라 범죄율이 높은 도시를 변화시키기 위해 흩어지는 교회가 되기로 결정한 것이다. 교회전체가 이런 놀라운 결단을 하게 된 데는 성령의 뜨거운 역사가 있었기 때문이다. 카터의 마음은 성령의 감동으로 뜨거워졌고, 그 뜨거운 마음으로 주일마다 말씀을 뜨겁게 선포했다. "그 결과 성도들의 마음에도 변화에 대한 갈망과 열정이 타오르기 시작했다. 복음에 대한 열망이 성도들의 생각을 바꿔 성도 각자가 도시를 변화시키는 하나님의 도구가 되기를 소원하게 된 것이다."**252)**

이렇게 오스틴 스톤 커뮤니티 교회는 선교에 우선순위를 두는 교회로 변화되었고, 이런 전환은 자연스럽게 선교적인 소그룹 공동체 교회로의 전환을 가져왔다. 여기서 소그룹선교공동체란 교회가 주체가 되어 소그룹을 구성하고 성도들은 수동적으로 참여하는 전통적인 방식이 아니라 성도 스스로 소그룹을 구성하고 사역을 개발하고 주변성도들을 독려해 함께 이끌어 가는 매우 역동적인 방식의 소그룹 공동체를 의미한다. 우선 선교적 소그룹의 기본 활동은 가정교회의 경우와 같이 한 가족처럼 매주 모여 식사를 함께 하고 성경공부를 하는 것으로 이루어지는데 성경공부시간은 지적인 탐구의 시간이라기보다는 자유롭게 토론하며 따뜻한 분위기에서 신앙의 삶을 나누는 시간으로 그리스도의 제자로 헌신하도록 하는데 목적이 있다. 다음으로, 보다 깊은 신앙의 탐구를 위해서는 'Life Transformation Group'이라는 소그룹이 있고, 또한 비신자들을 정기적으로 만나 관계를 형성하며 복음을 전하는 소그룹들도 있다. 이 소그룹에서는 "그리스도를 사랑하는 성도들이 자발적으로 모여 복음을 전하기 위한 다양한 시도"253)들이 이루어지고 있는데 이들에 의해 만들어진 이야기들은 성도들의 삶을 변화시키는 엄청난 영향력을 발휘하고 있다.

"교회는 세상을 위해 존재한다."는 본회퍼의 말대로 오스틴 스톤 커뮤

니티 교회는 도시를 위해 존재하는 교회이다. 그런데 이 교회가 도시를 변화시키기 위해 택한 방식은 특별하다. 다른 교회들처럼 독자적으로 지역사회를 섬기는 방식이

아니라 기존의 사역단체들과 협력하는 방식을 택했기 때문이다. St. Johns 부지에 있던 건물을 자기 교회만을 위한 건물로 사용하지 않고 다양한 비영리 단체들을 받아들여 협력사역의 허브가 되도록 한 것이다. "주일 하루가 아니라 주 7일 동안 이웃을 섬기는 교회가 되기 위해 그들은 그 건물에 'The For the City Network'와 'The For the City Center'라는 비영리 단체를 설립"[254]했고, 그 지역에서 훌륭한 사역을 감당하고 있는 4개 단체를 입주하게 했는데 그 후 이들과 교회의 놀라운 협력사역이 시작되었다. 또 하나 특별한 것은 이 교회가 그동안의 모든 경험과 자원을 다른 교회들과 공유하기 위한 "Verge Conference" 사역을 해오고 있다는 점이다. 이 컨퍼런스는 2010년 북미 전역에 있는 수천 명의 사역자들과 선교적 교회 운동을 이끌어가는 대다수의 전문가들이 참여했을 정도인데 이는 오스틴 스톤 커뮤니티교회가 북미지역 선교적 교회운동의 허브라는 사실을 잘 보여준다.

여섯째로, 리얼리티 LA교회이다. 이 교회는 2006년 할리우드 심장부에서 30명의 성도로 시작하였는데 7년이 지난 지금 매주 삼천 명이 넘는 젊은이가 모여 예배드리는 교회로 성장했다. 무엇이 교회를 떠났던 젊은이들을 이 교회로 발걸음을 옮기게 하였을까? 그것은 좋은 프로그램도, 특별한 활동도 아니었다. 그것은 바로 하나님 임재의 체험을 중시하는 뜨거운 예

배의 감동과 예수의 삶에 집중하는 선교적 도전이었다. 젊은이들이 좋아할 만한 화려한 찬양은 있지만 자신을 뽐내는 찬양 인도자나 연주자는 없으며 모든 것이 예수께 맞추어져 있는 강력한 찬양과 놀랄 만큼 보수적인 한 시간 정도의 설교가 있을 뿐이다. 그러나

담임목사인 팀 채딕의 설교는 번영신학에 저항하며, 그리스도의 진리를 있는 그대로 선포하는 메시지가 중심을 이룬다. 그리스도의 삶에 근거한 급진적인 삶의 변화를 촉구하며 매주 회개와 점진적인 성화를 요구한다. 많은 젊은이들은 예수 그리스도와 그의 제자들처럼 살라는 팀의 메시지에 매료되어 하나님을 더욱 갈망하며 이 세상을 향한 하나님의 계획에 동참하도록 이끌림을 받는다.

팀 채딕이 이처럼 젊은이들에게 복음 메시지를 강력하게 전하게 된 데는 자신이 십대 초반에 술과 마약, 성경험과 낙태 등의 어두운 생활 속에서 있을 때 우연히 한 집회에 참석했다가 강력한 성령의 임재를 경험하며 밤새도록 눈물과 기도로 보내고 난 후 새로운 삶을 살기로 결단한 극적인 회심 체험이 있었기 때문에 가능했을 것이다.

담임목사의 이런 체험으로 인해 리얼리티 LA교회의 첫째가는 특징은 이미 언급했듯이 예배에서의 깊은 하나님 체험이라 할 수 있다. 할리우드에 위치한 고등학교 강당을 빌려 예배를 드리는데 이 예배는 하나님을 경험하는 것에 초점이 맞추어져 있다. 15분 정도의 찬양, 15분정도의 성도의 교제, 간단한 기도, 광고, 헌금이 있은 후 1시간 정도의 설교, 30분 정도의 성찬과 성찬이 이루어지는 동안의 기도와 찬양이 있는데 설교 후 30분간의 찬양과

기도는 매우 강력하다고 하는데 이 때 회중은 "무릎을 꿇고 눈물을 흘리며 기도를 하기도 하고, 두 손을 들고 찬양을 하기도 하며 예배 속에 임하신 하나님을 깊이 체험하게 된다."

이 교회는 "예수 그리스도의 복음을 통해 우리 도시의 갱신을 추구하기"를 교회의 비전으로 제시하면서 구체적으로 "성경은 예수님의 삶과 죽으심과 부활하심을 통해 하나님의 백성과 화해하고 그의 피조물을 새롭게 하시는 하나님의 이야기에 대해 말한다. 복음의 능력은 영적, 관계적, 문화적 갱신을 가져오고, 우리는 LA에서 이 위대한 비전이 실현되는 것을 보기를 갈망한다."고 말한다. ① 영적 갱신: 우리는 사람들이 하나님과 화해되고 새로운 마음을 부여받는 것을 보기를 갈망한다. 죄와 수치는 최종적인 발언권을 가져선 안 된다. 우리는 하나님의 아들과 딸이 되었다. ② 관계적 갱신: 우리는 사람들이 서로 화해하고 새로운 가족으로 돌아오는 것을 보기를 갈망한다. 소외와 깨어진 관계는 최종적인 발언권을 가져서는 안 된다. 복음을 통해 우리는 그리스도 안에서 형제와 자매가 되었다. ③ 문화적 갱신: 우리는 우리 도시가 번영하고 새로운 생명을 받는 것을 보기를 갈망한다. 타락과 불의는 최종적인 발언권을 가져서는 안 된다. 복음을 통해 우리는 도시의 청지기와 섬기는 자가 되었다.**256)**

또한 이 교회는 "하나님을 사랑하고, 다른 사람들을 사랑하고, 우리의 도시를 사랑하는 예수님의 제자들을 만드는 것"을 교회의 사명으로 제시하면서 구체적으로 "하나님의 피조 세계를 새롭게 하시는 그분의 넓은 비전 안에서 교회의 사명은 예수님의 제자를 만드는 것이다. 성경에 기초한 구원받은

공동체로서 우리는 하나님을 사랑하고, 서로를 사랑하고, 우리의 도시를 사랑하는 목적을 위해 모든 것을 행한다."고 말한다. ① 하나님을 사랑하기: 예수님의 제자들은 무엇보다도 하나님을 알고, 사랑하고, 영화롭게 하기를 기뻐한다. 하나님의 아들과 딸로서 우리는 매일 죄로부터 돌이키고, 우리의 구세주를 신뢰하고, 성령의 능력에 의해 살아감으로써 주님과의 관계 안에서 자라간다. ② 서로 사랑하기: 예수님의 제자는 공동체 안에서 함께 그리스도를 따른다. 그리스도 안에서의 형제와 자매로서 우리는 기도하고, 말씀을 공부하고, 서로를 돌보고, 우리의 이웃에게 손을 뻗친다. ③ 우리의 도시를 사랑하기: 예수님의 제자는 그들의 이웃과 그들의 도시를 사랑한다. 청지기와 섬기는 자로서 우리는 우리의 은사와 직업을 통해 복음을 선포하고, 정의를 구하고, 도시를 축복한다.257)

일곱째로, 소마공동체이다. 소마란 그리스도의 몸 된 교회를 묘사하는 용어로 소마공동체는 제프 벤더스텔트와 시저 카리노우스키에 의해 시작되었다. 2004년 타코마 지역에서 시작된 작은 소마 공동체는 10년이 지나면서 현재 미국 10개 주에 걸쳐 백여 개 이상의 공동체로 확장되었다. 소마 공동체는 8~20명의 멤버와 3명의 남자와 3명의 여자 멤버로 이루어진 핵심 그룹인 DNA 그룹이 주중에 모이는 소그룹 공동체를 기본 단위로 하는데, 이 작은 공동체가 사실상 교회이다. 주일에는 지역의 이러한 공동체들이 함께 모여 연합 예배를 드리는데 이 선교적 공동체들의 지역 연합을 Expression이라 부르며, 많은 Expression으로 구성된 하나의 교회가 바로 소마공동체이다.

이들은 "건물이 아니라 사람

이 중심인 교회, 그 리스도의 복음을 통해 부름 받고 보냄 받는 제자들이 양성 되는 교회, 개인의 구원을 넘어 공동체 와 사회를 품는 교회, 예수님의 성육 신 정신을 본받아 세상 가운데 사람들과 섞여 살면서 복음적인 삶을 통해 지속적으로 생명력 있는 공동체를 재생산하는 교회를 만들기 원했다."258) 이 공동체가 추구하는 "선교적 공동체는 헌신된 성도들로 구성된 공동체 로서 특정한 지역과 그룹에 속한 사람들에게 복음을 증거하기 위해 선교적 삶을 살아가고, 가시적 형태로 복음을 증거하며, 자신과 타인의 발전을 위 해 서로 책임을 지는 제자들의 모임이다."259)

이들이 고백하는 자신들의 정체성을 살펴보자. "예수는 우리가 모든 곳 에 가서 제자를 만들고 주님이 분부한 모든 것을 그들이 순종하도록 가르 칠 것을 우리에게 명령하신다. 우리는 세례를 통해서 이 일을 수행한다. — 우리는 아버지와 아들과 성령의 이름으로 세례를 베풀어야 한다.마 28:19 사 람들에게 예수의 이름으로 세례를 베푸는 것은 예수 그리스도 안에 있는 그들의 새로운 삼위일체적 정체성 안으로 그들을 세우는 것에 대한 것이

다. 이것은 다음 세 가지를 의미한다. ① 하나님은 우리의 아버지이고, 우리는 그의 가족이다. ② 예수는 우리의 주님이고, 우리는 그의 종이다. ③ 성령은 우리의 안내자이고, 우리는 그의 선교사이다. 이 세 가지 정체성이 곧 예수의 제자들의 정체성이다. 한마디로 제자는 예수를 따르는 자이고, 예수에 의해 변화되어 다른 사람들이 동일한 것을 하도록 돕는 사람이다."**260)**

이 세 가지 정체성을 자세히 보면 다음과 같다.

① **가족으로서의 정체성**: 우리는 서로를 가족으로서 돌보는 하나님의 자녀들이다. 우리는 세상이 하나님이 어떤 분인지를 알게 되는 방식으로 살아가도록 하기 위해 구별된 하나님의 선택된 사람들—그의 가족—이다. 예수에 대한 신앙을 통해 우리는 하나님의 자녀들이며 서로에게 형제이며 자매임을 믿는다. 하나님의 가족으로서 우리는 그 가족의 의미를 서로의 필요—물질적 필요와 영적 필요—를 개인적으로 돌볼 의무가 있는 것으로 이해한다. 우리는 서로를 훈련하고 양육하며 복음의 삶에 함께 책임을 진다. 창 12:1~3; 요 1:12~13; 롬 12:10~16

② **종으로서의 정체성**: 우리는 다른 사람들을 섬김으로써 예수를 섬기는 예수의 종이다. 전적으로 하나님이시며 전적으로 인간이신 예수는 종의 자세를 취했다. 그는 다른 사람들이 구원, 평화와 회복을 경험할 수 있도록 하기 위해 그의 삶을 주셨고, 죽기까지 하셨다. 예수는 "내가 너희들 가운데 섬기는 자로 있다."고 하셨다. 예수를 따르는 모든 자는 동일한 겸손으로 섬기기 위해 부름을 받았다. 우리들에게 있어서 이것은 주님이신 예수와 그분이 우리 위에 세우신 지도자들과 하나님이 우리의 삶 속으로 인도하신 사람이면 누구든지 그 사람에게 기쁘게 순종하는 것을 의미한다. 우리는 그분이 우리가 하도록 인도하신 것은 무엇이든지 행한다. 마 20:25~28; 25:31~46; 요 13:1~17; 빌 2:16; 벧전 2:16

③ **선교사로서의 정체성**: 우리는 예수 그리스도를 통해 만물을 하나님에

게 회복하도록 하기 위해 성령에 의해 보냄을 받았다. 하나님은 예수를 인간의 형태를 취해서 문화 속에서 살도록 하기 위해 세상에 보내셨다. 그는 주위의 사람들이 하나님이 어떤 분인지를 보고 경험할 수 있는 방식으로 사셨다. 예수는 모든 사람들, 모든 장소, 모든 것들이 하나님과 올바른 관계로 회복될 수 있도록 하기 위해 오셨다. 마찬가지로, 우리는 예수를 통해 만물이 하나님에게 회복되도록 하기 위해 하나님의 성령에 의해 우리의 문화 속으로 보냄을 받은 선교사이다. 우리는 선교적 공동체 안에 참여함을 통해 이것을 실행한다.요 1:14; 20:21; 골 1:19; 고후 5:16~21**261)** 이러한 소마공동체의 자기 정체성 이해는 교회의 본질이 무엇인지를 분명히 보여주는 것이라 할 수 있고, 세상을 향한 교회의 시명도 바로 이러한 자기정체성으로부터 나오는 것임을 알 수 있다.

여덟째로, 락하버교회이다. 이 교회는 1997년 얼바인에 있는 마리너스교회 출신의 토드 프록터 목사와 그의 개척멤버들이 가진 꿈에 의해 시작되었는데 그 꿈은 소외된 사람들을 하나님의 사랑의 참된 메시지에 연결시키고 싶어 하는 예수 따름이들의 모험적이고 진정한 공동체를 만드는 것이었다. 그들이 표방하는 락하버교회의 정체성은 성서의 토대 위에서 성령의 인도함을 받는 가운데 다세대를 아우르며 예수를 따르고자 하는 공동체교회이다.**262)** 우선적으로 그들은 예수를

따라 소외된 사람들에게 하나님의 사랑을 전하기 위해 오렌지 카운티에서 그리스도인 비율이 제일 낮고, 인근 지역에 비해 범죄율이 높은 도시인 코스타 메사를 선택했다. 지역사회를 하나님의 복음으로 변화시키겠다는 꿈이 그곳을 선택하게 했던 것이

다. 교회성장전략이 아니라 복음의 변화시키는 능력을 믿고 모험을 택했지만, "락하버교회의 성장 속도는 매우 빨랐다. 첫 모임에 250명의 사람이 모인 것을 시작으로 한 달 후에는 350명, 1년 후에는 750명의 회중이 모이는 교회로 성장했다. 현재 락하버교회는 멀티사이트교회로서 5개의 지역 캠퍼스에서 총 13번의 주일예배를 드리며, 매주 오천 명 이상이 모이는 공동체가 되었다."263)

무엇이 이런 빠른 성장을 가능하게 했을까? 그것은 락하버교회가 가지고 있는 핵심가치 때문이다. 첫째는 예수정신이다. 많은 젊은이들이 교회를 떠나간 데는 이유가 있다. 자기중심적인 종교기관으로 변질되어가는 교회의 모습에 실망했기 때문이다. 이렇게 교회를 떠나간 젊은이들은 락하버교회가 가난한 자를 돌아보며 하나님나라를 위해 기꺼이 자신을 내어드리는 예수정신을 가지고 지역사회를 섬기는 모습을 보여주었을 때 교회로 발걸음을 옮기게 되었다. 오천 명이나 되는 교회 교인들의 평균연령이 30세라니 놀라움을 금할 수 없다. 둘째는 소그룹공동체 정신이다. 오천 명 중 이천 명의 성도가 150개의 'Life Group'소그룹에 소속되어 매주 가정집에 모여 식사와 교제를 하며 성경공부와 기도를 통해 공동체의 삶을 나누고 있다. 셋째는 선교사 정신이다. 공동체와 성도들은 선교를 사명으로 생각하며 해외선교와 지역사회를 섬기고 변화시키는 지역사회 선교에 온 힘을 쏟고 있다. 넷째는 하나님나라를 위한 희생정신이다. 락하버교회에서 진행하는 대부분의 사역은 능동적인 자원봉사자들에 의해 이루어지고 있는데 성도들은 물질과 몸으로 헌신하고 있다.

이러한 헌신적인 사역의 원동력은 아무래도 하나님의 임재를 경험하는 뜨거운 예배일 것이다. 이상훈교수는 예배의 모습을 이렇게 전한다. "예배의 순서는 매우 단순하다. 5~6명으로 구성된 밴드의 찬양이 시작되면 회중은 매우 열정적으로 찬양에 젖어든다. 회중의 표현은 매우 자유롭다. 일어나 찬양을 하면서 눈을 감고 손을 들기도 하고, 손뼉을 치거나 눈물을 흘리기도 하고, 무릎을 꿇고 하나님을 경배하기도 한다. 설교는 한 주제를 가지고 시리즈로 이어지는데, 특이한 점은 설교자가 자주 바뀐다는 것이다. 그 이
유는 '티칭 팀'에 의해 설교가 준비되고 선포되기 때문이다…. 말씀 이후에는 20~30분 정도의 찬양과 기도, 결단의 시간이 뒤따른다. 또한 모든 성도가 참여하는 성찬은 한 달에 한 번씩 이루어진다."264)

락하버교회의 사역은 핵심가치에 근거한 창조적 사역이라 할 수 있다. 첫째로, 락하버교회의 사역은 창조적이다. "전통적인 예배형식, 목회자와 장로 중심의 수직적 사역구조 대신에 락하버교회는 창고를 개조해 교회로 만들고, 예배에 대중문화와 예술적 요소를 도입하고, 수평적이고 자율적인 리더십을 통해 모두가 주체가 되는 사역 형태를 만들어냈다."265) 둘째로, 하나님의 뜻을 찾기 위해 그들은 기도에 올인 한다. "그들은 매달 셋째 주 수요일에 전 성도가 각 캠퍼스에 모여 기도를 한다. 일명 'Third Wednesday'로 불리는 이 날은 성도들이 금식과 기도를 통해 전심으로 하나님을 예배하는 구별된 날이다…. 'Third Wednesday'와 더불어 중요한 기간이 'Seek Week'이다. 이 주간은 일 년 중 온전히 하나님의 뜻을 구하는 주간으로 선포된 주간이다. 이 주간에는 전 교인이 금식과 기도를 통해 하나님께 더욱 집중하는 구별된 시간을 갖는다."266) 셋째로, 모든 사역은 팀 리더십으로 진행된다. 결코 한 사람의 영향력으로 교회사역이 결정되는 일이 없다. "모든 조직마다 리더를 중심으로 팀이 구성되어 있기 때문에 목회자에 대한 의

존도가 낮고 자율적이며 창의적인 사역을 할 수 있다…. 놀라운 사실은 막강한 영향력을 미치던 두 목회자가 떠난 이후에도 교회는 흔들림 없이 지속적으로 성장했고, 오히려 더욱 든든히 서갔다. 교회를 시작할 때부터 추구했던 팀 사역이 힘을 발휘하는 순간이었다…. 주일 설교조차도 팀으로 이루어지기 때문에 설교자가 매주 바뀐다. 화요일 아침이 되면 주일 설교를 위한 '티칭 팀'이 모인다…. 이러한 팀 사역이 실현될 수 있는 배경에는 '모든 성도가 사역자'라는 분명한 인식과 사역 철학이 있다."**267)**

이상의 락하버교회의 모습은 선교적 교회, 즉 하나님이 꿈꾸시는 교회, 세상을 변화시키는 교회가 어떤 모습의 교회이어야 하는지를 잘 보여주는 좋은 모델교회 중에 하나가 아닐 수 없다.

아홉째로, LA뉴시티교회이다. 한인2세인 케빈 하 목사에 의해 2008년 엘에이 다운타운downtown에서 20명과 더불어 시작된 이 교회는 7년 지난 현재 500여명이 예배를 드리고 있다고 한다. 변호사로 일하던 케빈은 어느 날 어머니로부터 목회권유를 받았는데 그 말씀을 하신 어머니가 6개월 후에 갑자기 돌아가시자 자신의 삶을 돌아보는 가운데 목회자로서의 소명에 대해 기도를 시작하였고, 8개월간의 기도 끝에 마침내 그는 목회자의 길을 걷게 되었다. 신학을 공부한 후 나성축제교회의 도시담당목사가 되어 주일

오후 다운타운의 홈리스들을 섬기는 사역을 담당하게 되었다. 매주 2~300명의 홈리스가 모여 예배를 드렸는데 거기서 그는 강력한 성령의 역사를 경험하곤 했다. 그들과 함께 하는 동안 그는 그들을 위한 교회공동체의 필요성을 느끼게 되는데 이 때 로스엔젤레스 시 의회가 도시활성화를 위해 상가건물들을 거주

건물로 바꿀 수 있도록 하는 조례를 통과시키면서 건물이 리모델링되기 시작하였고, 새로운 사람들이 몰려들고 있다는 소식을 듣게 되었다. 케빈은 다운타운의 거리의 사람들과 고급빌라에 새로 입주하는 사람들이 함께 예배드리는 새로운 교회공동체에 대한 비전을 가지면서 가슴이 뛰었다. 그래서 그는 5개월 동안 그 비전에 동참할 핵심 멤버를 찾기 위해 많은 사람들을 만났고, 다인종, 다계층으로 이루어진 새로운 공동체 교회에 대한 비전을 나누었는데 교회개척의 비전을 함께 공유하게 된 20명의 헌신된 동역자들을 얻게 되었다. 그들은 "주일 밤마다 모여 서로를 알아가고, 왜, 어떻게 교회를 개척해야 할지를 토론했다. 그러면서 함께 교회의 이름과 비전, 사명선언문, 핵심가치들을 세워갔다."268) 이렇게 시작된 이 교회는 현재 백인, 흑인, 남미인, 아시아인이 각각 20~30% 비율로 고르게 모이는 다인종 교회가 되었고, 홈리스회복센터에서 삼분의 일, 다운타운의 고급빌라에서 삼분의 일, 시 외곽에서 삼분의 일이 고르게 모이는 다계층 교회가 되었다. "그들 가운데는 마약중독자, 전과자, 어린 시절의 학대와 불행한 가정환경으로 인해 정신적 질병을 가진 사람, 뉴에이지와 이슬람 등 타종교에 빠져 있던 사람, 고등학교도 졸업하지 못하고 오랜 시간 무직자로 지냈던 사람

부터 은행 투자가, 엔지니어, 하버드 졸업생, Ph. D. MBA 학위 소유자 등 소위 사회적으로 성공한 전문가들과 예술가들이 함께 모여 있다."269) 어떻게 이렇게 아름다운 사랑의 공동체가 되었을까? 그 비결은 그들의 비전과 핵심가치에 잘 담겨져 있는데 그들이 만든 LA 뉴시티교회의 비전은 다음과 같다.270)

"우리의 비전은 예수 그리스도를 사랑하는 사람들의 포용적인 복음중심의 공동체가 되는 것이다. 이 공동체는 사람들을 하나님에게 연결하고, 함께 성장하며, 도시를 섬기고, 하나님의 나라를 확장하는 공동체이다." 이 교회는 비전선언문을 설명하는 가운데 핵심가치를 밝히고 있는데 이 핵심가치가 이 교회의 DNA이다. 1) 우리가 되려고 하는 것: ① 포용적 ② 복음중심적 ③ 공동체 ④ 예수 그리스도를 사랑한다. 2) 우리가 하려고 하는 것: ① 연결 ② 성장 ③ 섬김 ④ 확장

1) "되려고 하는 것"의 핵심가치 ① 포용적: 우리는 누구든지 올 수 있는 다인종, 다양한 사회경제적 계층의 기독교인들의 교회이다. 우리는 당신이 흑인이든 백인이든, 남미인이든 아시아인이든, 당신이 옥탑방에 살든 우범지대에 살든, 미국 뱅크 타워에서 일하든 복지 지원을 받든, 민주당을 지지하든 공화당을 지지하든, 게이이든 아니든, 도덕적인 삶의 방식을 가졌든 아니든 비판 없이 모든 사람들을 환영한다. 우리는 "있는 그대로 오시오" 교회이다.

② 복음중심적: 우리의 구원, 가치, 정체성은 우리 자신의 행위에 의해서가 아니라 그리스도에 대한 믿음으로 말미암은 것이고, 은혜로 말미암은 것이다. 우리는 하나님의 축복을 받으려고 노력하면서 두려움 가운데 살아가는 자로서가 아니라 무조건적으로 용납되고 사랑받는 하나님의 자녀들로서 살아간다. 이것이 우리 정체성의 핵심 근거이다.

③ 공동체: 우리는 서로 약점이 있고 서로 돌보는 공동체이며 여기서는

우리의 삶이 엉망이든지, 우리가 서로 다르든지, 가난하든지 부자이든지, 오만하든지 소심하든지, 죄인이든지 용납된다. 우리는 우는 자와 함께 울며 기뻐하는 자와 함께 기뻐한다. 우리는 하나님에게와 서로에게 감정적으로, 지적으로 정직하다.

④ 예수 그리스도를 사랑하는 자: 우리는 하나님을 사랑한다. 그래서 예수께서 십자가에서 이루신 것에 의해 가능해진 하나님과의 친밀한 교제를 추구한다. 우리는 주로 우리를 축복할 수 있는 것 또는 우리가 하나님을 위해 할 수 있다고 생각하는 것을 위해서가 아니라 하나님의 백성들의 기쁨을 위혜 하나님을 추구한다.

2) "하려고 하는 것"의 핵심가치 ① 사람들을 하나님께 연결하기: 우리는 하나님과의 관계가 없는 사람들을 환영하는 데 열정이 있다. 우리는 주로 우리 자신을 위해 교회를 만들기를 원하지 않는다. 우리는 주로 우리의 친구들과 이웃들을 위해 교회를 만들기를 원한다.

② 함께 성장하기: 우리가 함께 성장하고 내면으로부터 밖으로의 변화를 일으키기 위해 우리는 성령에 의해 살아가지 않으면 안 된다. 이런 삶은 다음의 네 가지 사실을 포함한다고 믿는다. ⓐ 단지 기독교인이 되기 위해서 뿐만 아니라 기독교인으로 자라기 위해 복음을 우리 자신의 모든 것으로 지적으로, 감성적으로, 의지적으로, 영적으로 믿는 것. 복음은 기독교인의 성장의 기초이다. 우리의 마음이 내면에서부터 변화되고 우리의 삶이 변화되는 것은 우리가 우리 죄에 대한 진리와 그의 은혜의 능력을 인식할 때만이 가능하다. 복음중심적 ⓑ 사랑하는 아들, 딸로서 하나님과의 친밀한 관계 안에서 아바 아버지에게 가까이 나아가는 것. 우리 삶의 모든 순간마다 하나님의 임재 안에서 걸어가는 것, 하나님의 촉구하심에 귀를 기울이는 것, 하나님에게 순종하는 것. 기도, 명상, 예배, 성경공부, 고독, 고백, 금식과 같은 영적 실천은 우리가 하나님과의 친밀함을 발전시키는데 도움을 준다. 이것이 기

독교인의 성장을 위한 과정이다. 이러한 하나님과의 친밀한 관계를 통해서 하나님은 내면으로부터 우리를 변화시킨다.^{관상적} ⓒ 성령으로 권능을 받는 것. 우리는 어둠의 세력을 이기기 위해 하나님께서 성령의 능력으로 우리에게 권능을 주실 것을 간구하고 있다. 우리는 하나님의 초자연적 능력이 우리 기독교인의 성장의 한 부분이 될 것을 기대한다. 이것이 기독교인의 성장을 위한 연료이다.^{카리스마적인} ⓓ 그것을 함께 행하는 것. 우리는 변화가 공동체의 맥락 안에서 일어난다는 사실을 믿는다. 이것은 기독교인의 성장을 위한 맥락이다. 우리가 성령에 의해 살아가기 위해 서로를 격려하는 것은 바로 제자도와 경건한 관계들을 통해서이다.^{공동체적}

③ 도시를 섬기는 것: 우리는 교회의 일원이 아닌 사람들에게도 좋은 소식이 되려고 노력한다. 왜냐하면 우리가 도시의 일부이기 때문이다. 또한 우리는 도시에 유익을 주기 위해 섬기려고 노력한다. 우리는 도시를 사랑하기를 원한다. 왜냐하면 하나님이 도시를 사랑하기 때문이다. 우리는 도시를 공동으로 섬기기 위해 다른 그룹이나 단체들과 정보를 교환하고 서로 협력한다. 우리는 일터에 있는 사람들과 예수의 복음을 나누는 외에도 사람들이 도시를 사랑하고 섬기며 그들의 직업을 통해서 도시를 변화시키는 것을 도우려고 노력한다.

④ 하나님의 나라를 확장하는 것: 우리는 하나님의 나라를 확장하는 지도자들과 제자들을 발전시키려고 하며 특히 국내외의 교회 세우기를 통해 하나님나라 운동의 일부가 되려고 노력한다.

LA뉴시티 교회의 비전은 "예수 그리스도를 사랑하는 사람들의 포용적인 복음중심의 공동체가 되는 것"이라고 하였다. 이에 따라 이 교회는 공동체를 이루기 위해 소그룹 사역이 교회의 핵심을 이루고 있다. 이 소그룹을 성장+봉사 그룹이라고 부르는데 이 그룹을 통해 교인들은 가족이 되고, 서로를 알아가게 되고, 서로를 사랑하게 된다. 이 성장+봉사 그룹의 목표는 두 가지 인데 하나는 함께 자라가는 것이고, 다른 하나는 도시를 섬기는 것이다. 다시 말해 하나님을 위한 선교 사명을 지닌 사랑하고 돌보는 공동체가 되는 것이다.271) 이들이 감당하는 사역은 그룹별로 다양한데 "지역의 홈리스들을 위해 음식과 옷을 제공하는 그룹, 거리의 아이들을 섬기고 생일파티를 열어 주는 그룹, 도시의 정원을 가꾸고 잡초를 제거하며 청소하는 그룹, 병든 사람들을 위해 기도하는 그룹, 전통적인 방식의 전도사역을 하는 그룹, 은퇴한 사람들을 찾아가 이야기를 나누고 돕는 그룹, 선교단체와 연계해 선교를 하는 그룹, 거리 중독자들의 영적 회복을 위해 봉사하는 그룹, 요양원을 섬기는 그룹, 삶의 다양한 문제로 고통스러워하는 여성들을 놉는 그룹, 산증을 통해 신앙적으로 서로를 격려하는 남성 그룹 등 각기 다른 사역을 감당하는 소그룹들이 신앙적 성장과 섬김을 동시에 실천하고 있다."272)

이처럼 LA뉴시티 교회는 교인들의 삶을 새롭게 변화시키고, 교회를 서로 용납하고 돌보는 사랑의 공동체로 변화시키고, 도시를 새롭게 변화시키는 아름다운 교회로 성장하게 되었는데 그 변화의 원동력은 바로 "복음은 모든 것을 변화시킬 수 있다."는 확신이었다.

열 번째로, 뉴송교회Newsong Church이다. 한인 어머니와 미국인 아버지 사

이에서 태어난 한국계 데이브 기븐스Dave Gibbons 목사가 1994년 얼바인에 개척한 '뉴송 커뮤니티 처치'는 한인 1.5세 및 2세들을 포함한 아시안과 백인, 라티노, 흑인 등 4,000여 명의 성도들이 모이는 교회이다. 이혼한 이후 힘겨운 삶을 살아가던 어머니가 음주운전 차량에 치여 갑자기 돌아가시는 사건으로 인해 절망하던 중에 하나님의 부르심을 받은 기븐스는 자신과 어머니와 같이 미국사회에서 소외감을 느끼며 살아갈 수밖에 없는 부적합자들을 위한 교회를 꿈꾸게 되는데, 1994년 기븐스의 집에서 8명이 기도하며 시작한 개척교회가 8년 반 만에 2,500여명이 출석하는 대형교회가 되었다. 2005년 애너하임 컨벤션센터에서 개최했던 부활절 전도행사에 무려 5,000여 명이 모이게 된 후 당시에 그 지역 최고의 위치에 엄청난 규모의 부지가 나왔다는 소식을 듣고, 그 땅을 구입하기 위한 캠페인을 벌여 500만 달러 이상의 헌금을 모았으나 그 땅이 다른 곳으로 넘어가면서 초대형교회에 대한 환상이 깨어졌다.

이 무렵 하나님의 섭리로 태국에 새로운 뉴송교회를 개척하게 되었는데 이 경험을 통해 그는 지금까지의 대중적인 방식과는 다른 소그룹 사역의 중요성과 그 지역의 특성을 존중해야 한다는 사실을 배우게 된다. 현지문화를 수용하는 것이 아니라 미국문화를 이식하려고 했던 것이 잘못된 것임을 깨닫게 되면서 사역의 방식뿐만 아니라 삶의 방식도 바뀌었는데 전자의 경우는 전체가 모이는 모임은 한 달에 한 번이나 석 달에 한 번 정도로 하자는 새로운 아이디어가 생긴 것이고, 후자의 경우는 자신의 집을 성도들에게 개방하는 변화였다. 또한 기븐스는 아시아에서 가장 인기 있는 대중가수 중 하나였던 보이드 코이시야봉과의 만남을 계기로 중요한 사실을 깨달았다. 초신자였던 코이시야봉에게 워십곡들을 만들도록 격려했는데 그 결과 그는 그의 곡들이 태국을 넘어 인근 국가의 TV에서 나오는 것을 보게 되었다. 이 때 기븐스는 하나님으로부터 "사람을 더 깊이 사랑하는 것에 초점

을 맞추어라"는 말씀을 듣게 된다.[273]

태국에서의 사역은 기븐스의 비전과 사역에 중요한 변화를 가져왔다. 첫째로, 크고 화려한 것에서 작고 본질적인 것에 초점을 맞추는 사역으로 전환하게 되었고, 둘째로, 설교보다 사랑이 훨씬 더 중요하다는 것을 깨달았으며, 셋째로, 수적인 교회성장보다 사람이 보다 소중하다는 사실과 넷째로, 프로그램, 이벤트, 건물 보다 사람을 키우고 성장시키는 것이 더 소중하다는 사실을 깨닫게 되었고, 다섯째로, 하나님 나라를 위한 사역은 가장자리를 공략하는 것에서 시작된다는 사실을 깨닫게 되었다.[274]

이런 깨달음을 토대로 해서 얼바인의 뉴송교회 성도들에게 도전을 하기 시작했는데 그는 성도들에게 더 이상 교회 안에 안주하지 말고 교회 밖 지역공동체로 들어갈 것을 요구했다. 이 때 첫 번째로 했던 도전은 부유한 얼바인 지역을 떠나 인근의 가난한 지역인 산타 아나 지역으로 이전하자는 제안이었다. 이 도전으로 인해 2014년 당시 30%가 넘는 성도가 교회를 떠나는 아픔과 재정적인 압박을 받게 되지만 이 때부터 기븐스는 리더십을 분산시키면서 본질에 초점을 맞춘 사역철학을 정립하기 시작하였고, 대형교회의 비전 대신 하나님 나라와 세상을 향한 사명을 수행하는 유기적 교회에 대한 비전을 정착시켜 나갔다. 우선 얼바인에서 산타 아나로의 예배처소 이전은 전통적인 침례교회와의 합병을 통해 이루어졌는데 예배장소를 옮기면 교인수가 많이 줄어들 것이라고 하는 예상과는 달리 전통적인 예배당은 다양한 인종의 젊은 성도들로 가득 찼고, 예배시간은 열정적인 예배의 열기로 가득 채워졌다. 대 예배는 한 달에 한번만 치르고, 나머지 주일은 매주 그룹을 지어 가정예배를 드리고 있는데 평균 12명의 교인을 단위로 약 15개의 작은 교회 네트워크이다. 더 나아가 뉴송교회는 성도들이 교회에 모여 예배만 드리는 것이 아니라 지역사회과 함께 살아있는 예배를 드리는 교회로도 알려져 있는데 "어느 주일에는 교회에서 예배를 드리지 않고 지역에 나가서 봉사하고 그들과 함께 예배를 드리기도 한다."275)

이처럼 뉴송교회에서 예배와 섬기는 사역이 균형을 이루고 있는 것은 그들의 비전이 "Love God. Love People."이기 때문일 것이다. 그들의 이웃 사랑은 다양하게 이루어지고 있는데 지역의 위탁 아동과 청소년, 청년, 고아들에게 돌봄과 멘토링을 제공하는 그들의 리더십 개발을 돕는 'The Village'사역, 산타 아나에 있는 공동세탁실을 찾아가 가난한 지역 주민들에게 비누와 동전, 커피를 나누어 주며 사랑을 실천하는 'Laundry Love'사역, 매주 금요일 7시에 로스엔젤레스 거리의 노숙자들을 섬기며 함께 예배하는 노숙자 사역, 히스패틱 고등학생들의 공부를 돕는 멘토링사역과 스포츠, 음악, 상담 등을 통해 학생들을 돕는 사역, 지역주민들을 위해 매주 수요일마다 식사를 대접하고 악기, 요리, 아트, 요가, 노래 등 다양한 강좌를 통해 섬기는 사역이 있다.276) 이렇게 뉴송교회는 상처받은 이를 돌보고, 약자의 편이 되어 정의를 수호하는 JAC(Justice정의, Advocacy지지, Compassion긍휼) 목회를 감당하고 있다.

뉴송교회의 리더십 특징 가운데 하나는 리더십권한이 분산되어 있다는 점인데 예를 들면 설교를 돌아가면서 맡는 것이다. 8주를 단위로 설교주제가 바뀌는데 주일 예배 설교를 4~5명의 목회자가 돌아가며 맡는다. 담임목사 한 사람에게만 의존하는 교회는 '재미있고, 행복하고, 건강한 교회'가 아니라고 하는 기븐스의 생각이 있기 때문이다. "교회가 자신에게만 의존하지 않도록 리더십도 다른 목회자와 공유하고, 때로 뒷자리에 앉아 예배를 드리는 그는 언젠가 기꺼이 부목사가 되고, 궁극적으로는 목회에서 '페이드어웨이fade-away'하는 것을 이상으로 삼고 있다."**277)**

　뉴송교회에서 특별한 점은 지난 20년 동안 기븐스의 집은 언제나 열려 있었다는 점이다. 적게는 2~3명에서 많게는 16명까지 함께 산 적이 있는데 기븐스는 사업가, 운동선수, 예술가, 교사, 목사 등 사회적 영향력을 미칠 수 있는 사람들을 선별해서 짧게는 며칠, 길게는 3~8개월을 같이 살면서 리더십 훈련을 시키고 있다고 한다. 이러한 목회자의 헌신을 통해 뉴송교회는 하나님을 사랑하고 사회적 약자들을 사랑하는 아름다운 교회로 많은 사람들로부터 사랑을 받고 있다.

참고문헌

이상훈. 『Re_Form Church』. 서울: 교회성장연구소, 2015.

McManus, Erwin Raphael. 홍종락 역. 『코뿔소 교회가 온다』. 서울: 두란노서원, 2004.

Cho Eugene. 전의우 역. 『말하는 대로 살고 사는 대로 말하라』. 서울: 규장, 2015.

『목회와신학』. 2013년 9월호. 서울: 두란노서원, 2013

「기독일보」 2015. 3. 12.

「미주 한국일보」 2003. 4. 6

「온누리신문」 1098호. 2016. 5. 8

「LA중앙일보」 2005.3.4.

http://costamesa.rockharbor.org/about-us/our-story/

http://newcitychurchla.com/about/our-vision/

http://realityla.com/about/thisisreality/#pVision

http://www.ctkorea.net/news/articleView.html?idxno=1461

http://www.somatacoma.org/who-we-are/

18
새로운 교회가 온다

이미 36년 전에 엘빈 토플러는 새로운 문명의 출현에 대해 "개인생활이 산산조각 나고 기존의 사회질서가 붕괴되고 환상적인 새로운 생활방식이 지평선 위에 모습을 드러내고 있는 이 폭발적인 변화의 시기"라고 표현하면서 "우리 생활 속에는 지금 새로운 문명이 모습을 드러내고 있다."고 말한 적이 있다.[278] 모두가 알고 있듯이 지금 우리는 혁명적인 변화의 시대를 살고 있다. 새로운 문화가 출현하고 있고, 새로운 세계가 열리고 있다. 새로운 문명은 한편으론 과거의 경제체계를 뒤흔들고 과거의 정치체계를 마비시키며 기존의 가치체계를 무너뜨리고 있는가 하면, 다른 한편으론 새로운 행동방식, 새로운 생활방식을 요구하고 있다.

교회라고 해서 이런 변화의 요구에서 예외자가 될 수는 없다. 오늘날 서구교회이든 한국교회이든 교회가 쇠락하고 있는데 그 중요한 원인들 가운데 하나는 교회의 존립방식이 문명의 혁명적인 변화에 부응하지 못하고 있기 때문이다. 오늘날 교회가 쇠퇴의 길을 걸어갈 수밖에 없는 것은 세상이 엄청나게 달라지고 있는데 교회의 존립방식은 이미 위력을 잃어가고 있는 과거의 낡은 문명에 부합되었던 방식을 여전히 고수하고 있기 때문이다. 사라져 가는 문명의 낡은 방식을 그대로 고수하는 한 교회의 쇠락은 피하기 어려울 것이다. 따라서 교회가 새로운 문명에 부합되는 새로운 방식으로 교회의 패러다임을 혁명적으로 바꾸는 일은 교회의 존립을 위한 필수적인 과제가 아닐 수 없다.

이제 "교회가 필요로 하는 것은 혁명적이고 새로운 접근법이다."**279)** 그런데 감사한 것은 과거의 패러다임을 따르고 있는 기존의 교회들이 쇠퇴할 수밖에 없는 교회의 위기 속에서도 교회의 생명력을 다시금 살려내고 있는 새로운 교회들이 출현하고 있다는 사실이다. 이렇게 새로이 출현하는 교회들 가운데 대표적인 것이 바로 '선교적 교회'이다. "복음과 문화 네트워크" The Gospel and Our Culture Network, 이하 GOCN는 선교적 교회에 대해 이렇게 말한다. "선교적 교회는 하나님을 인간 문화와 하나님의 만남 속에서 제시한다. 교회는 인간의 목표나 욕망 때문이 아니라 세상 속에서 지금도 창조와 구원의 사역을 행하시는 하나님의 일하심의 결과로 존재한다. 교회는 인간의 삶을 향해 예수 그리스도의 복된 소식을 전하고, 인간의 문화를 창조 세계를 향한 하나님의 의도를 더욱 더 충실하게 반영하도록 변화시키는 하나님의 방법이 가시화된 것이다. 교회는 예수님이 은유적 언어를 사용하여 세상의 소금, 누룩, 빛이라 하셨던 것처럼 하나님의 활동에 가시적이며 효과적으로 참여하는 공동체다."**280)** 말하자면 선교적 교회는 "전체 공동체와 그 구성원들을 위해 하나님이 특별히 주신 소명을 찾으려고 애써야 한다."는 것이고, "하나님은 우리로 하여금 현재의 문화적 상황에서 어떤 존재가 되고 무엇을 하라고 부르시는가?"를 물어야 한다는 것이다.**281)**

GOCN은 이러한 선교적 교회를 연구하는 가운데 그 특징을 열두 가지로 제시했다. "① 선교적 교회는 복음을 선포한다. ② 선교적 교회는 공동체이며 모든 구성원들이 예수의 제자가 되기 위해 배우는 데 동참한다. ③ 성경이 이 교회의 삶의 규범이다. ④ 교회는 주님의 삶과 죽음과 부활에 참여하였기 때문에 스스로를 세상과 다른 존재라고 이해한다. ⑤ 교회는 공동체 전체와 구성원 각자를 하나님의 특별한 선교적 소명을 분별하려 애쓴다. ⑥ 선교적 공동체의 표지는 그리스도인들이 서로를 어떻게 대하는가에 따라 드러난다. ⑦ 화해를 실천하는 것이 공동체다. ⑧ 공동체 내부의 사람들은 사랑 안에서 서로 책임을 지려 한다. ⑨ 교회는 환대를 실천한다. ⑩ 예배는 공동체가 하나님의 임재와 하나님이 약속하신 미래를 기쁨으로 경축하며 감사하는 중요한 행위이다. ⑪ 이 공동체는 활발히 공적 증거를 한다. ⑫ 교회 자체는 하나님 통치의 불완전한 표현이라는 것을 인식한다."
282)

마이클 프로스트와 앨런 허쉬는 이상의 특징들을 소개하면서 이 특징들을 보다 포괄적으로 묶어줄 수 있는 개념으로 세 가지 원리를 제시한다. "① 교회론의 측면에서 선교적 교회는 사람들을 끌어 모으려 하지 않고 성육신적이고자 한다. 성육신적이라 함은 불신자들이 복음을 만나려면 반드시 와야 하는 거룩한 장소를 따로 만들지 않는다는 의미다. 오히려 선교적 교회는 흩어져서 그리스도를 모르는 사람들에게 그리스도가 되기 위해 사회의 틈과 갈라진 곳에 스며든다. ② 선교적 교회는 영성의 측면에서 이원론적이 아니라 메시아적이다. 즉 그리스-로마 제국의 세계관이 아닌 메시아 예수의 세계관을 채택한다. 세상을 거룩한 것과 속된 것으로 나누어 보지 않고 그리스도처럼 세상과 그 안에 있는 하나님의 처소를 총체적, 통합적으로 본다. ③ 선교적 교회는 리더십 형태의 측면에서 계급적이기보다는 사도적인 형태를 채택한다. 사도적이라 함은 에베소서 6장에서 바울이 자세히 묘사한 5중 모델을 인정하는 리더십 형태를 말한다. 이것은 전통적 교회의 삼각형식 계층 구조를 버리고, 현재 일반적으로 중요시되는 목양 및 가르치는 은사 외에도 전도와 사도직과 예언의 은사를 자유롭게 인정하는 성경적이고 수평적 리더십의 공동체이다."**283)**

여기서 선교적 교회의 세 가지 특징은 철저하게 크리스텐돔 방식의 교회, 즉 국가세상문화와 결탁된, 제도화된 기성교회의 방식과는 철저히 구별되는 것이다. 크리스텐돔 방식의 기존 교회는 끌어모으기식'와 보라'이고, 이원론적이며, 계층질서위계구조적인 특징을 가진다. 그러나 선교적 교회는 지역사회의 사람들과 편안히 지내면서 문화 속으로 빛처럼 소금처럼 스며드는 변혁적 공동체가 되려 한다는 점에서 성육신적'세상을 향해 가라'이고, 예수님처럼 문화와 세상에 참여하는 영성을 추구한다는 점에서 메시아적이며, 목회자 중심의 위계적인 리더십 모델을 버리고, 수평적인 리더십 모델을 지향한다는 점에서 사도적이다.

마이클과 앨런은 선교적 교회의 특징을 크게 세 가지로만 설명했지만 분명한 사실은 미래의 교회는 지금까지의 교회와는 근본적으로 다른 새로운 종류의 교회가 될 수밖에 없고, 또 그래야 한다는 사실이다. 현재의 교회는 반드시 변해야 한다. 교회가 하나님 나라 공동체라고 한다면, 교회는 세상의 삶의 방식과는 전혀 다른 새로운 삶의 방식을 따라 살아야 할 것이고 284), 그런 점에서 교회는 초대교회가 그러했듯이 언제나 혁명적일 수밖에 없다. 마이클과 앨런이 말한 대로 하나님나라 공동체로서의 교회 본질에 충실했던 초대교회는 언제나 그 자체로 혁명이었다. 그러나 교회가 되는 방식에 있어서 진정으로 혁명이 필요한 시기는 바로 지금이다.285) 지금의 교회가 교회의 본질을 잃어가고 있기 때문이고, 오늘의 문명의 상황이 혁명적으로 변하고 있기 때문이다.

참고문헌

Frost, Michael and Hirsh, Alan. 지성근 역.『새로운 교회가 온다』. 서울: IVP, 2009.

Toffler, Alvin. 이규행 역.『제3의 물결』. 서울: 한국경제신문사, 1999.

정원범.『신학적 윤리와 현실』. 서울: 쿰란출판사, 2004.

후 주

1장 _ 교회의 위기와 교회 살리기

1) Eamonn Kelly, 정상호, 이옥정 공역, 『파워풀 타임스』 (파주: 럭스미디어, 2008), 87~88.

2) 「국민일보」, 2010. 4 26.

3) 「국민일보」, 2011. 2. 20.

4) Philip Jenkins, 김신권, 최요한 역, 『신의 미래』 (서울: 웅진씽크빅, 2009), 193.

5) Leonard I. Sweet, 김영래 역, 『미래 크리스천』 (서울: 좋은씨앗, 2005), 213.

6) Kenneth J. Collins, ed. 『*Exploring Christian Spirituality: An Ecumenical Reader*』 (Grand Rapids, MI: Baker Books, 2000), 9~10.

7) Reggi McNeal, 『*The Present Future: Six Tough Questions for the Church*』 (San Francisco, CA: Jossy-Bass, 2003), 4.

8) 정원범 편, 『기독교 영성과 윤리』 (서울: 한들, 2012), 295~298.

9) E. Glen Wagner, 차성구 역, 『하나님의 교회 vs 교회주식회사』 (서울: 좋은 씨앗), 23~24.

2장 _ 교회의 잃어버린 꿈 : 하나님나라

10) Brian D. McLaren, 조계광 역, 『예수님의 숨겨진 메시지』 (서울: 생명의 말씀사, 2009), 212~213.

11) George Eldon Ladd, 『The Presence of the Future: The Eschatology of Biblical Realism』, (Grand Rapids, Michigan: William B. Eerdmans Publishing Company, 1974), 195.

12) Glen H. Stassen and David Gushee, 신광은, 박종금 역, 『하나님의 통치와 예수 따름의 윤리』, (대전: 대장간, 2012), 36.

13) George Eldon Ladd, 『The Presence of the Future: The Eschatology of Biblical Realism』, 207~217.

14) John H. Leith, 『John Calvin's Doctrine of the Christian Life』 (Louisville, Kentucky: John Knox Press, 1989), 174.

15) Glen H. Stassen, David Gushee, 신광은, 박종금 역, 『하나님의 통치와 예수 따름의 윤리』, 47.

16) 위의 책, 467, 65~66.

17) Hans-Joachim Kraus, 박재순 역, 『조직신학』, (서울: 신학연구소, 1986), 21.

18) Glen H. Stassen, David Gushee, 신광은, 박종금 역, 『하나님의 통치와 예수 따름의 윤리』, 447~460.

19) (『조직신학』, 22~23)

3장 _ 크리스텐돔 기독교의 종말

20) Eddie Gibbs, 임신희 역, 『Next church』 (서울: 교회성장연구소, 2003), 8.

21) Clayton, Philip, 이세형 역, 『신학이 변해야 교회가 산다』 (서울: 신앙과지성사, 2012), 116.

22) 조성돈, 정재영 엮음, 『그들은 왜 가톨릭교회로 갔을까』 (서울: 예영커뮤
니케이션, 2007), 17.

23) Stuart Murray, 강현아 역, 『이것이 아나뱁티스트다』 (대전: 대장간,
2011), 107~109.

4장 _ 예수님이 안 계신 예수교회

24) 이정용, 신재식 역, 『마지널리티』 (서울: 포이에마, 2014), 195

25) 위의 책, 126~127.

26) 위의 책, 194.

27) 위의 책, 194~205, 234~243.

5장 _ 모던 교회의 종말과 포스트모던 교회

28) Thom S. Rainer, 최예자 역, 『좋은 교회에서 위대한 교회로』 (서울: 프리
셉트선교회, 2013), 67.

29) M. Rex Miller, 김재영 역, 『밀레니엄 매트릭스』 (서울: 국제제자훈련원,
2008), 12~14.

30) Leonard Sweet, 김영래 역, 『모던 시대의 교회는 가라』 (서울: 좋은씨앗,
2004), 24

31) Brian McLaren, 이순영 역, 『저 건너편의 교회』 (서울: 낮은울타리, 2002),
15.

32) 위의 책, 13~15.

33) Frederica Matthewes-Green 외 5인, 김미연 역, 『세상을 정복하는 기독교
문화』 (서울: 이레서원, 2008), 15.

34) Eddie Gibbs, 임신희 역, 『Next church』 (서울: 교회성장연구소, 2003),
20.

35) Brian D. McLaren, 이순영 역, 『저 건너편의 교회』, 17.

36) Clayton Philip, 이세형 역, 『신학이 변해야 교회가 산다』 (서울: 신앙과지성사, 2012), 76.

37) Brian D. McLaren, 김선일 역, 『새로운 그리스도인이 온다』 (서울: 한국기독교학생회출판부, 2008), 58~62.

38) 김도일 책임편집, 『미래시대, 미래세대, 미래교육』 (서울: 기독한교, 2013), 218.

39) Leonard Sweet, 김영래 역, 『영성과 감성을 하나로 묶는 미래교회』 (서울: 좋은씨앗, 2002), 61~62.

40) 위의 책, 62~64.

6장 _ 모던 교회의 종말과 새로운 교회

41) Eddie Gibbs, 임신희 역, 『Next church』 (서울: 교회성장연구소, 2003), 16.

42) 위의 책, 18.

43) Eddie Gibbs, Ryan K Bolger, 김도훈 역, 『이머징교회』 (서울: 쿰란출판사, 2008), 28~29.

44) 위의 책, 29~30.

45) 위의 책, 68~69, 71.

46) 위의 책, 75~104.

47) 위의 책, 105~131, 221.

48) 위의 책, 146~173.

7장 _ 전통적인 교회(교회2.0)와 새로운 교회(교회3.0)

49) Neil Cole, 안정임 역, 『교회3.0』 (고양: 예수전도단, 2012), 88~89.

50) 위의 책, 67.

51) 위의 책, 69.

52) 위의 책, 34~39.

53) 위의 책, 39~42.

54) 위의 책, 36, 39, 40.

55) 위의 책, 110~112.

56) 위의 책, 115.

57) 위의 책, 110, 114.

58) 위의 책, 116~117.

59) 위의 책, 111, 120.

60) 위의 책, 96~108, 113.

61) 위의 책, 142.

62) 위의 책, 129.

63) 위의 책, 125.

64) 위의 책, 143~145.

65) 위의 책, 150.

66) 위의 책, 187~188.

67) Neil Cole, 정성묵 역, 『오가닉처치』(서울: 가나북스, 2006), 179~180; Neil Cole, 안정임 역, 『교회트랜스퓨전』(고양: 스텝스톤, 2014), 46.

68) Neil Cole, 안정임 역, 『교회3.0』, 216.

69) 위의 책, 214~215.

70) 위의 책, 223.

8장 _ 건강한 교회, 건강한 목회자

71) 이원규, 『기독교의 위기와 희망』(서울: 대한기독교서회, 2003), 160.

72) 김병삼 외, 『건강한 교회 세우기』(서울: 한지터, 2012), 148~149.

73) Christian A. Schwarz, 윤수인 역,『자연적 교회성장』(서울: NCD, 2000), 22~37.

74) 위의 책, 40.

9장 _ 주류교회의 쇠퇴와 새로운 패러다임 교회의 성장

75) Donald E. Miller, 이원규 역,『왜 그들의 교회는 성장하는가?』(서울: kmc, 2008), 41~42.

76) 위의 책, 16~84.

10장 _ 세상을 변화시키는 작은 공동체교회: 세이비어교회

77) 유성준,『미국을 움직이는 작은 공동체 세이비어교회』(서울: 평단문화사, 2005), 15~17.

78) http://www.koabbey.com/freeboard/314969

79) 위의 책, 46~47.

80) 위의 책, 72~73.

81) 유성준,『세이비어교회- 실천편』(서울: 평단문화사, 2006), 27~31.

82) 유성준,『미국을 움직이는 작은 공동체 세이비어교회』, 169~174.

11장 _ 세상의 삶의 방식과 전혀 다른 래디컬 공동체: 브룩힐즈교회

83) David Platt, 최종훈 역,『래디컬 투게더』(서울: 두란노서원, 2012), 32.

84) 위의 책, 53.

85) 위의 책, 58.

86) 위의 책, 52.

87) 위의 책, 53.

88) 위의 책, 63.

89) 위의 책, 68.

90) 위의 책, 67.

91) 위의 책, 73.

92) 위의 책, 81.

93) 위의 책, 88.

94) 위의 책, 85.

95) 위의 책, 93.

96) 위의 책, 116.

97) 위의 책, 111.

98) 위의 책, 112.

99) 위의 책, 121.

100) 위의 책, 123.

101) 위의 책, 95.

102) 위의 책, 117.

103) David Platt, 최종훈 역, 『래디컬』(서울: 두란노서원, 2011), 146.

104) 위의 책, 141.

105) David Platt, 최종훈 역, 『래디컬 투게더』, 149.

106) 위의 책, 153.

107) 위의 책, 163.

108) 위의 책, 167.

109) 위의 책, 161.

110) 위의 책, 182~183.

12장 _ 세상을 가슴 뛰게 하는 매력적인 교회: 뉴 호프 오아후교회

111) Ruth A. Tucker, 최요한 역, 『(하나님이 기뻐하시는) 작은 교회』(고양:

스텝스톤, 2008), 12~13.

112) Wayne Cordeiro, 장택수 역, 『세상을 가슴 뛰게 할 교회』 (서울: 예수전
　　 도단, 2012), 15~16.

113) 위의 책, 29~42.

114) 위의 책, 54.

115) 위의 책, 78.

116) 위의 책, 190.

117) 위의 책, 103~104.

118) 위의 책, 109.

119) 위의 책, 112.

120) 위의 책, 132~133.

121) 위의 책, 143~144.

122) 위의 책, 143~144.

13장 _ 영성과 사회적 책임의 결합을 이뤄낸 선진적 성령운동교회들

123) Donald E. Miller, 야마모리 데쓰나오, 김성건, 정종현 역, 『왜 섬기는 교
　　 회에 세계가 열광하는가?』 (서울: 교회성장연구소, 2008), 12, 30~33.

124) 위의 책, 13.

125) 위의 책, 80.

126) 위의 책, 91.

127) 위의 책, 135.

128) 위의 책, 137.

129) 위의 책, 151.

130) 위의 책, 155.

131) 위의 책, 169.

132) 위의 책, 171.

133) 위의 책, 198.

134) 위의 책, 208.

135) 위의 책, 210.

136) 위의 책, 231.

14장 _ 교회체질의 변혁: 유기적 교회운동

137) George Barna, David Kinnaman, 장택수 역,『처치리스』(고양: 터치북스, 2015), 18~21.

138) Neil Cole, 정성묵 역,『오가닉처치』(서울: 가나북스, 2006), 65.

139) Neil Cole, 안정임 역,『교회트랜스퓨전』(고양: 스텝스톤, 2014), 43.

140) 위의 책, 43~44.

141) Neil Cole, 정성묵 역,『오가닉처치』, 72~78.

142) Neil Cole, 안정임 역,『교회트랜스퓨전』,『교회 트랜스퓨전』, 44, 56, 65.

143) 위의 책, 36~37, 59.

144) Neil Cole, 정성묵 역,『오가닉처치』, 179~180; Neil Cole, 안정임 역,『교회트랜스퓨전』, 46.

145) Neil Cole, 정성묵 역,『오가닉처치』, 180.

146) 위의 책, 184.

147) Neil Cole, 안정임 역,『교회 트랜스퓨전』, 42.

148) 위의 책, 42.

149) Neil Cole, 정성묵 역,『오가닉 처치』, 99.

150) 위의 책, 39~43.

151) Neil Cole, 안정임 역,『교회 트랜스퓨전』, 79~80.

152) 위의 책, 82~109.

153) 위의 책, 122.

154) 위의 책, 125.

155) 위의 책, 126.

156) 위의 책, 60~61.

157) 위의 책, 269~270.

158) 위의 책, 249~250.

159) 위의 책, 251.

160) 위의 책, 269.

161) 위의 책, 251~264.

162) Neil Cole, 정성묵 역, 『오가닉 처치』, 247.

163) 위의 책, 248.

164) 위의 책, 248~249.

165) 위의 책, 264.

166) 위의 책, 256~274.

167) 위의 책, 300~302.

15장 _ 가장 오래된 새 교회: 가정교회

168) Elmer L. Towns 외, 이대숙 역, 『뉴 패러다임 시대의 11가지 교회모델』
(서울: 요단출판사, 2011), 40~41, 48.

169) http://blog.daum.net/sysy50/7352258

170) Elmer L. Towns 외, 이대숙 역, 『뉴 패러다임 시대의 11가지 교회모델』,
38~43, 48.

171) 위의 책, 44.

172) 위의 책, 48~54.

173) 위의 책, 62~65.

174) 최영기, 『가장 오래된 새 교회 가정교회』 (서울: 두란노, 2015), 11~12.

175) 위의 책, 29, 30.

176) 위의 책, 30.

177) 위의 책, 31~32.

178) 위의 책, 13.

179) 위의 책, 31.

180) 위의 책, 68~69.

181) 위의 책, 70.

182) 위의 책, 72~73.

183) 위의 책, 76.

184) 위의 책, 77.

185) 위의 책, 82.

186) 위의 책, 83.

187) 위의 책, 85~88.

188) 위의 책, 90~91.

189) 위의 책, 92.

190) 위의 책, 92.

191) 위의 책, 150~151.

192) 위의 책, 94~99.

193) 위의 책, 134~135.

194) 위의 책, 156.

195) 위의 책, 137.

196) 위의 책, 224~225.

197) 위의 책, 177~188.

198) 위의 책, 236~237.

16장 _ 삶의 변화를 체험하는 공동체 교회: 노스포인트교회

199) C. Andy Stanley, 윤종석 역, 『노스포인트교회이야기』 (서울: 디모데,

2014), 56~57.

200) 위의 책, 108.

201) 위의 책, 115~122.

202) 위의 책, 123~130.

203) 위의 책, 130~138.

204) 위의 책, 140~141.

205) 위의 책, 147~152.

206) C. Andy Stanley, Bill Willits, 이중순 역, 『소그룹으로 변화되는 역동적인 교회』 (서울: 디모데, 2006), 45)

207) 위의 책, 13.

208) 위의 책, 94~98.

209) 위의 책, 114.

210) C. Andy Stanley, 윤종석 역, 『노스포인트교회 이야기』, 175.

211) 위의 책, 193.

212) 위의 책, 196.

213) 위의 책, 205.

214) 위의 책, 317~331.

215) 위의 책, 386.

216) 위의 책, 346~349.

17장 _ 변혁을 이끌어가는 선교적 교회들

217) 이상훈, 『Re_Form Church』 (서울: 교회성장연구소, 2015), 18.

218) 위의 책, 21.

219) 위의 책, 27.

220) 위의 책, 28.

221) 위의 책, 29.

222) 위의 책, 23~24.

223) 위의 책, 40~41.

224) 위의 책, 41.

225)『목회와신학』, 2013년 9월호 (서울: 두란노서원, 2013)

226)「온누리신문」, 1098호. 2016. 5. 8

227) Erwin Raphael McManus, 홍종락 역,『코뿔소 교회가 온다』(서울: 두란노서원, 2004), 10.

228) 위의 책, 41~43, 48.

229) 위의 책, 59, 61, 123.

230) 위의 잭, 67, 73, 124.

231) 위의 책, 76, 79, 98, 104.

232) 위의 책, 59.

233) 위의 책, 80~82, 87.

234) 위의 책, 113, 114.

235) 위의 책, 123.

236) 위의 책, 23.

237) 위의 책, 69.

238) 위의 책, 125.

239) 위의 책, 167.

240)「기독일보」, 2015. 3. 12.

241) Eugene Cho, 전의우 역,『말하는 대로 살고 사는 대로 말하라』(서울: 규장, 2015), 53.

242) 위의 책, 50~51.

243) 위의 책, 78~80.

244) 위의 책, 273~274.

245)「LA중앙일보」, 2005.3.4.

246) 이상훈, 『Re_Form Church』, 83~84.

247) 위의 책, 84.

248) 위의 책, 85.

249) 위의 책, 85.

250) www.ctkorea.net/news/articleView.html?idxno=1461

251) 이상훈, 『Re_Form Church』, 86.

252) 위의 책, 104.

253) 위의 책, 108.

254) 위의 책, 113.

255) 위의 책, 131.

256) http://realityla.com/about/thisisreality/#pVision

257) http://realityla.com/about/thisisreality/#pVision

258) 이상훈, 『Re_Form Church』, 145.

259) 위의 책, 146.

260) http://www.somatacoma.org/who-we-are/

261) http://www.somatacoma.org/who-we-are/

262) http://costamesa.rockharbor.org/about-us/our-story/

263) 이상훈, 『Re_Form Church』, 162.

264) 위의 책, 166.

265) 위의 책, 168.

266) 위의 책, 168~169.

267) 위의 책, 173.

268) 위의 책, 187.

269) 위의 책, 189.

270) http://newcitychurchla.com/about/our-vision/

271) http://newcitychurchla.com/about/our-vision/

272) 이상훈, 『Re_Form Church』, 192~193.

273) 위의 책, 205~206.

274) 위의 책, 207~208.

275) 위의 책, 215.

276) 위의 책, 215.

277) 미주 한국일보 2003. 4. 6.

18장 _ 새로운 교회가 온다

278) Alvin Toffler, 이규행 역, 『제3의 물결』(서울: 한국경제신문사, 1999), 18, 26.

279) Michael Frost and Alan Hirsh, 지성근 역, 『새로운 교회가 온다』(서울: IVP, 2009), 24.

280) http://www.gocn.org; Michael Frost and Alan Hirsh, 지성근 역, 『새로운 교회가 온다』, 24~25.

281) 위의 책, 25.

282) 위의 책, 32~33.

283) 위의 책, 33~34.

284) 정원범, 『신학적 윤리와 현실』(서울: 쿰란출판사, 2004), 82~85.

285) Michael Frost and Alan Hirsh, 지성근 역, 『새로운 교회가 온다』, 41.